小学国家课程标准校本化解析

张　斌　孙镜峰　主编

开明出版社

图书在版编目（CIP）数据

小学国家课程标准的校本化解析／张斌，孙镜峰
主编. —北京：开明出版社，2019.10
ISBN 978-7-5131-5358-4

Ⅰ.①小… Ⅱ.①张… ②孙… Ⅲ.①课程标准-教学
研究-小学 Ⅳ.①G622.3

中国版本图书馆 CIP 数据核字（2019）第 223904 号

责任编辑：王 拓

书名：小学国家课程标准的校本化解析
出版：开明出版社（北京海淀区西三环北路 25 号 邮编 100089）
经销：全国新华书店
印刷：保定市中画美凯印刷有限公司
开本：787mm×1092mm 1/16
印张：19.5
字数：226 千字
版次：2019 年 10 月 北京第 1 版
印次：2019 年 10 月 北京第 1 次印刷
定价：56.00 元

印刷、装订质量问题，出版社负责调换货 联系电话：(010) 88817647

前　言

　　课程有着不同的层次。美国学者古德莱德（J.I.Goodlad）将课程分为理想的课程（ideological curriculum）、正式的课程（formal curriculum）、领悟的课程（perceived curriculum）、运作的课程（operational curriculum）、经验的课程（experiential curriculum）。[①] 在课程改革运行系统中，课程标准属于"正式的课程"。其要义在于，教育行政部门根据理想的课程（如《基础教育课程改革纲要》），把国家或者民族之于未来公民的素养期望，用阶段性学习结果的方式表达出来。课程标准是国家基础教育课程质量的主要标志，统领着课程的管理、评价、督导与指导，也是教师开展教学的依据。但是，它并不规定具体的学习内容。即便在学习结果上，它主要描述阶段性的学习结果，基本不涉及学年、学期、单元的学习水平，也缺乏对是否达成课程标准即相应学习质量标准的界定。课程标准为教师的教学

---

　　① 施良方. 课程理论——课程的基础、原理与问题 [M]. 北京：教育科学出版社. 1996. 9.

提供了一个宽广的框架。教师若要开展基于课程标准的教学，须对课程标准进行专业性的分解，[1] 研制与课程标准一致的学年目标、学期目标、单元目标、课时目标，建构与上述目标体系一致的课程内容、课程实施、课程评价等，并系统、一致地设计出学年教学方案、学期教学方案、单元教学方案、课时教学方案来。教师只有建构出上述完整的"领悟的课程"（即教师理解的课程），才能实施师生共同"运作的课程"，并进而转化为学生"经验的课程"。

国家课程标准要得到有效实施，离不开教师对它的理解。这是课程改革运行系统中"领悟的课程"的核心内容。尽管编制课程教学方案是教师理解课程标准的一种主要成果形式，但是，其中最为关键的乃是对课程标准的分解，即形成与课程标准一致的学年课程目标、学期课程目标、单元目标体系。目标是课程教学设计的灵魂。有了不同学习阶段的目标，教师才能根据"以终为始"的设计原则，寻找相应的学习内容，确定学习方式，开展相应的学习评价等。

从课程改革的运行系统可以看出，分解课程标准是一线教师的职责和使命。基于此，自 2014 年 12 月 1 日起，笔者深入到学校中去，与淄博市临淄区晏婴小学的教师们一起尝试开展国家课程标准的分解。这是一次艰苦的探索过程。四年多来，晏婴小学在孙镜峰校长的带领下，组建研究团队，大家分工合作，联合攻

---

① 事实上，对国家课程标准的解析，不仅仅限于"分解"，还包括对国家课程标准的"整合"，如依据课程标准寻找大概念（大观念），构建大概念（大观念）网。限于研究条件，本书只对国家课程标准的分解进行阐述，暂不涉及国家课程标准的整合，即如何根据国家课程标准建构大概念（大观念），并构建大概念（大观念）网方面的内容。

关，并按照边研究边实践、边实践边验证、边验证边完善的原则，不断修订所分解的课程标准，最终有了一份相对完整的、编码化的、可运用到教学之中去的校本课程目标体系。

在实际操作中，研究团队注重以下几种方法的运用。一是站在核心素养的高度开展课程标准的分解。我国目前已发布普通高中的学科核心素养，并根据学科核心素养修订、颁布了普通高中学科课程标准。小学阶段尚没有国家层面关于学科核心素养的规定，但这并不妨碍对普通高中学科核心素养的借鉴。核心素养体现了学科本质观，也是对未来公民关键能力、必备品格和价值观念的期望性表达，无论是普通高中还是小学，都是相通的。如小学语文在理解其学科核心素养时，认为语言建构与运用、思维发展与提升、审美鉴赏与创造、文化传承与理解四个方面是一个整体，而语言建构与运用是语文素养整体结构的基础层面。学生思维品质与审美品质的发展、文化的传承与理解，都是以语言的建构与运用为基础，并在学生个体言语经验的建构过程中得以实现的。数学则把数学抽象、逻辑推理、数学建模作为第一层次的素养，把数学运算、直观想象、数据分析作为第二层次的素养，第二层次的素养成为实现第一层次素养的载体。通过寻找素养要素之间的关系，不仅为理解学科本质奠定了基础，也为处理各种能力之间的关系以及各类课程目标之间的关系奠定了基础。二是以能力为主要载体进行分解。在进行国家课程标准分解中，主要按照"大能力—核心能力—子能力—校本化课程目标"的顺序进行。也就是说，先从国家课程标准中提取出大能力，通过进一步解读学段标准，从中提取出学段核心能力，形成"大梯度"。接着，通过提取学期核心能力，形成"中梯度"，最后，通过学期核心能力的再分解，形成由"小支架"构成的校本化课程目标。三是处理好各类目标之间的关系。有学者将教育目标分为教育目的、课程目标、教学目标三级，课程标准在教育目标体系中属于第二级目标。它分为结果性目标、体验性目标、表现性目标三类。① 体验性目标、表现性目标往往更多地与情感、态度、价值观相联系，大都需要较长时间的累积才能形成，不是单凭一节课或者一个单元就能完成的。在进行课程标准的分解时，一方面注意这类目标的特殊性，通过寻找学生的典型性行为特征来作为其实现的"标志点"；另一方面，则在分解后课程目标的表述中，用特殊的方式予以表达，如美术学科则把上述目标主要作为跨学科领域目标看待，用列举学生行为表现的方式进行表达。四是做好分解后课程目标的学期分配。一个大的能力分解之后，究竟如何进行学期分配才算合理？现有的教材一般是按照学期进行编写的。因此，在进行课程标准的分解之后的学期分配中，可以参考各学科教材进行分配。除此之外，为了让分解后的课程目标更具有适应性，教师们还进行了学情分析，即根据学生的已有基础、实际学习需要等进行分配。

在对待课程标准分解的路径上，有学者将其总结为以下三个方面：忠实观（fidelity perspective）；调适观（adaptation perspec-

① 钟启泉，崔允漷. 新课程的理念与创新——师范生读本 [M]. 北京：高等教育出版社. 2003：72.

tive）；批判创造观（criticism & creation perspective）。① 在实际的操作中，我们首先坚持忠实观的分解之路，即严格按照国家课程标准的本义去分解。其次，由于国家课程标准的落实需要关照学生的实际，为了增强分解后课程目标的适应性，部分学科也对国家课程标准进行了调适。如语文学科把"正确、流利、有感情朗读"这条三个学段都要求但却不易落实的标准进行了切分，每一个学段重点关注一个指标的达成。美术学科从多个方面对分解后的课程目标进行了补充和完善。再比如，由于我国的课程标准只是描述了内容标准，而对于表现性标准即"学到多好才算好"缺少应有的规定，这就使得教师和学生在实际的教学中不容易即时判断教、学的实现程度。为了增强分解后课程标准的适应性，各学科团队结合学校和自身实际，对表现性标准进行了开发，从而形成了相对完整的表现性标准体系。如语文学科对朗读、默读、精读、诵读、略读、浏览六项技能的表现性标准的开发和补充。最后，我们也同时坚持了批判创造观的分解之路。英语学科在进行国家课程标准分解时，发现我国义务教育阶段英语课程标准是以关注语言知识和语言技能的二维能力模型为理论基础的，这与英语学科的本质不符，应以交际语言能力模型为理论基础，突出语言应用，体现语言本质作用，而不应把掌握静态的语言知识和孤立的语言技能作为外语教学的目标。同时，他们还发现，我国义务教育阶段的英语课程标准对文化意识重视不够。作为一门语言学科，离不开相应的文化意识的培养。为此，英语学科系统改

---

① 任庆仪. 教学设计理论与实务 [M]. 台北：五南图书出版公司. 2013：6.

造了国家课程标准，从语言交际能力出发，进行了国家课程标准的校本化重构。

一线教师分解课程标准，没有可以直接借鉴的经验。为了做好这项研究，各个学科的教师只好"抱团取暖"，组成团队，相互启发，彼此激励，共同前行。在日常的校本研究中，每当一个人有所发现时，便迅速成为全体成员的共同智识或者行动。有困难时，各成员一起来研讨，不分学科。想进行课堂验证时，成员们聚起来听评课，用学生实际的学习状态和学习效果来检验。可以说，没有真正的校本研究，就没有这些成果。这是我们把本书定名为"小学国家课程标准的校本化解析"的原因之一。

之所以把书名定为"小学国家课程标准的校本化解析"，还在于，这些成果只是晏婴小学教师团队的一个尝试，它不是标准答案，更不是完美的答案，只不过是这个研究团队中一个个具体的教师与一个个具体的学生联系起来时的一份思考而已。正如一百个读者就会有一百个哈姆雷特一样，不同的教师面对国家课程标准，往往会有不同的解读或者理解。而且，对于国家课程标准的理解，即便是同一个教师，往往也会在不同的年龄或者专业发展阶段而有所不同。分解或者解读国家课程标准，是伴随教师一生的事业。如此看来，我们进行国家课程标准的校本化，必然会存在这样或者那样的问题，也注定会有这样或者那样的遗憾。而教师的专业发展、课程改革的推进、教学的改进等，恰恰就是在这种不完美甚至是遗憾中前行的。

本书是合作的产物，是项目组团队研究的成果。各章的具体分工如下：前言，张斌、孙镜峰；第一章，李莉；第二章，刘玉圣、路红艳、于新波、李霞、刘翠玲；第三章，边春霞、王会玲；第四章，唐梦寒、牛金磊；第五章，朱珍珍、贾来东；第六章，房爱翠、于媛华；张斌、山东省教育科学研究院访学教师李莉负责对全书进行统稿。

在本书付梓之际，感谢三年多来对我们进行专业指导的国家教育行政学院远程教育培训中心于维涛副主任、华东师范大学体育与健康学院朱伟强教授、华东师范大学开放教育学院李锋副教授、浙江省工业大学教育科学与技术学院邵朝友副教授、教育部基础教育课程教材发展中心付宜红处长、教育部基础教育课程教材发展中心张广斌副处长、山东省师资培训中心毕诗文主任、山东省教育科学研究院申培轩院长、山东省教育科学研究院李文军副院长，他们不仅为研究提供了各种支持，还提供了丰富的研究成果。感谢开明出版社范英副总编辑、王拓编辑，使得本书能以最快的速度与读者见面。

目　录

Contents

第一章
小学语文国家课程标准的校本化解析

一、对语文学科核心素养和关键能力的理解

（一）核心素养视域下语文学科关键能力的厘定

褚宏启教授在《核心素养的国际视野与中国立场》中指出，"核心素养"（Key Competencies 或者 Core Competencies）这个词舶来于西方。"key" 在英语中有 "关键的""必不可少的" 等含义。"competencies" 可以直译为 "胜任力" 或 "能力"。[①] "核心素养是 21 世纪人人都需要具备的关键少数高级行为能力，是行为指向或实践导向的，是知识、技能、态度的统整与融合。"[②]同时指出："创新能力、批判性思维、公民素养、合作与交流能力、自主发展能力、信息素养六种核心素养是中国 21 世纪现代人素养

---

① 褚宏启. 核心素养的国际视野与中国立场——21 世纪中国的国民素质提升与教育目标转型 [J]. 教育研究，2016 （11）.

② 褚宏启. 核心素养的国际视野与中国立场——21 世纪中国的国民素质提升与教育目标转型 [J]. 教育研究，2016 （11）.

的清单……"①核心素养是综合性的跨学科素养，要跟学科对接，就得找到学科本体性素养。合作能力、批判性思维、信息素养等核心素养，可以称为语文素养，但不是语文学科本体性素养。语文学科本体性核心素养应该认领"素养清单"中的"合作与交流能力"之"交流能力"。

（二）美国课程整合理论带给我们的启示

德雷克（Drake，S.M.）和伯恩斯（Burns，R.C.）在《综合课程的开发》②一书中有这样一张"知—行—为框架"图（如图1-1）。此框架图将技能或者说能力划分成三个等级：初级的低层次技能；中级的学科技能；处于最高层级的跨学科技能，即复合型成就技能。沟通能力正处于能力金字塔的顶端，包括读写能力、表达能力等。这种跨学科高阶能力是以低层次技能和学科技能为

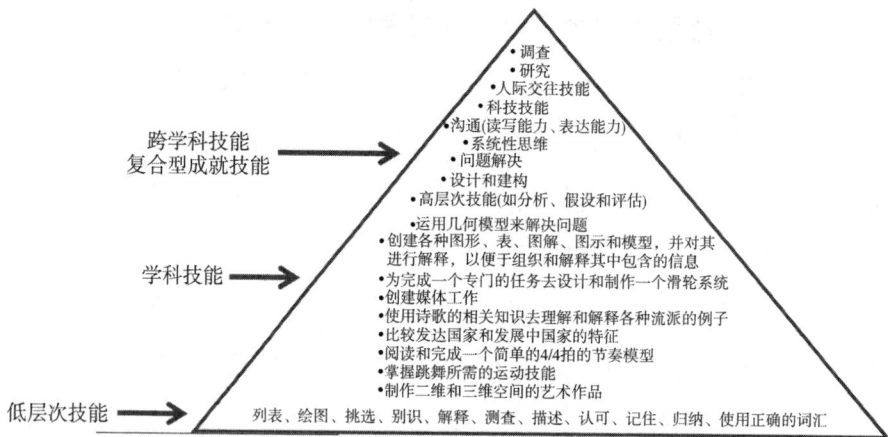

图1-1

---

① 褚宏启. 核心素养的国际视野与中国立场——21世纪中国的国民素质提升与教育目标转型 [J]. 教育研究，2016（11）.

② ［加］德雷克（Drake，S.M.），［美］伯恩斯（Burns，R.C.）. 综合课程的开发 [M]. 北京：中国轻工业出版社，2007.

基础的。多年来，我们既没有搞清楚这种综合性高阶能力所包含的各层次技能之间的关系，又没有打牢基础，语文老师要求孩子们读得好、写得好，岂不等于奢望空中楼阁吗？当然，这种跨学科高阶素养也应该是语文老师所具备的。

我国语文教学多年来高耗低效，大学生读写能力令人担忧。中国工程院院士朱高峰在某论坛上感慨道："现在不少新毕业的大学生沟通能力比较欠缺，在书面沟通方式上，有时写个通知都写不清楚；在表达能力上，也不是很善于把自己的思想比较清楚地表达出来。"[①] 因此他呼吁，教育界应该重视对学生沟通能力的培养。当然，出现这种状况将责任全部归咎到语文教师身上是有失偏颇的，语文学科的顶层设计没有搞好，很难指望广大一线教师教得好，学生学得好。

（三）我国语文（高中）学科核心素养的厘清

语文学科核心素养是学生在积极的语言实践活动中积累与构建起来，并在真实的语言运用情境中表现出来的语言能力及其品质；是学生在语文学习中获得的语言知识与语言能力，思维方法与思维品质，情感、态度、价值观的综合体现。它主要包括语言构建与运用、思维发展与提升、审美鉴赏与创造、文化传承与理解四个方面。

语文学科核心素养的四个方面是一个整体。思维发展与提升、审美鉴赏与创造、文化传承与理解这三方面的发展是融合在语言建构与运用当中的。语言是重要的交际工具，也是重要的思维工具。语言的发展与思维的发展相互依存，相辅相成。语言文字是

---

① 朱高峰. 素质教育与沟通能力［A］. "中国高等教育与创新型人才培养"专家论坛论文集［C］. 2007.

文化的载体，也是文化的重要组成部分。文学作品是人类重要的审美对象，也是审美能力和审美品质发展的重要途径。笔者认为，我国语文核心素养的本体作用就是语言建构与运用，语言建构与运用是语文学科核心素养的基础，也是核心。学生思维品质与审美品质的发展、文化的传承与理解，都是以语言的建构与运用为基础，并在学生个体语言经验的建构过程中得以实现的。

关于"语言建构与运用"在我国高中语文核心素养中是这样表述的："语言建构与运用是指学生在丰富的语言实践中，通过主动的积累、梳理和整合，逐步掌握祖国语言文字特点及其运用规律，形成个体的言语经验，在具体的语言情境中正确有效地运用祖国语言文字进行交流沟通的能力。"[①] 可见，"语言建构与运用"即核心素养所指出的交流沟通能力，也是国际上综合课程"知—行—为框架"中所标识的"沟通能力"。用"沟通能力"代替"语言建构与运用"更准确，更容易理解和运用，也更容易达成国际共识。

二、小学语文国家课程标准的分解与学科能力模型的构建

（一）基础能力的提取与验证

1. 解析课程标准，提取基础能力

将《义务教育语文课程标准（2011 年版）》小学阶段中第一学段识字与写字、阅读、写话、口语交际、综合性学习五大领域的内容标准整理如表 1-1。

---

① 中华人民共和国教育部. 普通高中语文课程标准(2017 年版)［S］. 北京：人民教育出版社，2018.

表1-1 解析课程标准 提取基础能力

解析国家课程标准，提取基础能力（第一学段）				
识字与写字	阅读	写话	口语交际	综合性学习
1. 喜欢学习汉字，有主动识字、写字的愿望。 2. 认识常用汉字1600个左右，其中800个左右会写。 3. 掌握汉字的基本笔画和常用的偏旁部首，能按笔顺规则用硬笔写字，注意间架结构。初步感受汉字的形体美。 4. 努力养成良好的写字习惯，写字姿势正确，书写规范、端正、整洁。 5. 学会汉语拼音。能读准声母、韵母、声调和整体认读音节。能准确地拼读音节，正确书写声母、韵母和音节。认识大写字母，熟记《汉语拼音字母表》。 6. 学习独立识字。能借助汉语拼音认读汉字，学会用音序检字法和部首检字法查字典。	1. 喜欢阅读，感受阅读的乐趣。养成爱护图书的习惯。 2. 学习用普通话正确、流利、有感情地朗读课文。学习默读。 3. 结合上下文和生活实际了解课文中词句的意思，在阅读中积累词语。借助读物中的图画阅读。 4. 阅读浅近的童话、寓言、故事，向往美好的情境，关心自然和生命。对感兴趣的人物和事件有自己的感受和想法，并乐于与人交流。 5. 诵读儿歌、儿童诗和浅近的古诗，展开想象，获得初步的情感体验，感受语言的优美。 6. 认识课文中出现的常用标点符号。在阅读中体会句号、问号、感叹号所表达的不同语气。 7. 积累自己喜欢的成语和格言警句。背诵优秀诗文50篇（段）。课外阅读总量不少于5万字。	1. 对写话有兴趣，留心周围事物，写自己想说的话，写想象中的事物。 2. 在写话中乐于运用阅读和生活中学到的词语。 3. 根据表达的需要，学习使用逗号、句号、问号、感叹号。	1. 学说普通话，逐步养成讲普通话的习惯。 2. 能认真听别人讲话，努力了解讲话的主要内容。 3. 听故事、看音像作品，能复述大意和自己感兴趣的情节。 4. 能较完整地讲述小故事，能简要讲述自己感兴趣的见闻。 5. 与别人交谈，态度自然大方，有礼貌。 6. 有表达的自信心。积极参加讨论，敢于发表自己的意见。	1. 对周围事物有好奇心，能就感兴趣的内容提出问题，结合课内外阅读共同讨论。 2. 结合语文学习，观察大自然，用口头或图文等方式表达自己的观察所得。 3. 热心参加校园、社区活动。结合活动，用口头或图文等方式表达自己的见闻和想法。

我们知道，识字与写字离不开观察能力、思维能力和想象能力的参与。以表1-1中第一纵列"识字与写字"部分为例来分析，提取关键词（加点词语）："认识""掌握""书写""感受汉字的形体美""独立识字"等，它们共同指向观察能力、思维能力、感受能力和想象能力的培养。同样，在"阅读"领域和"写话"领域提取的关键词"感受""朗读""借助读物中的图画阅读""留心周围事物""展开想象"……也指向观察能力、感受能力、思维能力和想象能力的培养，"口语交际""综合性学习"部分所需要的"听""说""复述""发表""讨论""观察""提出问题"等复杂能力更是需要这几项基本能力的参与。由此，我们可以深刻明了，小学低段（一、二年级）各部分的学习都是以这几项能力为基础的，都需要这几项能力的参与。低段教学的重点虽然是识字与写字，但绝不仅仅是认多少字、写多少字那么简单，识字与写字不是唯一目的，比识字写字更重要的是——培养各种能力（同时呵护孩子对语文学习的兴趣）。学生识字、写字需要基本能力的参与，低年级孩子活泼好动、思维活跃，但注意力维持时间短，只有调动孩子多种感官、多种能力（观察、思维、感受、想象）参与识字写字学习，才会收到良好的效果，同时，在这个过程中这几项能力也会得到有效的培养和提升，这样，才会为其将来学习复杂能力（理解能力、表达能力等）打好基础。

综上所述，观察能力、感受能力、思维能力、想象能力这几项基础层面的能力，各个领域都离不开，笔者给它们归类命名为"基础能力"。为了验证这些基础能力的基础性，我们再来分析几种不同版本的小学语文教材。

2. 对不同版本教材的分析，验证基础能力的基础性

新编部编本教材发行之前，国内小学语文教材共 15 种版本，目前部编本教材刚刚开始使用，故笔者选取此前使用多年的人教版、冀教版、沪教版三种教材进行分析。

（1）人教版教材分析　笔者 2014 年梳理人教版小学语文教材 1~12 册，以指向表达能力为目标，整理如表 1-2。

表1-2 以指向表达为目标梳理人教版小学语文1-12册教材

一年级		二年级	
上册	下册	上册	下册
①观察能力 观察图画、体验生活 ②思维能力 条理性（说清楚） ③想象能力 联想、想象、创新 ◎表达能力 口语交际	①观察能力 观察、体验 ②思维能力 条理性（说清楚） ③想象能力 联想、想象、创新 （解决问题能力） ◎表达能力 口语交际	①观察能力 观察、体验 ②思维能力 条理性（说清楚明白） ③想象能力 联想、想象、创新 ◎表达能力 （口语+书面） *口语交际 只说不写 *写话（一句到几句）日记、儿 歌、顺口溜	①观察能力 体验生活、留心观察、做有心人 ②思维能力 条理性（说清楚明白） ③想象能力 想象、创新 ◎表达能力 （口语+书面） *口语交际 *用几句话写小动物

（续表）

三年级		四年级	
上册	下册	上册	下册
①观察能力 观察体验 ②思维能力 说，写清楚明白 （有顺序，习作结合） ③想象能力 想象、联想、创新 ◎表达能力 （口语交际、习作） 4.抓特点 第四、六组"发现的秘密"·景物；"美丽富饶的祖国"·景物 5.具体、生动形象的描写 第五组"中华传统文化""多彩童话""神话故事及传说" 6.真情实感 第三、七组"人间真情" 第五、八组"美好的秋天""爱" 7.应用文 日记	①观察能力 观察体验 ②思维能力 说，写清楚明白 （有顺序，句子通顺） ③想象能力 想象、联想、创新 （续写故事） ◎表达能力 （口语交际、习作） 4.抓特点 第一、六组"美好大自然"·景物；说明文、园地三·写人 5.具体、生动的描写 第二、四、八组"保护自然" 6.真情实感 第五、"世界充满爱" 7.应用文 8.拟题目	①观察能力 （边观察边思考；不同角度、有重点观察） ②思维能力 说，写清楚明白 ③想象能力 想象、创新 ◎表达能力 （口语+书面） 4.抓特点 第一、四、三组"糊如生动物"·动物；景物、"世界遗产"·景物 5.具体、生动的描写 第一、四组"神奇大自然"·景物"糊如生动物"·动物 6.真情实感 第三、六组"童话" 第五、人间真情 7.应用文 导游词、信、说明文 8.拟题目 10.借物喻人写法 11.明眶实感爱写写法	①观察能力 仔细观察，留心生活 ②思维能力 说，写清楚明白 （通顺，条理清晰） ③想象能力 想象、联想、创新 ◎表达能力 （口语+书面） 4.抓特点 第一组"江山如画"·景物 5.第七组"生活的启示" 用具体事例，描写人物（外貌、动作，语言） 6.真情实感 第二、四、五组"热爱生命" 7.应用文 说明文 8.拟题目 12.首尾呼应，前后照应。 *学习运用积累词句。

（续表）

五年级		六年级	
上册	下册	上册	下册
①观察能力 ②思维能力 ③想象、联想、创新 ◎表达能力 （口语+书面） 口语表达 辩论 4. 抓特点·事物 5. 描写具体生动 第六组"父母之爱"·人物的外貌、语言、动作描写 6. 真情实感·月是故乡明 第二、七组"语言艺术"·细节描写·人物语言·细节描写 "爱我中华" 7. 应用文 a. 说明文 b. 辩论稿 演讲稿 c. 读后感 d. 列提纲 e. 写梗概 8. 拟题目 9. 详略得当 10. 借物喻人写法 12. 写道理，启示 14. 对比描写 15. 场面描写	①观察能力 观察、感受生活 ②思维能力 顺序（几方面分别叙述；先概括后分述） ③想象能力 想象、联想、创新 ◎表达能力 （口语+书面） 口语表达 辩论 4. 抓特点 第三、五、七、八组"语言艺术"、"中国古典名著之旅"·人物的个性；"异域风情" 5. 具体生动 "作家笔下的人物"·细节描写·人物语言·细节描写 6. 真情实感 第二、四组"他们让我感动" 7. 应用文 a. 信 发言稿 演讲稿 b. 扩写 c. 拟题目 8. 拟题目	①观察能力 亲近自然，融为一体，有独特的生活感受 ②思维能力 ③想象能力 联想、想象、创新 ◎表达能力 （口语+书面） 口语表达 辩论 4. 抓特点 第五组"走近鲁迅"·人物刻画·"人间真情"·人物刻画·写人 5. 写具体生动 第一、三、七、八组"倾听大自然"·运用联想和想象；"动物故事"·环境描写·心理描写；"艺术的魅力"·运用联想和想象 6. 真情实感 第二、三、七组"爱我中华"间真情·"动物故事" 7. 应用文 a. 说明文 b. 演讲稿 c. 读后感 d. 建议书 16. 环境描写	①观察能力 ②思维能力 ③想象能力 联想 想象 ◎表达能力 （口语+书面） 口语表达 辩论 4. 抓特点 "民俗风情"·事理说明文 5. 写具体（细节描写） 第五组"科学精神"·学习用具体事例说明道理·运用其他学科学到的材料 6. 真情实感 第六组"难忘的小学生活"·演出主持台词 7. 应用文 a. 说明文 b. 编书 8. 拟题目 体现思维概括性，抓特点，抓线索 9. 详略得当 体现感悟启示的不同方法 12. 表达（直接写、间接写） 13. 首尾呼应、前后照应 17. 议论文用具体事例说明道理

今天看来表1-2存在明显不足，但笔者还是欣喜地发现"观察能力""思维能力""想象能力"是渗透在每一册教材的学习中的，尤其低段占比更大，一、二年级教材以生动形象的图画为主，正是培养孩子观察、思维、想象能力的关键时期，这也正好符合低段孩子形象思维发达的认知特点。

（2）冀教版教材分析　笔者选取其中一册教材——四年级上册（第七册），目录如表1-3。

表1-3　冀教版第七册教材目录

第一单元 感受大自然的美好	1	大海的歌	2	下雪的声音	3	*秋色
	4	古诗二首	5	桂林山水		阅读链接：美的发现
				综合学习一		
第二单元 人间真情	6	炊烟	7	赏花	8	*地震中的父与子
	9	新年礼物	10	古井		阅读链接：感恩的心
				综合学习二		
第三单元 在学习中成长	11	我有一个小小的书橱	12	孔子学琴	13	*推敲
	14	字的敬畏	15	和时间赛跑		阅读链接：学海泛舟
				综合学习三		
第四单元 生命离不开绿色	16	形形色色的植物	17	爬山虎的脚	18	*门前的小树死了
	19	绿叶的梦	20	鸟的天堂		阅读链接：生命离不开的绿色
				综合学习四		
第五单元 神奇的大千世界	21	观潮	22	龙卷风	23	*一封从南极寄来的信
	24	琥珀	25	准时的登陆表演		阅读链接：求知·获智
				综合学习五		

（续表）

第六单元 感人的品格	26	古诗二首	27	军神	28	＊球王贝利
	29	黄继光	30	登山		阅读链接：高原信使
		综合学习六				

  我们首先从整册教材来分析，六个单元主题依次是：感受大自然的美好、人间真情、在学习中成长、生命离不开绿色、神奇的大千世界、感人的品格，从"感受大自然的美好"，到体验"人间真情""感人品格"，再到关注"在学习中成长"的自身，关注"神奇的大千世界"，这些都需要感受能力、观察能力、思维能力和想象能力的参与。再具体分析到一个单元，以第一单元"感受大自然的美好"为例来分析，看一下选文内容：《大海的歌》《下雪的声音》《秋色》《古诗二首》《桂林山水》，走进这些文本，体验、感受美好的大自然，更是离不开感受、观察、思维和想象能力的参与。第三个层次，具体到文本，以第一课《大海的歌》（表1-4/1-5）和第三课《秋色》（图1-2）为例，静静欣赏韵文和图片，我们是不是已经身不由己，时而被带到了海边，看到了迷人的大海；时而又被带到了山村，欣赏到了烂漫的秋色呢？这些感受都需要调动"观察""感受""思维""想象"能力的积极参与与全情投入。可见这些能力的渗透性和基础性。

表1-4 第一单元第一课《大海的歌》

> **大海睡了**
>
> 风儿不闹了,
>
> 浪儿不笑了,
>
> 深夜里,
>
> 大海睡觉了。
>
> 她抱着明月,
>
> 她背着星星,
>
> 那轻轻的潮声啊,
>
> 是她熟睡的鼾声。

表1-5 第一单元第一课《大海的歌》

> **海上的风**
>
> 海上的风是花神,
>
> 它一来,
>
> 就绽开万朵浪花。
>
> 海上的风是琴师,
>
> 它一来,
>
> 就奏出万种乐声。
>
> 海上的风是大力士,
>
> 它一来,
>
> 就送走万片渔帆。
>
> 海上的风是狮子,
>
> 它一吼,
>
> 就掀起滔天波浪……

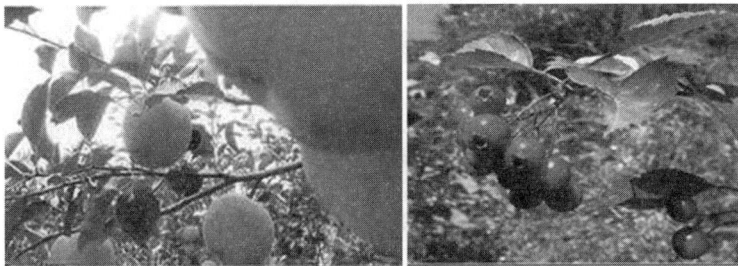

图1-2 第一单元第三课《秋色》

(3)沪教版教材分析 笔者以"入学准备"和第一单元"读儿歌识字学拼音"为例来说明(见表1-6)。

表1-6　沪教版第一册入学准备/第一单元目录

	1	小学生	2	学校	3	同学
入学准备	4	老师	5	操场上	6	读书写字
	古诗诵读　咏鹅		7	读儿歌	8	问答
	9	校园里	10	汉字多奇妙	11	识字真有趣
	古诗诵读　寻隐者不遇					
读儿歌识字	1	看天鹅	2	大萝卜	3	数金鱼
学拼音	4	采蘑菇	古诗诵读　山村		5	魔术
第一单元	6	打电话	7	下雨啦		

　　我们看到"入学准备"由这几项内容组成：小学生、学校、同学、老师、操场上、读书写字、读儿歌、问答、校园里、汉字多奇妙、识字真有趣等，这些内容以选取孩子们身边的人、事、景、物为主，精心编排，将感受能力、观察能力、想象能力、思维能力的培养自然地融入其中。再来分析第一单元"读儿歌识字学拼音"，其中第一课《看天鹅》内容见表1-7。

表1-7　第一课《看天鹅》

 é
看天鹅

é　　　é　　é　　　é
小天鹅，大天鹅，天鹅湖上天鹅多。

ā　　wǒ　é　　ò　　　　　　é
阿姨带我看天鹅，哦，飞起一群白天鹅。

　　这首小韵文，将韵母 a、o、e 放到"阿""我""鹅"几个汉字中学习，几个汉字又放到"天鹅""阿姨"几个词语里学习，几个词语又放到充满童趣的句子中学习，互为支持，相互印证。训练统整思维的同时，还将感受能力、观察能力、想象能力、思维能力很好地融合到了一起。识字教学、拼音教学链接的是生活，是情趣，能力培养的同时，人文素养、文化情趣也得以渗透。

由以上分析可以看出，感受能力、观察能力、想象能力和思维能力的确处在语文学科教学的基础地位，教学中发展语言文字运用能力，离不开基础能力的培养。四项基础能力如何落实呢？还需要再分解吗？还能分解吗？国内外相关研究已经证明，基础能力是不易分解的，那么怎样培养才更好呢？笔者认为想象能力需要倍加呵护，感受能力需要过程与方法的引领，而观察能力和思维能力需要与各项能力整合培养，只有这样才更有利于语文素养及关键能力的提升。以上我们分析了基础能力的渗透性和基础性，下面分析综合能力，还从国家课程标准入手，以小学阶段阅读领域为例，提取关键词，解析能力指标。

（二）综合能力的可分解、可分配性

1. 提取关键词——横向解读课程标准

本章阅读领域指《义务教育语文课程标准（2011 年版）》中指向理解能力的阅读部分，阅读理解能力是怎样的一种能力呢？它和我们前面刚刚谈到的几项基础能力是什么关系呢？下面我们对指向理解能力的阅读领域课程标准（小学阶段）进行横向排列，还用提取关键词的方式进行解读。如表 1-8 与表 1-9 所示，第一学段关键词：感受、了解、积累、借助读物中的图画阅读、交流、展开想象、体会等，分析可知，这些关键词共同指向感受能力、观察能力、思维能力、想象能力，可见，理解能力是以这四项基础能力为基础的。同样，第二、第三学段关键词也指向这四项基础能力（第二、第三学段关键词中有"交流""讨论"等复杂技能，但"交流""讨论"也是以基础能力为基础的，它们是基础能力的提升）。换句话说，理解能力具有很强的包容性，它包容了观察、想象、思维、感受这四种能力。由此笔者将理解能力命名为"综合能力"。同样，表达能力（写作+口语）也是一种综合能力，综合能力是可分解、可分配的。

表1-8　提取关键词——横向解读课程标准

阅读领域（理解能力）	第一学段	1. 喜欢阅读，感受阅读的乐趣。养成爱护图书的习惯。 2. 学习用普通话正确、流利、有感情地朗读课文。学习默读。 3. 结合上下文和生活实际了解课文中词句的意思，在阅读中积累词语。借助读物中的图画阅读。 4. 阅读浅近的童话、寓言、故事，向往美好的情境，关心自然和生命，对感兴趣的人物和事件有自己的感受和想法，并乐于与人交流。 5. 诵读儿歌、儿童诗和浅近的古诗，展开想象，获得初步的情感体验，感受语言的优美。 6. 认识课文中出现的常用标点符号。在阅读中体会句号、问号、感叹号所表达的不同语气。 7. 积累自己喜欢的成语和格言警句。背诵优秀诗文50篇（段）。课外阅读总量不少于5万字。
	第二学段	1. 用普通话正确、流利、有感情地朗读课文。 2. 初步学会默读，做到不出声，不指读。学习略读，粗知文章大意。 3. 能联系上下文，理解词句的意思，体会课文中关键词句表达情意的作用。能借助字典、词典和生活积累，理解生词的意义。 4. 能初步把握文章的主要内容，体会文章表达的思想感情。能对课文中不理解的地方提出疑问。 5. 能复述叙事性作品的大意，初步感受作品中生动的形象和优美的语言，关心作品中人物的命运和喜怒哀乐，与他人交流自己的阅读感受。 6. 诵读优秀诗文，注意在诵读过程中体验情感，展开想象，领悟诗文大意。 7. 在理解语句的过程中，体会句号与逗号的不同用法，了解冒号、引号的一般用法。 8. 积累课文中的优美词语、精彩句段，以及在课外阅读和生活中获得的语言材料。背诵优秀诗文50篇（段）。 9. 养成读书看报的习惯，收藏图书资料，乐于与同学交流。课外阅读总量不少于40万字。

（续表）

阅读领域（理解能力）	第三学段	1. 能用普通话正确、流利、有感情地朗读课文。 2. 默读有一定的速度，默读一般读物每分钟不少于300字。学习浏览，扩大知识面，根据需要搜集信息。 3. 能联系上下文和自己的积累，推想课文中有关词句的意思，辨别词语的感情色彩，体会其表达效果。 4. 在阅读中了解文章的表达顺序，体会作者的思想感情，初步领悟文章的基本表达方法。在交流和讨论中，敢于提出看法，作出自己的判断。 5. 阅读叙事性作品，了解事件梗概，能简单描述自己印象最深的场景、人物、细节，说出自己的喜爱、憎恶、崇敬、向往、同情等感受。阅读诗歌，大体把握诗意，想象诗歌描述的情境，体会作品的情感。受到优秀作品的感染和激励，向往和追求美好的理想。阅读说明性文章，能抓住要点，了解文章的基本说明方法。阅读简单的非连续性文本，能从图文等组合材料中找出有价值的信息。 6. 在理解课文的过程中，体会顿号与逗号、分号与句号的不同用法。 7. 诵读优秀诗文，注意通过语调、韵律、节奏等体味作品的内容和情感。背诵优秀诗文60篇（段）。 8. 扩展阅读面。课外阅读总量不少于100万字。

表1-9 综合能力——理解能力的可分解性

	提取关键词	能力指向	
第一学段	感受 了解 积累 借助读物中的图画阅读 交流 展开想象 体会 背诵	感受能力 观察能力	阅读理解能力
第二学段	朗读 默读 理解 把握 体会 提出疑问 感受 交流 展开想象 领悟 积累 背诵 交流	思维能力 想象能力	
第三学段	浏览 搜集信息 推想 辨别 了解 体会 领悟 交流 讨论 提出看法 了解事情梗概 描述 说出 感受 想象 理解 体会 体味		

2. 提取子能力——纵向解读课程标准

下面我们换一种思维方式，解析《义务教育语文课程标准（2011年版）》阅读领域（小学阶段）内容标准。先将第一、

二、三学段的内容标准纵向排列，经过梳理，将不同学段相关联的课程标准进行整合，如第一学段第二、第五条，第二学段第一、第二、第六条，第三学段第一、第二、第七条（见表1-10）它们都跟"朗读、默读、浏览、略读、诵读"这些技能有关系，所以整合后提取阅读理解能力的子技能——"读的技能"；第二项子技能"理解词句技能"是由跟"理解课文中词句"相关联的高、中、低三个学段的三条课程标准整合后提取的；由第一学段、第二学段中跟"把握文章主要内容，体会思想感情"相关联的课程标准提取的子技能，笔者为其命名为"浅理解技能"；由第二学段、第三学段，跟"领悟文章表达方法"相关联的课程标准整合后提取的子技能，我们为其命名为"深理解技能"（能力培养是上下贯通，趋于整合的，笔者认为高段"诵读技能"也应该有"领悟表达方法"的要求，故低段"诵读"放在"浅理解技能"部分，高段"诵读"放在"深理解技能部分"）；第五项"常规运用技能"是由三个学段跟标点符号用法相关联的标准整合后提取的（但常规运用技能不仅包括标点符号的运用，还包括比如格式、书写、运用现代多媒体排版及呈现作品的技能等）；第六项"积累"和第七项"习惯"由三个学段中相关联的课程标准整合后提取，关于"积累"的详细分解见本章第六部分（表1-20）。本书主要针对理解能力的五项子技能：读的技能、理解词句技能、浅理解技能（概括主要内容、提炼主题思想的技能）、深理解技能（指向表达能力）、常规运用技能（包括标点符号运用等）来分析。

表1-10　提取子能力——纵向解读课程标准

国家课程标准阅读领域（理解能力）

	第一学段（低）	第二学段（中）	第三学段（高）
①读的技能	2. 学习用普通话正确、流利、有感情地朗读课文。学习默读。 5. 诵读	1. 用普通话正确、流利、有感情地朗读课文。 2. 初步学会默读，做到不出声，不指读。 6. 诵读	1. 能用普通话正确、流利、有感情地朗读课文。 2. 默读有一定的速度，默读一般读物每分钟不少于300字。学习浏览，扩大知识面，根据需要搜集信息。 7. 诵读
②理解词句技能	3. 结合上下文和生活实际了解课文中词句的意思，在阅读中积累词语。借助读物中的图画阅读。	3. 能联系上下文，理解词句的意思，体会课文中关键词句在表达情意的作用。能借助字典、词典和生活积累，理解生词的意义。	3. 能联系上下文和自己的积累，推想课文中有关词句的意思，辨别词语的感情色彩，体会其表达效果。
③浅理解技能	4. 阅读浅近的童话、寓言、故事，向往美好的情境，关心自然和生命，对感兴趣的人物和事件有自己的感受和想法，并乐于与人交流。 5. 诵读	4. 能初步把握文章的主要内容，体会文章表达的思想感情。能对课文中不理解的地方提出疑问。 6. 诵读	

（续表）

国家课程标准阅读领域（理解能力）

	第一学段（低）	第二学段（中）	第三学段（高）
④深理解技能		5. 能复述叙事性作品的大意，初步感受作品中生动的形象和优美的语言，关心作品中人物的命运和喜怒哀乐，与他人交流自己的阅读感受。	4. 在阅读中了解文章的表达顺序，体会作者的思想感情，初步领悟文章的基本表达方法，敢于提出看法，作出自己的判断，在交流和讨论中。 5. 阅读叙事性作品，了解事件梗概，能简单描述自己印象最深的场景、人物、细节，说出自己的喜爱、憎恶、崇敬、向往、同情等感受。阅读诗歌，大体把握诗意，想象诗歌描述的情境，体会作品的情感。受到优秀作品的感染和激励，向往和追求美好的理想。阅读说明性文章，能抓住要点，了解文章的基本说明方法。阅读简单的非连续性文本，能从图文等组合材料中找出有价值的信息。 7. 诵读
⑤常规运用技能	6. 认识课文中出现的常用标点符号。在阅读中体会句号、问号、感叹号所表达的不同语气。	7. 在理解语句的过程中，体会句号与逗号的不同用法，了解冒号、引号的一般用法。	6. 在理解课文的过程中，体会句号与逗号、引号的不同用法。

（续表）

	国家课程标准阅读领域（理解能力）		
	第一学段（低）	第二学段（中）	第三学段（高）
⑥积累背诵	5. 诵读儿歌、儿童诗和浅近的古诗，展开想象，获得初步的情感体验，感受语言的优美。 7. 积累自己喜欢的成语和格言警句。背诵优秀诗文 50 篇（段）。课外阅读总量不少于 5 万字。	6. 诵读优秀诗文，注意在诵读过程中体验情感，展开想象，领悟诗文大意。 8. 积累课文中的优美词语、精彩句段，以及在课外阅读和生活中获得的语言材料。背诵优秀诗文 50 篇（段）。	7. 诵读优秀诗文，注意通过语调、韵律、节奏等体味作品的内容和情感。背诵优秀诗文 60 篇（段）。
⑦习惯	1. 喜欢阅读，感受阅读的乐趣。养成爱护图书的习惯。	9. 养成读书看报的习惯，收藏图书资料，乐于与同学交流。课外阅读总量不少于 40 万字。	8. 扩展阅读面。课外阅读总量不少于 100 万字。

　　五项子技能具体如何由学段到学期，由学期再到单元，细化为校本层面的课程目标呢？下面我们举例说明，以第一项"读的技能"为例，将《义务教育语文课程标准（2011年版）》小学阶段阅读部分与"读"有关的内容标准整理如表1-11（"诵读"与"积累"相关也是读的技能，还与低、中学段浅理解技能有关，高段的诵读也当指向深理解技能）。

表1-11　与"读的技能"有关的课程标准

学段	国家课程标准
第一学段	2. 学习用普通话正确、流利、有感情地朗读课文。学习默读。 5. 诵读儿歌、儿童诗和浅近的古诗，展开想象，获得初步的情感体验，感受语言的优美。
第二学段	1. 用普通话正确、流利、有感情地朗读课文。 2. 初步学会默读，做到不出声，不指读。学习略读，粗知文章大意。 6. 诵读优秀诗文，注意在诵读过程中体验情感，展开想象，领悟诗文大意。
第三学段	1. 能用普通话正确、流利、有感情地朗读课文。 2. 默读有一定的速度，默读一般读物每分钟不少于300字。学习浏览，扩大知识面，根据需要搜集信息。 7. 诵读优秀诗文，注意通过语调、韵律、节奏等体味作品的内容和情感。背诵优秀诗文60篇（段）。

　　提取关键词，整理出读的五项子技能——朗读技能、默读技能、浏览技能、略读技能、诵读技能。结合语文教学实践和《义务教育语文课程标准（2011年版）》实施建议部分（教学及评价建议）的有关规定，[①] 我们还可以补充"精读技能"（即品读技

---

① 中华人民共和国教育部. 义务教育语文课程标准(2011年版)[S]. 北京：北京师范大学出版社，2012：22，29.

能），共六项子技能。这样以关键能力——沟通能力为龙头，层层分解，我们就有了关于理解能力的四个层级，这就为分解课程标准，培养落实阅读理解能力搭建了支架（如图1-3）。阅读理解能力的培养正是以"阅读理解能力层级图"为基础，分解、分配国家课程标准。为了落实课程标准，使标准具有可操作性，成为具体、明确、易操作的校本化课程目标，我们为朗读、默读、精读、略读、浏览、诵读技能补充形成过程及表现性评价标准，通过层层细化，让课程标准的落实有抓手。以上为国家语文课程标准以能力为导向的分解过程。

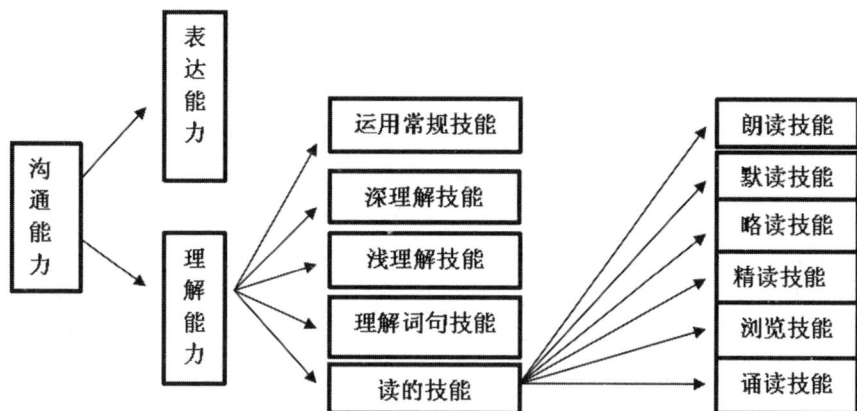

图 1-3 理解能力层级图

（三）语文学科能力模型的构建

理解能力、表达能力以基础能力为基础。前文已述及（见表1-1）我们由第一学段五领域关键词出发，提取了观察能力、思维能力、感受能力、想象能力四项基础能力。现将各领域提取的关键词与基础能力进行梳理（见表1-12），不难看出，在阅读领域观察、思维、感受、想象这几项基础能力成为理解能力的基础；

在写作领域这几项能力成为表达能力的基础；在口语交际和综合性学习部分四项基础能力成为它们最牢固的基石（口语交际和综合性学习需要交流沟通等各项复杂的综合能力的参与，复杂的综合能力也是以理解能力和表达能力为基础的）。

表 1-12　理解能力、表达能力以基础能力为基础

提取关键词				
识字与写字	阅读	写作	口语交际	综合性学习
认识、掌握、写字、感受、书写、拼读、独立识字	感受、朗读、默读、了解、积累、借助读物中的图画阅读、交流、诵读、展开想象、体验、认识、体会、背诵	留心周围事物、写、想象、运用、使用	说、讲、听、了解、看、复述、讲述、见闻、交谈、参加讨论、发表	提出问题、讨论观察、表达、参加活动、表达见闻和想法
	观察能力　　思维能力　　感受能力　　想象能力			
书写能力	理解能力	表达能力	理解能力	表达能力
交流沟通、解决问题等综合能力				

综合前文分析，语文学科从指向核心素养的关键能力，到综合能力再到处于最基础层面的基础能力，我们已经全部厘清，根据它们之间的相互关系，笔者构建出语文学科能力模型，如图 1-4。

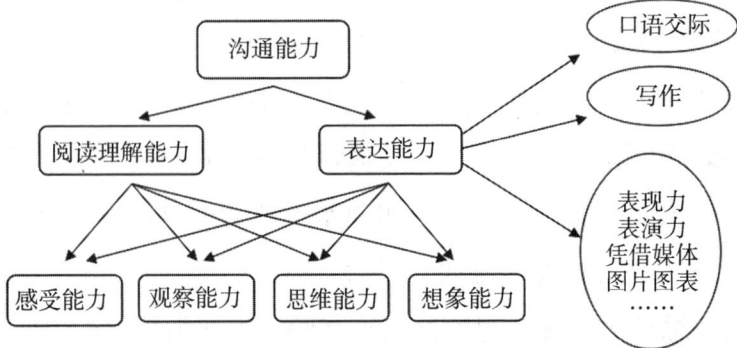

图 1-4　关键能力＝基础能力＋综合能力

由语文学科课程标准提取的基础能力、综合能力、关键能力（沟通能力）其实都是跨学科能力，跨学科能力是课程整合研究的基础和桥梁。

三、小学语文国家课程标准的调整说明

（一）关于第一学段阅读领域第一条标准"喜欢阅读，感受阅读的乐趣。养成爱护图书的习惯"顺序的调整说明

"知之深，爱之切。"只有先了解，才会喜爱。按照学习的顺序，"兴趣、习惯"应该在"学习读书、学会读书"之后出现。《义务教育语文课程标准（2011 年版）》把跟"兴趣、习惯"有关的标准放在第一学段阅读部分的第一条陈述，是为了强调"读书兴趣、读书习惯"培养的重要性。而在第二学段、第三学段阅读部分，这条跟兴趣、习惯相关的课标内容却放在学段的后面了。笔者认为，这种不同的处理方式，固然可以引起读者或一线教师对阅读兴趣、阅读习惯的重视，但从学习的顺序来看，还是把它放到学段的后面陈述为好。我国台湾地区就做了这样的处理（见表 1-13）。

表 1-13　台湾地区课标中的阅读领域标准

第一学习阶段	5-I-1 以适切的速率正确地朗读文本。
	5-I-2 认识常用标点符号。
	5-I-3 读懂与学习阶段相符的文本。
	5-I-4 了解文本中的重要讯息与观点。
	5-I-5 认识简易的记叙、抒情及应用文本的特征。
	5-I-6 利用图像、故事结构等策略，协助文本的理解与内容重述。
	5-I-7 运用简单的预测、推论等策略，找出句子和段落明示的因果关系，理解文本内容。
	5-I-8 能认识图书馆（室）的功能。
	5-I-9 能喜爱阅读，并乐于与他人分享阅读心得。

（续表）

第二学习阶段	5-Ⅱ-1 以适切的速率朗读文本，表现抑扬顿挫与情感。
	5-Ⅱ-2 理解各种标点符号的用法。
	5-Ⅱ-3 掌握句子和段落的意义与主要概念。
	5-Ⅱ-4 认识记叙、抒情、说明及应用文本的特征。
	5-Ⅱ-5 运用适合学习阶段的摘要策略，撷取大意。
	5-Ⅱ-6 就文本的观点，找出支持的理由。
	5-Ⅱ-7 能运用预测、推论、提问等策略，增进对文本的理解。
	5-Ⅱ-8 觉察自己的阅读理解情况，适时调整策略。
	5-Ⅱ-9 能透过大量阅读，体会阅读的乐趣。
	5-Ⅱ-10 能阅读多元文本，以认识重大议题。
	5-Ⅱ-11 能主动参与班级、学校或社区的阅读社群活动。
第三学习阶段	5-Ⅲ-1 **流畅朗读各类文本，并表现抑扬顿挫的变化。**
	5-Ⅲ-2 理解句子、段落的内容，并整合成主要概念。
	5-Ⅲ-3 区分文本中的客观事实与主观判断之间的差别。
	5-Ⅲ-4 认识议论文本的特征。
	5-Ⅲ-5 熟习适合学习阶段的摘要策略，撷取大意。
	5-Ⅲ-6 联结相关的知识和经验，提出自己的观点，评述文本的内容。
	5-Ⅲ-7 运用自我提问、推论等策略，推论文本隐含的因果讯息或观点。
	5-Ⅲ-8 因应不同的目的，运用不同的阅读策略。
	5-Ⅲ-9 能结合自己的特长和兴趣，主动寻找阅读材料。
	5-Ⅲ-10 大量阅读多元文本，辨识文本中重大议题的讯息或观点。
	5-Ⅲ-11 能运用图书馆（室）、科技与网路，进行资料蒐集、解读与判。

（二）关于三个学段阅读领域中"正确、流利、有感情地朗读课文"内容标准的切分说明

关于"正确、流利、有感情地朗读课文"这项内容标准，三个学段分别是这样表述的（见表1-14）。

表 1-14　关于"正确、流利、有感情地朗读"的标准

第一学段，学习用普通话正确、流利、有感情地朗读课文。
第二学段，用普通话正确、流利、有感情地朗读课文。
第三学段，能用普通话正确、流利、有感情地朗读课文。

作为一线教师，笔者认为"学习用"、"用"和"能用"这三个目标梯度不好把握，课堂层面不易操作。笔者尝试做了如下调整（见表 1-15）。

表 1-15　调整后"正确、流利、有感情地朗读"的标准

第一学段，能用普通话正确地朗读课文（补充"正确地"标准）。
第二学段，能用普通话正确、有感情地朗读课文（补充有"感情地"方法）。
第三学段，能用普通话正确、流利、有感情地朗读文本（补充表现程度）。

这样层层递进，就把朗读课文的表现程度阶梯性的呈现出来了，课堂层面可操作性也就强了，国家课程标准校本化的目的也就在此了。我国台湾地区的课程标准就是从正确、情感、流畅三个维度来划分的（见表 1-13）。

（三）关于第三学段课程标准中标点符号的教学前移调整的说明

关于标点符号，国家课程标准按照先易后难的原则，将其分散到三个学段进行学习："第一学段，认识课文中出现的常用标点符号。在阅读中体会句号、问号、感叹号所表达的不同语气；第二学段，在理解语句的过程中，体会句号与逗号的不同用法，了解冒号、引号的一般用法；第三学段，在理解文本的过程中，

体会顿号与逗号、分号与句号的不同用法。"① 我们认为标点符号属于"常识类"知识的学习，它不是复杂技能的学习与运用。教学实践中发现，对于这类"常识类"知识的学习，教师如果进行整体设计规划，课堂上分散并有针对性的学习，压缩到两个学段集中学习是没有问题的，没有必要拖长到六年。另外低、中学段标点符号如果提前学习，并且熟练运用，不仅有助于低、中学段的阅读与写作教学，还会为小学高段集中精力开展阅读和写作的学习节省出宝贵的时间。鉴于此，笔者将三个学段关于标点符号的学习调至前两个学段四个学期统筹安排、重点学习（见表1-20）。

（四）关于在分解语文课程标准（小学阶段）阅读领域"读"的技能过程中增补"精读"技能的说明

笔者在小学低、中、高阅读领域课程标准中，一共提取了读的五项子技能：朗读技能、默读技能、浏览技能、略读技能、诵读技能。但是在实际教学中，无论是小学阶段还是中学阶段，"精读"即品读课文都是非常重要的，文章语言的品位，表达方法的领悟，都需要精读技能的参与。精读是学生应该重点掌握的一项技能。《义务教育语文课程标准（2011年版）》实施建议部分（"教学"及"评价"建议）中关于精读的规定是这样的："应加强对阅读方法的指导，让学生逐步学会精读、略读和浏览""精读的评价，重点评价学生对阅读材料的综合理解能

---

① 中华人民共和国教育部. 义务教育语文课程标准(2011年版)[S]. 北京：北京师范大学出版社. 2012：8，11，13.

力，要重视评价学生的情感体验和创造性的理解……"① 可见，精读技能在阅读教学中的重要性不容忽视。新编部编本第四学段（初中）教材、教参中就对精读技能相当重视，并且提出了具体、明确、可操作的要求。为了保证技能培养的连贯性、一致性，所以在分解、细化小学阶段阅读领域课程标准"读"的技能时，笔者增补了"精读技能"，这样阅读领域理解能力"读的技能"共六项（见图1-3）。

四、分解后国家课程标准的分配

《义务教育语文课程标准（2011年版）》将语文学习内容划分为识字与写字、阅读、写作、口语交际、综合性学习五大领域，其中阅读和写作既是重点又是难点，笔者对我国语文课程标准的阅读部分和写作部分进行解读，提取了课程要素，理顺了阅读理解能力层级关系（见图1-3），并在此基础上构建了阅读目标体系和读写一体化目标体系，为课程标准的细化、落地，建了支架，搭了梯子。口语交际、综合性学习等部分本书暂不涉及。基于语文课程标准提取的课程要素共6+1个：用词、句子流畅性、常规、表达、组织、风格和思想性。每一个要素还可以划分出不同的层次和维度，根据教学实际，将课程要素或者由课程要素分解的不同层次的读写目标，分配到不同的学段、学期、单元中去，也就是将国家课程标准分配到不同的学段、学期、单元中去。课程标准的分解、分配有不同的情况：有的课程标准适合在学段层面补充调整，如朗读技能、精读技能、诵读技能；有的课程标准

---

① 中华人民共和国教育部. 义务教育语文课程标准(2011年版)〔S〕. 北京：北京师范大学出版社. 2012：22, 29.

适合分配到学期，如默读技能；有的课程标准则要具体细化到单元，如以语文课程要素统领的读写目标。不管是哪个层次的分解、调整和补充，目的都是为了课程标准在课堂层面具体化、明确化、易操作、可评价。

我们以阅读领域理解能力中"读的技能"为例，来说明课程标准学段目标的学期分配问题。阅读理解能力的分解见表1-10，将第一项"读的技能"再次分解、补充又得到次一级的六项子技能：朗读、默读、浏览、略读、诵读、精读（见图1-3）。下面以朗读技能和默读技能为例，来具体说明课程标准学段层面的补充、调整和学期层面的目标分配问题。以课程要素（即读写要素）的分解来说明课程标准分配到单元的问题。

（一）课程标准解读到学段——朗读技能的调整与补充

《义务教育语文课程标准（2011年版）》小学阶段阅读领域关于"朗读标准"如表1-14所示。前已述及，对于"正确、流利、有感情地朗读课文"这项内容标准，笔者做了切分调整（见表1-15）。这样调整以后，是不是就可以使国家课程标准落地了呢？答案是否定的。语文课程标准多是结果层面的内容标准，只描述结果，不给出具体的过程或方法，一线教师操作起来还是有困难的。要想易操作、易检测，还要实施几项策略，如：补充表现程度、补充方法策略等。笔者结合教学实践，依据教学规律，采取以上策略，为第一学段"朗读技能"补充了"正确地朗读"的标准；为第二学段"朗读技能"补充了"有感情地朗读"的方法；为第三学段"朗读技能"补充了表现程度（见表1-16/1-20）。类似适合在学段层面进行调整补充的还有精读技能和诵读技能（见表1-16/1-20）。

表1-16　课标分解到学段、到学期

年段	校本课程目标到学段	学期	校本课程目标到学期
第一学段	1. 能用普通话正确地朗读课文。 补充正确的标准：不错字、不添字、不丢字、不重复、不结巴、不拖长音，吐字清晰，呼气及音量适中。	一上	
	2. 精读（词、句） 补充过程及表现程度： ①读——正确； ②读——悟——意思（说出）； ③读——体会——词句的感情； ④读——带着体会到的感情去读。	一下	
	3. 诵读儿歌、儿童诗和浅近的古诗，展开想象，获得初步的情感体验，感受语言的优美。 补充方法及表现程度： ①借助肢体的律动感受诗歌语言的音韵之美； ②借助画一画、讲一讲、演一演等方式表达自己的感悟； ③能借助图画了解诗歌大意，展开想象，体验情感； ④可以尝试创作。	二上	1. 学习默读，手指，可以嘴动，不出声。
		二下	2. 学习默读，可以手指，不出声。

（续表）

年段	校本课程目标到学段		校本课程目标到学期
第二学段	1. 能用普通话正确、有感情地朗读课文。补充方法：用适当的速率正确地朗读文本，用声调的抑扬顿挫表现感情的变化起伏。	三上	3. 能默读，做到不出声、不指读。
	2. 精读（句、段、会做批注并与默读结合）补充过程及表现程度：①读——正确；②悟——意思（说出）；③读——体会的感情；④读——把体会到的关系；⑤读——考虑到句子与段的关系；⑥读——领悟、学习句段的表达方法。	三下	4. 会默读，练习大体把握文章主要内容。L-2-32-10 学习略读，运用适合学段的摘要策略（图画并连接标题、中心句、过渡句等），粗知文章大意。
		四上	5. 会默读，能大体把握文章主要内容。L-2-41-11 练习略读，运用适合学段的摘要策略（图画并连接标题、中心句、过渡句等），粗知文章大意。
	3. 诵读优秀诗文，注意在诵读过程中体验情感，展开想象，领悟诗文大意。补充方法及表现程度：①能借助肢体动作表现律动表现歌音韵之美；②能借助想象、绘画、表演等方式表达自己的理解和感悟；③能说出诗歌大意；④尝试做简单的评价与赏析；⑤尝试创作。	四下	6. 会默读（与精读做批注结合，与略读结合）L-2-42-11 会略读，运用适合学段的摘要策略（图画并默读结合），粗知文章大意（和默读结合）标题、中心句、过渡句等），粗知文章大意。

（续表）

年段	校本课程目标到学段		校本课程目标到学期
第三学段	1. 能用普通话正确、流利、有感情地朗读文本。能正确朗读课文，用声调的抑扬顿挫补充表现程度：达到语句连贯，在此基础上能表现感情的变化起伏，朗读适合语态的各类文本。 2. 精读、默读结合，在把握内容，体会思想感情的基础上，领悟文章的基本表达方法。补充过程及表现程度： ①读——正确； ②读——悟——意思（说出）； ③读——体会——词句的感情； ④读——把握到段、篇的关系； ⑤读——考虑到句、段、篇的关系； ⑥读——领悟，学习文章的表达方法。 3. 诵读优秀诗文，注意通过语调、韵律、节奏等体味作品的内容和情感。背诵优秀诗文60篇（段）。补充方法及表现程度： ①能抓住关键句，感受诗歌优美的语言； ②能根据诗意，体会诗歌所包含的思想感情； ③能通过想象或表演等表现诗歌所蕴含的意境之美； ④了解诗歌的基本表达方法，做简单的评价与赏析； ⑤尝试创作。	五上	7. 默读与精读结合（抓关键句，做批注），与略读结合，运用适合学段的摘要策略，读书看报之前先浏览目录，把握文章大意。L-3-51—10 学习文化，关键词句，根据需要搜索信息。
		五下	8. 默读、精读（抓关键词，做批注）浏览、略读浏览，看报之前先浏览目录，标题，提纲，关键词句，了解大意，扩大知识面，有一定速度。查阅，搜索信息，根据需要。
		六上	9. 默读、精读（抓关键词，做批注），浏览、略读浏览，看报之前先浏览目录，标题，提纲，关键词句，扩大知识面，有一定速度。查阅，搜索信息。了解大意，每分钟不少于300字。
		六下	10. 默读、精读（抓关键词，做批注），浏览、略读浏览，关键词句，读书看报之前先浏览目录，提纲，标题，主动寻找阅读材料，根据需要查阅，搜索自己的特长和兴趣，扩大知识面，每分钟不少于300字。

（二） 课程标准分配到学期——默读技能的分解与补充

依据教学实践、学生发展水平、学习规律，笔者采用与前文相同的分解策略，将默读技能分配到学期。需要注意的是，默读是在有一定识字量、有一定阅读速度和理解能力的基础上才可以进行训练的，因此低段目标中默读技能的训练，最好从二年级上学期开始。鉴于略读和浏览的训练，也需要学生具备一定阅读能力才可以进行，所以中段以后默读可以和略读（同时和精读）结合，高段则可以融入浏览技能，如此循序渐进，"读的能力"呈现出螺旋上升和渐趋融合的趋势，同时标志着理解能力的提升和阅读素养的形成。表 1-16 为"默读技能"在三个学段不同学期的校本化课程目标的分解、分配。另外，表 1-16 左侧学段目标中默读技能与精读技能已经融合，故右侧学期目标中不再重复（中、高学段涉及的略读、浏览在此表中一并呈现，但采用的是本章最后呈现的表 1-20《阅读领域课程标准分解、分配与编码》的统一的目标编码）。

（三） 课程标准分配到单元——读写要素分配到单元

1. 课程要素即读写要素

解析《语文课程标准（2011 版）》写作领域（小学阶段），三个学段写作领域课程标准（表 1-17）提取的关键词，经过整理，去掉重复的共 20 个，它们分别对应着 6+1 个课程要素（用词、句子流畅性、组织、表达、常规、思想性和风格），同时对应着由阅读领域提取的理解能力的四项子技能。如表 1-18 所示，关键词"运用词语""语句通顺""有新鲜感的词句"对应"用词"要素和"句子流畅性"要素，同时对应"理解词句技能"；关键词"运用积累的语言材料""分段表述"对应"组织"要素，同时对应"浅理解技能"；关键词"想象""具体""最受感动的""感情真实"分别指向"表达"要素的运用联想和想象，描写具体生动，叙述有真情实感等表达方法；"写清楚"是综合能力的体现，"修改"也是全方位的，所以这两个关键词对应所有课程要素，"留心观察周围事物"强调基础能力——观察能力的培养，虽暂时没有放进表 1-18 中，但不影响它与"表达"要素的密切关系。

表 1-17　小学第一、二、三学段写作领域课程标准

写话（低段）	习作（中段）	习作（高段）
1. 对写话有兴趣，留心周围事物，写自己想说的话，写想象中的事物。 2. 在写话中乐于运用阅读和生活中学到的词语。 3. 根据表达的需要，学习使用逗号、句号、问号、感叹号。	1. 乐于书面表达，增强习作的自信心。愿意与他人分享习作的快乐。 2. 观察周围世界，能不拘形式地写下自己的见闻、感受和想象，注意把自己觉得新奇有趣或印象最深、最受感动的内容写清楚。 3. 能用简短的书信、便条进行交流。 4. 尝试在习作中运用自己平时积累的语言材料，特别是有新鲜感的词句。 5. 学习修改习作中有明显错误的词句。根据表达的需要，正确使用冒号、引号等标点符号。 6. 课内习作每学年 16 次左右。	1. 懂得写作是为了自我表达和与人交流。 2. 养成留心观察周围事物的习惯，有意识地丰富自己的见闻，珍视个人的独特感受，积累习作素材。 3. 能写简单的纪实作文和想象作文，内容具体，感情真实。能根据内容表达的需要，分段表述。学写读书笔记，学写常见应用文。 4. 修改自己的习作，并主动与他人交换修改，做到语句通顺，行款正确，书写规范、整洁。根据表达需要，正确使用常用的标点符号。 5. 习作要有一定速度。课内习作每学年 16 次左右。

表1-18　语文课程要素、写作领域关键词与阅读领域子能力对应表

写作领域关键词			语文课程要素	阅读领域子能力
写清楚 修改	运用词语	有新鲜感的词句	用词	理解词句的技能
	语句通顺		句子流畅性	
	运用积累的语言材料、分段表述		组织	浅理解技能 （概括内容、提炼主旨）
	想象、具体、最受感动的、感情真实		表达	深理解技能 （指向表达方法）
	使用常用标点符号、行款正确、书写规范、整洁、写应用文（书信、便条等）		常规	常规运用技能 （标点符号运用等）
	自我表达、个人的独特感受、新奇有趣或印象最深		思想性、风格	

　　有三点需要说明：一是关于思想性和风格要素，"风格"和"思想性"在阅读领域课程标准中没有找到对应的技能或关键词。而思想性和风格，又是作品的灵魂和价值所在，这从另一个角度反映出，与国际阅读素养相比，我国课程标准对小学阶段提出的阅读素养要求是偏低的，我国课程标准是有待完善的。二是阅读理解能力的五项子技能中"读的技能"没有与课程要素对应，需要阅读课堂重点来训练，我们把它放在阅读领域目标体系中；其余四项与课程要素及写作领域是可以对应的，由此构建读写一体化目标体系。课程要素可以贯通读写，利于读写统整培养，课程要素即读写要素。三是关于跟"兴趣""自信心"等关联的态度、情感等目标问题，本书暂不涉及。

2. 读写要素分配到单元——以"组织性"中的"构思"为例

写作领域课程标准是以课程要素来统领的，所以课程标准的单元分配从分解课程要素开始。为了便于逐级分配，如图1-5将"组织性"要素划分为三个内容维度：顺序、结构、构思，每一个内容维度继续划分子内容，其中构思又分为：立意审题、围绕中心选材、详略得当三项内容。

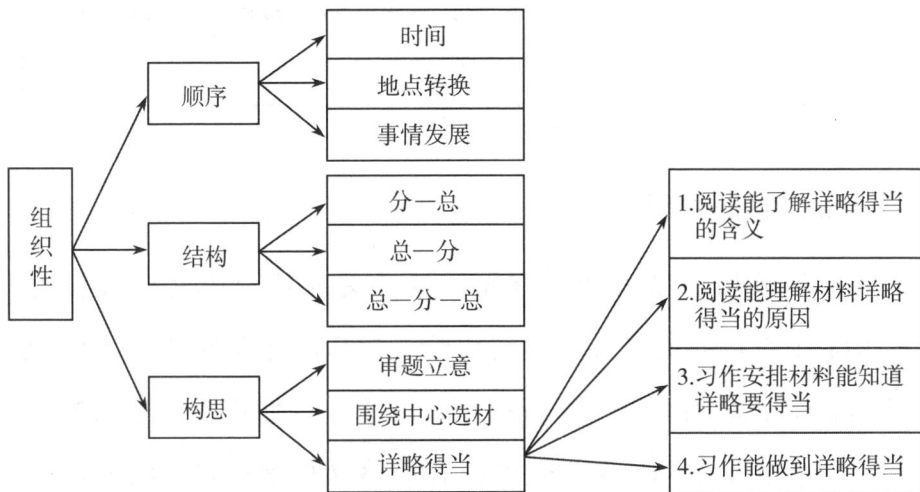

图1-5　学段目标"组织性"分配到单元

将"详略得当"这个读写目标继续分解，成为具体、明确、可操作、可检测的四个单元目标（图1-5）。目标细化到单元后，要想更好地落实，还要进行专业的目标叙写，这样才更利于基于标准的教学目标的落地。为了达成写文章"详略得当"的目标，我们可以把这四个单元安排在小学中、高学段的不同学期中，循环往复、螺旋上升，阅读教学与写作教学相结合，让学生能够理解并做到写文章时"详略得当"。表1-19提供了以"详略得当"为例的专业的单元目标叙写。

表 1-19 "详略得当"的单元目标叙写

"详略得当"的单元目标叙写
第一单元：学生阅读文本能了解什么是详写，什么是略写。
第二单元：学生阅读文本能理解作者为什么要详写，为什么要略写。
第三单元：学生习作安排材料能清楚地知道并努力尝试去做到：突出中心的材料详写，与中心关系不密切的略写，与中心毫无关系的不写。
第四单元：学生习作能够较熟练地做到：与中心关系密切的描写比较具体生动，与中心关系不密切的略写，与中心毫无关系的不写。

五、编码说明

阅读领域分解说明。首先，对《义务教育语文课程标准（2011 年版）》阅读领域进行研读，然后将小学阶段三个学段内容标准做适当调整，重新排序，目的是更加符合学生认知规律，符合教学实际。跨学段的内容调整（如标点符号的要求），这一步可以叫"微调序"。其次，借鉴美国《阅读能力发展量表》[①]，吸取我国台湾地区最新版本的《十二年国民基本教育课程纲要国民中小学暨普通型高级中等学校——语文领域——国语文》中的相关内容，结合自己 20 年小学语文教学实践，对《义务教育语文课程标准（2011 年版）》阅读领域进行解析、提炼，理出核心能力，将核心能力——阅读理解能力进行分解，得到五项子能力（读的技能、理解词句技能、浅理解技能、深

---

① ［美］阿特，［美］麦克塔尔. 课堂教学评分规则［M］. 北京：北京轻工业出版社，2005：106-112.

理解技能、常规运用技能），然后依据学生发展水平、教学实践、学习规律，运用课标分解策略，为技能的达成补充过程、提供方法，制定表现性评价标准，使其在课堂层面具体、明确、易操作、易检测。这一步可以称——"析能力"。最后，将各个子技能分解后的小目标分配到学段、学年、学期。形成语文课程标准的编码序列——阅读理解能力目标序列。这个过程称为——"纵梳理"。如果我们做一个比喻的话，解析课标就相当于吃水果，那么，微调序就是摆水果；析能力就是切水果；纵梳理就是摆果盘。

　　本书呈现的《语文学科阅读领域课程标准分解、分配与编码》（表1-20）是针对语文课程标准小学阶段阅读部分进行解读，对提炼的理解能力的五项子技能（读的技能、理解词句技能、浅理解技能、深理解技能、常规运用技能）进行梳理、归纳、排序，重点对读的技能（朗读、精读、诵读、默读、略读、浏览）进行了调整、分解和补充，如果能够对广大一线老师有所帮助，那将是我们最快乐的事情。语文素养的提高，除了读写等综合能力的培养，"语文积累"也很关键，本书对"积累"一项根据不同学段实际水平，提出具体的积累目标，但它不是唯一的，是笔者个人的经验总结。现代社会对"利用多媒体搜集、处理信息的能力"迫切需要，因此本书在不同学段不同学期中都提出了要求，个人认为这项能力应该引起足够的重视，信息社会，小学生应该尽早掌握搜集、判断、处理、运用信息的能力，以适应未来社会的需要。

需要说明的是：1. 国家课程标准的分解、分配不是机械的，有的维持在学段层面更利于能力的统整和形成，如朗读、精读、诵读技能，但需要在过程、方法、表现性标准方面给予补充、调整；有的则适合分配到学期，如默读技能等；有的要具体细化到单元，如以课程要素统领的读写目标。不管是哪个层次的分解、调整和补充，目的都是为了课程标准在课堂层面具体、明确、易操作、可评价，为了国家课程标准的落地。2. 能力的切分不是机械的，校本课程目标放在哪个学段哪个学期或者单元，都不是固定不变的（如诗歌创作，一般标准，三年级孩子可以模仿创作了，但是一、二年级孩子思维更活跃、想象力更丰富，童言无忌即是最美的诗篇，说、写一两句小诗应该没问题。如果中途接班，遇到基础不好的班级，不但想象力被抑制了，语言文字运用能力也没有发展好，那么创作诗歌就要推后。当然，班内学生个体之间是存在差异的，教师不能一刀切。总之，班级或者个人基础好，目标可以提前；班级或者个人基础差，标准可以降低）。这个表格只是为一线老师提供了一条路径，让大家知道培养能力有这样一个阶梯，至于教师要带领学生怎么攀登，就要根据学生基础和实际教学情况了。但一线教师应该明了小学语文六年十二个学期教学的总目标，语文学科的目标体系要了然于胸。3. 能力的培养是上下连贯的，九年一贯或者十二年一贯统整起来，综合考虑会更好（本书目前期望做到六年一贯）。鉴于此，注意表格中同一项能力培养在不同学段、不同学期用词的微小差别，这种差别旨在提醒、提供一种变化，同时笔者期望可以显示能力的提升与融合。当然什么时候"变"，取决于教师的"教"和学生"学"的实际。

编码说明以 L-1-11-1 为例说明：

L 代表阅读理解能力；

前一个 1 代表第一学段；

11 代表一年级上学期；

12 代表一年级下学期；

21 代表二年级上学期；

22 代表二年级下学期……

最后的数字 1—13 代表能力流水号代码

图例说明：

1. ＊代表跨学段要关注培养落实的课程目标，因年段不同，叙述略有差别。

2. 下加波浪线代表在本学期开始关注培养的起始目标。

3. 黑体及下加 "＿＿" 词句，代表比较重要的学习内容。

4. 有些目标在前一个阶段比较容易的达成了，后面就没有出现；有些目标前后阶段叙述不完全一样，但指向同一个目标。

六、语文学科阅读领域课程标准分解、分配与编码

表1-20 语文学科阅读领域课程标准分解、分配与编码

领域能力	学段	年级	编码	校本化课程目标
阅读理解能力	第一学段 1	一年级上 11	L-1-1-11-1	*1. 学习用普通话正确地朗读课文。 补充正确的标准：不错字、不丢字、不添字、不结巴、不重复、不拖长音、吐字清晰、语速适中。
			L-1-1-11-2	2. 认识常用标点符号——句号、问号、感叹号，了解它们所表达的不同语气并学会应用。
			L-1-1-11-3	3. 能按顺序看图说话。
			L-1-1-11-4	4. 能借助图画了解文中词语的意思。
			L-1-1-11-5	5. 读到文章中的某些词句，头脑中可以想象自己见过、听过或者经历过的画面。
			L-1-1-11-6	6. 认识自然段。
			L-1-1-11-7	*7. 精读词、句。 补充过程及表现程度： ①读——正确；②读——悟——意思（说出）；③读——体会——词句的感情；④读——带着词句的感情。
			L-1-1-11-8	8. 能借助图画了解诗歌大意。
			L-1-1-11-9	9. 诵读儿歌、儿童诗和浅近的古诗： 补充方法及表现程度： ①可以借助手、脚和头部的律动感受语言的优美；②可以借助画一画、演一演等方式表达自己的感悟。
			L-1-1-11-10	*10. 能把在阅读中认识的词语正确的读出来。
			L-1-1-11-11	*11. 学习利用图书馆（室）、科技与网络，进行资料搜集与整理。

（续表）

领域能力	学段	年级	编码	校本化课程目标
阅读理解能力	第一学段 1	一年级上 12	L—1—12—1 L—1—12—2 L—1—12—3 L—1—12—4 L—1—12—5 L—1—12—6 L—1—12—7 L—1—12—8 L—1—12—9 L—1—12—10 L—1—12—11	＊1. 学习用普通话正确地朗读课文。 补充正确的标准：不错字、不添字、不丢字、不重复、不结巴、不拖长音、吐字清晰、语速及语调适中。 2. 认识常用标点符号——逗号、句号、书名号、括号，了解它们所表达的不同含义并学会应用。 3. 能按顺序看图说话、讲故事。 4. 能借助图画了解文中词语的意思。 5. 读到文本中的某些词句，头脑中可以想象自己见过、听过或者经历过的画面。 6. 借助图画可以复述文本的大意。 ＊7. 精读词、句 补充过程及表现程度： ①读——正确；②读——悟——意思（说出）；③读——体会——词句的感情；④读——带着体会到的感情去读。 8. 能借助图画了解诗歌大意。 ＊9. 诵读儿歌、儿童诗和浅近的古诗 补充方法及表现程度： ①可以借助手、脚或者头部的律动感受语言的优美；②可以借助画一画、演一演等方式表达自己的感悟。 ＊10. 能积累自己喜欢的词语、成语、格言警句及诗歌。 ＊11. 学习利用图书馆（室）、科技与网络，进行资料搜集与整理。

（续表）

领域能力	学段	年级	编码	校本化课程目标
阅读理解能力	第一学段1	二年级上21	L-1-21-1 L-1-21-2 L-1-21-3 L-1-21-4 L-1-21-5 L-1-21-6 L-1-21-7 L-1-21-8 L-1-21-9 L-1-21-10 L-1-21-11	*1. 能用普通话正确地朗读课文。 补充正确的标准：不错字、不添字、不丢字、不重复、不结巴、不拖长音、吐字清晰、语速及音量适中。 2. 认识常用标点符号——省略号、冒号、引号，了解它们所表达的不同含义并学会应用。 3. 能按顺序看图说话、讲故事。 4. 读到文本中的某些词句，头脑中可以想象自己见过、听过或者经历过的画面。 5. 利用图画、故事结构等策略，协助文本的理解与内容重述。 *6. 精读（词、句）： 补充过程及表现程度： ①读——正确；②读——悟——意思（说出）；③读——体会——词句的感情；④读——带着体会到的感情去读。 7. 读懂与学习内阶段相符的文本（童话、寓言、诗歌等），对文本中感兴趣的人物或事件可以说出自己的感受或观点。 *8. 学习默读，手指不指，可以嘴动，不出声。 *9. 诵读儿歌、儿童诗和浅近的古诗 补充方法及表现程度： ①可以借助肢体的律动，感受诗歌语言的音韵之美；②可以借助图画展开想象和想象，体验情感；③可以借助图画，讲一讲，演一演等可以尝试创作。 *10. 能积累自己喜欢的词语、成语、格言警句及诗歌。 *11. 能利用图书馆（室）、科技与网络，进行资料搜集与整理。

（续表）

领域能力	学段	年级	编码	校本化课程目标
阅读理解能力	第一学段 1	二年级 下 22	L-1-1-22-1 L-1-1-22-2 L-1-1-22-3 L-1-1-22-4 L-1-1-22-5 L-1-1-22-6 L-1-1-22-7 L-1-1-22-8 L-1-1-22-9 L-1-1-22-10 L-1-1-22-11	*1. 能用普通话正确地朗读课文。补充正确的标准：不丢字、不添字、不错字、不重复、不结巴、不拖长音、吐字清晰、语速及音量适中。 2. 认识常用标点符号——分号、破折号、着重号，了解它们所表达的不同含义并学会应用。 3. 能按顺序看图说话、讲故事。 4. 读到文本中的某些词句，头脑中可以想象自己见过、听过或者经历过的画面。 5. 利用图画、故事结构等策略，协助文本的理解与内容重述。 *6. 精读词、句 补充过程及表现程度： ①读——意思（说出）；②读——悟——意思；③读——体会——词句的感情；④读——带着体会到的感情去读。 7. 读懂并认识与学习阶段相符的文本（童话、寓言、诗歌等），了解文本中重要的信息及观点。 *8. 学习默读，可以手指、不出声。 *9. 通读儿歌、儿童诗和浅近的古诗 补充方法及表现程度： ①可以借助肢体的律动，感受诗歌语言的音韵之美；②可以借助图画展开联想和想象；③可以借助自己喜欢的词语、成语、格言警句及诗歌，体验情感；④可以尝试创作。 *10. 能积累自己喜欢的词语、成语、格言警句，进行资料搜集与整理。 *11. 能利用图书馆（室）、科技与网络，进行资料搜集与整理。

（续表）

领域能力	学段	年级	编码	校本化课程目标
阅读理解能力	第二学段 2	三年级上 31	L-2-31-1 L-2-31-2 L-2-31-3 L-2-31-4 L-2-31-5 L-2-31-6 L-2-31-7 L-2-31-8 L-2-31-9 L-2-31-10 L-2-31-11 L-2-31-12 L-1-12-13	*1. 能用普通话正确、有感情地朗读课文。 补充方法：用适切的速率朗读文本，用声调的抑扬顿挫表现感情的变化起伏。 2. 在阅读的过程中，了解逗号与顿号、逗号与句号的不同用法。 3. 认识意义段。 4. 能运用多种策略（借助字典、词典；联系上下文；联系生活实际）理解文中词句的意思。 5. 抓住关键词句，了解文本的表达顺序。 6. 能运用连接要素法，把握主要内容。 *7. 精读（学习做批注）： 补充过程及表现程度： ①读——正确；②读——悟——意思（说出）；③读——一把体会——词句的感情；④读——一把体会到的感情读出来；⑤读——思——考虑到句子与句段的关系；⑥读——领悟，学习句段的表达方法；对文中不理解的地方提出疑问。 8. 了解简易图表的应用及文本的特点。 9. 了解文本中重要信息及观点，能发表自己的感受及观点，对文中不理解的地方提出疑问。 *10. 能默读，做到不出声，不指读。 11. 诵读诗歌 补充方法及表现程度： ①借助肢体动作表现诗歌音韵之美；②能借助想象、绘画、表演等方式表达自己的理解和感悟；③能说出诗歌大意；④可以尝试创作。 *12. 能利用图书馆（室）、科技与网络，进行资料搜集、解读与整理。 *13. 能积累课文中的优美词语、精彩句段，喜欢课外阅读和生活中获得的语言材料。

（续表）

领域能力	学段	年级	编码	校本化课程目标
阅读理解能力	第二学段 2	三年级下 32		
			L-2-32-1	* 1. 能用普通话正确、有感情地朗读课文。 补充方法：用适切的速率应用朗读课文、用声调的抑扬顿挫表现感情的变化起伏。
			L-2-32-2	2. 在阅读及应用过程中，了解冒号、引号的一般用法。
			L-2-32-3	3. 能运用多种策略（借助字典、词典；联系上下文，理解文中词句的意思。联系生活实际）理解文中词句的意思。
			L-2-32-4	4. 抓住关键词句，了解文本的表达顺序。
			L-2-32-5	5. 能运用连接段意法，把握主要内容。
			L-2-32-6	* 6. 精读过程及表现程度（能做批注并尝试与默读结合）： 补充过程及表现程度： ①读——正确；②读——悟——意思（说出）；③读——考虑到句子与段的关系；④读——体会——词句的感情；⑤读——领悟，学习句段的表达方法；⑥读——把体会到的感情，抒情，说明及应用文本的特征。
			L-2-32-7	7. 认识记叙，说明文本的特征。
			L-2-32-8	8. 了解文本中重要信息及观点，能发表自己的感受和观点。对文中不理解的地方提出疑问。
			L-2-32-9	9. 会默读，练习大体把握文章主要内容。
			L-2-32-10	* 10. 学习略读，运用适合学段的摘要策略（圈画并连接标题、中心句、过渡句等），粗知文章大意。
			L-2-32-11	* 11. 诵读诗歌 补充方法及表现程度： ①能借助肢体律动表现诗歌音韵之美；②能借助想象、绘画，表演等方式表达自己的理解和感悟；③能说出诗歌大意；④可以尝试创作。
			L-2-32-12	12. 能利用图书馆（室），科技与网络，进行资料搜集，喜欢的诗歌，精彩句段，解读与整理。
			L-2-32-13	* 13. 积累课文中的优美词语，精彩句段，以及在课外阅读和生活中获得的语言材料。

（续表）

领域能力	学段	年级	编码	校本化课程目标
阅读理解能力	第二学段2	四年级上41	L-2-41-1	*1. 能用普通话正确、有感情地朗读课文。
				补充方法：用方法：用适功的的速率正确地朗读文本，用声调的抑扬顿挫表现感情的变化起伏。
			L-2-41-2	2. 在阅读与应用过程中，区分逗号和分号的不同用法。
			L-2-41-3	3. 能运用多种策略（借助字典、词典；联系上下文；联系生活实际）理解文中词句的意思。
			L-2-41-4	4. 运用各种策略（链接要素法，连接段意法；连接小标题法）把握主要内容。
			L-2-41-5	5. 抓住关键词句，在理解内容、体会思想感情的基础上，领悟文本的表达方法（与精读读结合）。
			L-2-41-6	*6. 精读（能做批地注并默读读结合）
				补充过程及表现程度：
				①读——正确；②读——悟——意思（说出）；③读——体会——词句的感情；④读——把体的表
				会到的的感情读出来；⑤读——考感到句子与段的关系；⑥读——领悟、学习句、段、篇的表
				达方法。
			L-2-41-7	7. 认识记叙、抒情，说明及应用文本的特征。
			L-2-41-8	8. 就文本的观点，找出支持性理由，对文中不理解的地方提出疑问。
			L-2-41-9	9. 对文本中感兴趣的人物或事件能联系实际，发表自己的感受和观点。
			L-2-41-10	*10. 会默读，能大体把握文章主要内容。
			L-2-41-11	*11. 练习略读，运用适合学段的摘要策略（圈画并连接标题、中心句，过渡句等），粗知文章大意。
			L-2-41-12	*12. 诵读诗歌
				补充方法及表现程度：
				①能借助肢体律动表现诗韵音韵之美；②能借助想象、绘画、表演等方式表达自己的理解和
				感悟；③能说出诗歌大意（室）；④尝试做简单的评价与鉴析；⑤尝试创作。
			L-2-41-13	*13. 能利用图书馆、科技与网络，进行资料搜集、解读与整理。
			L-1-12-14	*14. 积累课文中的优美词语、精彩句段，喜欢的诗歌，以及在课外阅读和生活中获得的语言材料。

（续表）

领域能力	学段	年级	编码	校本化课程目标
阅读理解能力	第二学段 2	四年级下 42	L-2-42-1 L-2-42-2 L-2-42-3 L-2-42-4 L-2-42-5 L-2-42-6 L-2-42-7 L-2-42-8 L-2-42-9 L-2-42-10 L-2-42-11 L-2-42-12 L-2-42-13 L-2-42-14	*1. 能用普通话正确、有感情地朗读课文。 补充方法：用适切的速率正确地朗读文本，用声调的抑扬顿挫表现感情的变化起伏。 2. 在阅读及应用中，区分顿号、分号、逗号、句号的不同用法。 3. 能运用多种策略理解文中词句的意思。 4. 能运用各种策略（链接要素法；连接段意法）。 5. 抓住关键词句，在理解内容、体会思想感情的基础上，领悟文本的表达方法（与精读结合）。 *6. 精读（能做批注并能默读程度） 补充过程及方法表现程度： ①读——正确；②读——悟——意思（说出）；③读——体会——词句的感情；④读——把体会到的感情读出来；⑤读——感悟、学习句、段的表达方法。 7. 认识叙、抒情，说明及应用文本的特征。 8. 就文本中能提供理由，对文中不理解的地方提出疑问。 9. 对文本中的人物或事件能联系实际，发表自己的感受和观点。 *10. 会默读（与精读结合，与略读结合）。 *11. 会略读，运用适合学段的摘要策略（圈画并连接标题、中心句、过渡句等），粗知文章大意。 *12. 诵读诗歌（和默读结合）。 补充方法及表现程度： ①能借助肢体律动表现诗歌之美；②能借想象、绘画、表演等方式表达自己的理解和感悟；③能说出诗歌大意（室）；④尝试做简单的评价与赏析；⑤尝试创作。 13. 能利用图书馆、网络，科技与网络，进行资料搜集，解读与整理。 14. 能积累课内外优美的词语、句段，诗篇及经典的奇闻异事，文学常识。

（续表）

领域能力	学段	年级	编码	校本化课程目标
阅读 理解 能力	第 三 学 段 3	五 年 级 上 51		*1. 能用普通话正确、流利、有感情地朗读文本。 补充表现程度：能正确朗读课文，用声调的抑扬顿挫表现感情的变化起伏，达到语句流畅，在此基础上能朗读适合的各类文本。 2. 能给句、段标加合适的常用标点符号。 3. 能运用各种策略，推想课文中有关词句的意思，辨别词语的感情色彩，体会其表达效果。 4. 在阅读中熟练运用摘要策略。 5. 能够区分文本中客观事实与主观观点，在把握内容、领悟文章主要内容或事件梗概。 *6. 精读过程及感情表现程度： ①读——正确；②读——悟——意思（说出）；③读——体会——词句的感情；④读——把体会到的感情读出来；⑤读——考虑到句、段、篇的关系；⑥读——领悟、学习文章的基本表达方法。 方法： 7. 对文本中的人物或事件能联系实际，结合相关的知识和论点，在交流和讨论中，提出看法，评述文本内容，作出自己的判断。 8. 阅读说明性文章，能抓住要点，了解文章的基本说明方法。 9. 阅读说明性文章，能抓住要点；在理解内容的基础上，与略读结合，运用适合学找的摘要策略，把握文章大意。 10. 默读与精读结合（抓关键词句、做批注），提纲标题关键词，根据需要搜集信息。 11. 学习浏览，读书看报之前先浏览目录。 *12. 诵读优秀诗文 补充方法及表现程度： ①能抓住关键词句，感受诗歌优美的语言；②能把握诗意；③能通过想象或表演等表现诗歌所蕴含的意境美，④了解诗歌的基本表达方法，做简单的评价与赏析；⑤尝试创作。 *13. 能利用图书馆（室）、科技与网络，进行资料搜集、解读，诗篇及经典的奇闻异事，文学常识。 *14. 能积累课内外优美的词语、句段、诗篇及经典的奇闻异事，判断与整理。

（续表）

领域能力	学段	年级	编码	校本化课程目标
阅读理解能力	第三学段3	五年级下52	L-3-52-1 L-3-52-2 L-3-52-3 L-3-52-4 L-3-52-5 L-3-52-6 L-3-52-7 L-3-52-8 L-3-52-9 L-3-52-10 L-3-52-11 L-3-52-12 L-3-52-13 L-3-52-14	＊1. 能用普通话正确、流利、有感情地朗读文本。 补充表现程度：能正确朗读课文，用声调的抑扬顿挫表现感情的变化起伏，达到语句流畅，在此基础上能朗读适合语言各类文本。 2. 能给句、段添加合适的常用标点符号。 3. 能运用各种策略，推想课文中有关词句的意思，辨别词语的感情色彩，体会其表达效果。 4. 在阅读中熟练运用摘要策略，书面口头均能概括文章主要内容或事件梗概。 5. 读懂与学习阶段相符的议论文本。 6. 能够区分文本中客观事实与主观观点。 ＊7. 精读、默读的表现程度： ①读——正确；②读——悟——意思（说出）；③读——体会——词句的感情；④读——把体会到的感情读出来；⑤读——考虑到句、篇的关系；⑥读——领悟、学习文章的表达方法。 8. 阅读相关的知识与经验，在交流讨论中，提出看法、评述文本内容，作出自己的判断。 9. 阅读说明性文章，能抓住要点，在理解内容的基础上，了解文章的基本说明方法。 10. 阅读简单的非连续性文本，能从图文等组合材料中找出有价值的信息。 ＊11. 默读、精读（抓关键词，做批注）浏览、略读文结合，读书看报之前先浏览目录、提纲，根据需要查阅，了解大意，搜索信息。了解文本内容，扩大知识面，有一定速度。 ＊12. 诵读优秀诗文 补充表现程度： ①能抓住关键词句，感受语言优美的语言；②能把握诗意；③能通过想象或感受等演示表现诗歌的意境之美；④了解诗歌的基本表达方法，做简单的评价与赏析；⑤尝试创作。 13. 能利用图书馆（室）、科技与网络，进行资料搜集、解读、判断与整理。 14. 能积累课内外优美的词语、句段，诗篇及经典的奇闻异事、文学常识。

（续表）

领域能力	学段	年级	编码	校本化课程目标
阅读理解能力	第三学段 3	六年级 上 61	L-3-61-1 L-3-61-2 L-3-61-3 L-3-61-4 L-3-61-5 L-3-61-6 L-3-61-7 L-3-61-8 L-3-61-9 L-3-61-10 L-3-61-11 L-3-61-12 L-3-61-13 L-3-61-14	＊1. 能用普通话通顺正确、流利、有感情地朗读文本。 补充表现程度：能正确朗读课文，用声音调的抑扬顿挫表现感情的变化起伏，达到语句流畅，在此基础上能朗读适合的各类文本。 2. 能熟练地给句、段添加合适的常用标点符号，正确率不低于90%。 3. 能运用各种策略，推想课文中有关词句的意思，辨别词语的感情色彩，体会表达效果。 4. 在阅读中熟练运用摘要策略，书面口头均能概括文章主要内容或感情或事件梗概。 5. 认识议论文本的特征。 6. 能够区分文本中客观事实与主观观点。 ＊7. 精读、默读表现程度，在把握内容、体会思想感情的基础上，领悟文章的基本表达方法： ①读——正确；②读——悟——意思（读出）；③读——体会——词句的感情；④读——把体会到的感情；⑤读——感受到——考虑到句、段，篇的关系；⑥读——领悟，学习文章的表达方法，评读文本内容，作出自己的判断。 8. 阅读相关文本，结合相关知识和经验，在交流讨论中，了解文章有价值的信息。 9. 阅读说明性文章，能抓住文本，能从图文等组合材料中找出有价值的信息。 10. 阅读简单的非连续性文本，能从图文等组合内容的基础上，了解文章的基本说明方法。 ＊11. 默读、精读（抓关键语句，标题、关键词句，做批注）、浏览、略读结合。浏览、搜索信息。了解大意，略读——根据需要查阅，扩大知识面，有一定速度，每分钟不少于300字。读书看报之前，先浏览目录，提…… ＊12. 诵读优秀诗文 补充方法及表现程度：①读——抓住关键语句，感受诗歌优美的语言；②能把握诗意；③能体会诗歌所包含的思想情感；体会诗歌意境之美；④了解诗歌的基本表达方法，做简单的评价与赏析；⑤尝试创作。 ＊13. 能利用图书馆（室）、科技与网络，进行资料搜集、解读、判断与整理。 ＊14. 能积累课内外优美的词语、句段，诗词及经典的古诗奇闻异事，文学常识。

（续表）

领域能力	学段	年级	编码	校本化课程目标
阅读理解能力	第三学段3	六年级下62	L-3-62-1	*1. 能用普通话正确、流利、有感情地朗读课文本。
			L-3-62-2	补充表现程度：能正确地朗读课文，用声有扬顿挫地表现感情的变化起伏，达到语句流畅，在此基础上能朗读适合的各类文本。
			L-3-62-3	2. 能熟练地给句、段添加适合的常用标点符号，正确率不低于90%。
			L-3-62-4	3. 能运用各种策略，推想课文中有关词句的意思，辨别词语的感情色彩，体会表达效果。
			L-3-62-5	4. 在阅读中熟练运用摘要策略，书面口头均能概括文章主要内容或事件梗概。
			L-3-62-6	5. 能够区分文本中客观事实与主观点。
			L-3-62-7	6. 能联系议论文的特征。
			L-3-62-8	*7. 精读、默读及表现程度：
			L-3-62-9	①读——正确；②读——悟——意思（说出）；③读——体会——词句的感情；④读——把体会到的感情表现出来；⑤读——领悟、学习文章的表达方法；⑥读——把握篇的关系；⑦读，略读，在交流讨论中，提出看法，评述文本内容，了解文章的基本说明方法。
			L-3-62-10	8. 阅读相关知识和经验，结合相关生活经验，在理解内容的基础上，了解文章的基本说明方法。
			L-3-62-11	9. 阅读说明性文章，能抓住要点。
			L-3-62-12	10. 阅读简单的非连续性文本，能从图文等组合材料中找出有价值的信息。
			L-3-62-13	*11. 默读、精读（抓关键词，做批注）、浏览、略读相结合，主动寻找阅读材料，根据需要查阅，搜索信息。
			L-3-62-14	补充表现程度：略读浏览，读书看报之前先浏览目录，提纲、标题、关键语句，给合自己的特长和兴趣，扩大知识面，每分钟不少于300字。
				*12. 诵读优秀诗文
				补充方法及表现程度：
				①能抓住关键词句，感受诗歌优美的语言；②能把握诗意，体会诗歌所包含的思想情感；③通过想象或或表演等表现诗歌所蕴含的意境之美；④了解诗歌的基本表达方法，做简单的评价与赏析；⑤尝试创作。
				*13. 能利用图书馆（室）、科技与网络，进行资料搜集、解读、判断与整理。
				*14. 能积累课内外优美的词语、句段，诗篇及经典的奇闻序事、文学常识。

第二章
小学数学国家课程标准的校本化解析

一、对数学学科核心素养的理解

《普通高中数学课程标准（2017 年版）》指出：数学学科核心素养是数学课程目标的集中体现，是具有数学基本特征的思维品质、关键能力以及情感、态度与价值观的综合体现，是在数学学习和应用的过程中逐步形成和发展的。数学学科核心素养包括：数学抽象、逻辑推理、数学建模、直观想象、数学运算和数据分析。在《义务教育数学课程标准（2011 年版）》中，虽然没有明确提出核心素养的概念，但列出了 10 个核心概念，即数感、符号意识、空间观念、几何直观、数据分析观念、运算能力、推理能力、模型思想、应用意识和创新意识。这些核心概念都是关于数学思想、方法或者整体的理解与把握，是学生数学素养的表现，与高中数学提出的六大核心素养在本质上是一致的。

（一）数学抽象

数学抽象是指通过对数量关系与空间形式的抽象，得到数学研究对象的素养。

数学抽象是数学的基本思想，是形成理性思维的重要基础，反映了数学的本质特征，贯串在数学产生、发展、应用的过程中。正如曹培英老师所说："数学的一切研究对象都是抽象得来的，没有抽象就没有数学，也没有数学的学习。"[①] 抽象是数学本质的思想之一，也是数学核心的能力之一，数学抽象理应成为小学数学学科核心素养之一。《义务教育数学课程标准（2011年版）》中与数学抽象密切相关的核心概念是符号意识。数学抽象的主要表征形态是数学的符号，数学符号是数学抽象思维的外壳。一般认为数学语言有三种形态——文字语言、符号语言、图形语言，而最本质的就是符号语言，因此符号意识是数学抽象的衍生素养。

（二）逻辑推理

逻辑推理是指从一些事实和命题出发，依据规则推出其他命题的素养。主要包括两类：一类是从特殊到一般的推理，推理形式主要有归纳、类比；一类是从一般到特殊的推理，推理形式主要有演绎。本项学科核心素养在《义务教育数学课程标准（2011年版）》对应的核心概念是推理能力。"数学是思维的体操"，数学的一个明确任务是提高学生的理性思维能力。推理作为理性思维的基本形式之一，在人们学习和生活中经常用到，这是数学的

[①]　曹培英."抽象"能否成为小学数学学科的核心素养 [J]. 小学数学教师，2016（Z1）.

教育价值所在。

（三）数学建模

数学建模是对现实问题进行数学抽象，用数学语言表达问题、用数学方法构建模型解决问题的重要素养。数学建模过程主要包括：在实际情境中从数学的视角发现问题、提出问题、分析问题、建立模型、确定参数、计算求解、检验结果、改进模型，最终解决实际问题。在《义务教育数学课程标准（2011年版）》中，与本项素养密切相关的核心概念是模型思想和应用意识。曹培英老师认为："数学的模型思想与建模能力，是沟通数学与外部联系的桥梁，是数学应用的关键，它与数学的应用意识相伴而生、如影随形，难以分割。"[①] 换句话说，模型思想包含应用意识。

（四）直观想象

直观想象是指借助几何直观和空间想象感知事物的形态与变化，利用空间形式特别是图形，理解和解决数学问题的素养。在《义务教育数学课程标准（2011年版）》中，与本项素养密切相关的核心概念是空间观念和几何直观。小学生对于数学的直观感知、直观理解与直观思考，主要依赖生活经验直观与几何直观，其中的几何直观离不开空间观念的基础，主要表现为数形结合。可以说没有一定的空间观念，就没有任何的几何直观。

---

① 曹培英. 跨越断层，走出误区："数学课程标准"核心词的实践解读之八——模型思想（上）[J]. 小学数学教师，2014（12）.

（五）数学运算

数学运算是指在明晰运算对象的基础上，依据运算法则解决数学问题的素养。在《义务教育数学课程标准（2011 年版）》中，与本项素养密切相关的核心概念是运算能力和数感。运算能力主要是指能够根据法则和运算律正确地进行运算的能力。培养运算能力有助于学生理解运算的算理，寻求合理简洁的运算途径解决问题。运算能力虽不能完全涵盖数感，但其毕竟是小学生数感的重要生成渠道和主要表现途径之一。

（六）数据分析

数据分析是指针对研究对象获取数据，运用数学方法对数据进行整理、分析和推断，形成关于研究对象的知识的素养。数据分析过程主要包括：收集数据，整理数据，提取信息，构建模型，进行推断，获得结论。数据分析是研究随机现象的重要数学技术，是大数据时代数学应用的主要方法，也是"互联网+"相关领域的主要数学方法。数据分析已经深入到科学、技术、工程和现代社会生活的各个方面。《义务教育数学课程标准（2011 年版）》中与本项素养密切相关的核心概念是数据分析观念，主要包括：了解在现实生活中有许多问题应当先进行调查研究，收集数据，通过分析做判断，体会数据中蕴涵着的信息；了解对于同样的数据可以有多种分析的方法，需要根据问题的背景选择合适的方法；通过数据分析体验随机性，一方面对于同样的事情每次收集到的数据可能不同，另一方面只要有足够的数据就可能从中发现规律，数据分析是统计的核心。

上面六大学科核心素养既相对独立，又相互交融，是一个有机的整体。数学抽象、逻辑推理、数学建模体现数学学科本质，涵盖了数学的产生、发展，以及数学与外部世界的联系，对应了数学的三大特征，构成了数学学科第一层次的核心素养。数学运算、直观想象、数据分析分别对应着三个内容领域，构成数学学科第二层次的核心素养。如图 2-1 所示：

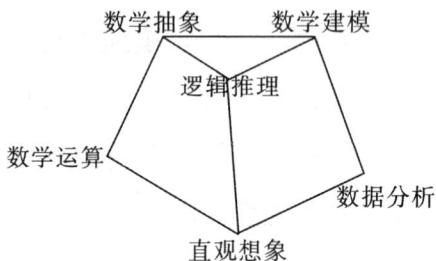

图 2-1

二、小学数学国家课程标准解析的方法

数学核心素养指的是具备数学基本特征、适应个人终身发展和社会发展需要的关键能力和必备品格。其中学科的关键能力是相对显性的，必备品格也是在学科能力的培养中逐步形成与发展的。学科关键能力是实现学科独特育人价值的突出表现，抓住了关键能力，也就是抓住了落实核心素养的关键所在。所以，在国家课程标准校本化过程中，我们注重以关键能力为主线，以关键能力的培养来组织课程标准，更加突出关键能力和内容标准的聚焦性、层次性和发展性，以确保核心素养的落地。

（一）确定关键能力，构建学科能力网

学科关键能力是指学生在学科课程的学习过程中形成的具有典型的学科特性、与特定的学科素养相关联的特殊学科能力。[1]

———————

[1] 吴永才. 中小学学科关键能力研究的思考与认识 [J]. 教学与管理，2016（12）.

那么，数学学科的关键能力有哪些呢？

学科关键能力必然与学科核心素养、培养目标密切相关。在上面构建的数学学科核心素养框架中，位于第一层面的是数学抽象、逻辑推理和数学建模。东北师范大学史宁中教授认为：数学教学的最终目标，是要让学习者会用数学的眼光观察现实世界，会用数学的思维思考现实世界，会用数学的语言表达现实世界。而数学的眼光就是抽象，数学的思维就是推理，数学的语言就是模型。[①] 这三者是数学学科的基本思想，反映了数学学科的本质，凸显了其他学科无法替代的独特价值与育人功能，既是学科的核心素养，也理应成为学科的关键能力。

另外，学科关键能力的培养必然依托于特定的关键内容。所以，通过分析学科的内容来确定学科关键能力也是一条途径。小学数学的学习内容主要分为四个领域，现在我们来进行逐一分析：

数与代数领域：主要内容为数的认识、数的运算、常见的量三部分。

数的认识主要是结合情境理解数的意义、读写、大小，能用数表示生活中的事物并进行交流，体会数在日常生活中的作用，能进行合理的估计；常见的量这一部分主要是结合生活实际认识常见的量的大小，了解它们之间的关系，学会在生活中的应用。这两者有一个共同点就是让学生学会用数学的眼光来观察世界、表示世界，都有助于学生理解现实生活中数的意义，理解或表述具体情境中的数量关系，都是关于数与数量、数量关系、运算结果估计等方面的感悟，所以这两部分有一个重要

---

① 史宁中. 什么是数学基本思想？[EB/OL]. http://www.360doc.com/content/16/1208/18/33357069_613068203.shtml.

的任务就是培养学生的数感。因此，数感就成为数学学科的一个关键能力。

数的运算这一部分主要包括结合情境体会运算的意义，理解运算的算理，掌握运算的方法，能进行简单的口算、估算和简便计算，寻求合理简洁的运算途径解决问题。其重要作用是培养学生根据法则和运算律正确地进行运算的能力，这也是其他学科所不具备的。所以，运算能力也理所当然地成为数学的关键能力。

图形与几何领域：主要内容有常见立体图形、平面图形的认识，基本的周长、面积、体积（容积）的计算，图形的平移、旋转、轴对称、位置等。其主要作用就是让学生通过学习本部分内容能够形成以下能力：根据物体特征抽象出几何图形，根据几何图形想象出所描述的实际物体；想象出物体的方位和相互之间的位置关系；描述图形的运动和变化；依据语言的描述画出图形等。也就是要培养空间观念。所以，空间观念也是小学数学的关键能力。

统计与概率领域：主要内容有根据给定的标准或自己选定的标准进行分类，简单的数据收集、整理、描述和分析，常见的统计图表，平均数，简单随机事件等。该部分主要让学生了解在现实生活中有许多问题应当先做调查研究，体会数据中蕴含着信息；了解对于同样的数据可以有多种分析的方法，需要根据问题的背景选择合适的方法；掌握数据收集、整理、描述的基本方法，经历统计的基本过程，增强统计意识，培养数据分析观念。所以，这部分对应的关键能力是数据分析观念。

综合与实践领域：该领域是一类以问题为载体、以学生自主参与为主的学习活动。在学习活动中，学生将综合运用"数与代数""图形与几何""统计与概率"等知识和方法解决问题。该领域的主要作用是让学生了解数学与生活的密切联系以及综合运用所学知识解决问题。这部分所对应的关键能力是问题解决能力。

通过以上分析，我们就确定了以下八个关键能力：数学抽象、逻辑推理、数学建模、数感、运算能力、空间观念、数据分析观念、问题解决能力。这些关键能力分别对应着小学数学中的一个或多个学习领域。其中，数感、运算能力主要对应于数与代数领域；空间观念主要对应着图形与几何领域；数据分析观念主要对应着统计与概率领域；问题解决能力主要对应着综合与实践领域。这五项关键能力主要对应着一个领域，可以称为领域关键能力。而数学抽象、逻辑推理、数学建模这三项能力不是对应着某个领域，而是渗透在所有领域，所以这三项能力可以称为跨领域能力。这样，五个领域关键能力与三个跨领域关键能力纵横交错，便组成了学科关键能力网。如图 2-2：

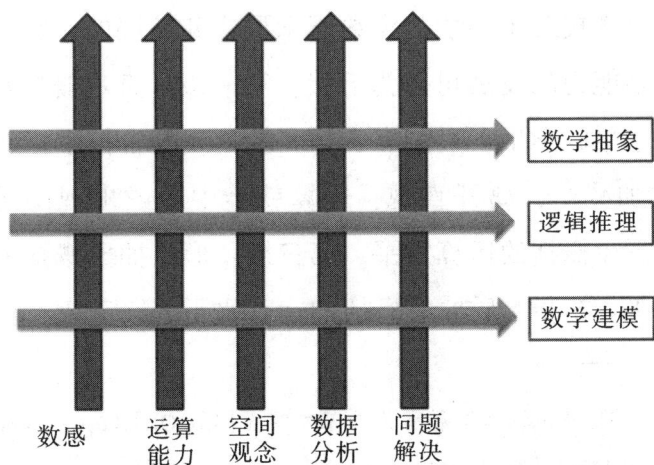

图 2-2

（二）划分阶段能力，做好能力分层

皮亚杰认知发展理论认为：认知发展是呈阶段性的，处于不同认知发展阶段的儿童其认知和解释事物的方式与成人是有别的。[①] 小学段时间跨度较长，期间，学生的心理特点、认知方式都会发生变化，各个阶段呈现出不同特点。所以，要想培养学生的关键能力，就必须掌握各关键能力的发展规律，做好能力分层，合理划分发展阶段，确定各阶段的能力表现，层层推进，逐步达成。

下面以数学抽象能力为例进行说明。

数学抽象是指舍去事物的一切物理属性，得到数学研究对象的思维过程。[②] 数学研究对象来自两点，一个是数量与数量关系，一个是图形与图形关系。数学抽象在数学教学的过程中无处不在，任何一个数学概念、法则、公式、规律等的学习，都要用到抽象概括。数学抽象是有层次的，随着数学的发展呈现出了逐步抽象的过程。

林崇德教授关于小学儿童数概念形成和发展的研究表明，小学生数概括能力的发展可分为五级：第一级：直观概括水平。属于这一级水平的学生，只能靠实物、教具或配合扳手指头来演算10 以内的加减法，离开直观，运算就会中断或出现困难。第二级：具体形象概括的运算水平。第三级：形象抽象概括的运算水平。第四级：初步本质抽象概括的运算水平。第五级：代数命题

---

① 皮亚杰.亚杰认知发展理论的基本观点［EB/OL］.https://wenku.baidu.com/view/c57b47361eb91a37 f1115c96.html.

② symoon00. 数学学科素养［EB/OL］. https://wenku. baidu. com/view/af8aa629777f5acfa1c7aa00b52acfc788eb9f 55.html？from＝search.

概括的运算水平，这在小学阶段是极少数。[①]

从学段上看，一年级基本属于第二级的具体形象概括水平；二、三年级从具体形象运算向形象抽象运算过渡，且大部分学生在三年级完成了这种过渡，达到第三级水平；四、五年级则进入第四级水平即初步本质抽象运算水平阶段。

基于以上思考，我们把小学阶段的数学抽象能力划分为具体形象概括、形象抽象概括、初步本质抽象三个阶段。其中，具体形象概括阶段对应的是一年级，主要培养学生的具体形象概括能力；形象抽象概括阶段对应的是二、三年级，主要培养学生的形象抽象概括能力；初步本质抽象阶段对应的是四、五年级，主要培养学生的初步本质抽象能力。如表2-1所示：

表2-1

阶段	对应年级	阶段能力
具体形象概括阶段	一年级	具体形象概括能力
形象抽象概括阶段	二、三年级	形象抽象概括能力
初步本质抽象阶段	四、五年级	初步本质抽象能力

曹培英老师认为：真正能够指导教学实践与评价学生抽象素养发展水平的表现性标准，必须针对具体教学内容，描述学习所获得的可测表现。[②] 也就是说，阶段能力是否达成不能凭空而论，而是要结合一定的学习内容，针对特定能力阶段提出相应的学习

---

① taemawing. 第二节　小学生思维的特点 [EB/OL]. https://wenku.baidu. com/view/1ac0c78271fe910ef12 df8ac.html？from＝search.

② 曹培英."抽象"能否成为小学数学学科的核心素养 [J]. 小学数学教师，2016（Z1）.

要求，通过学习内容的掌握程度来判断能力的达成情况。为此，我们认真考量了每个阶段的学习内容，合理确定每个阶段的内容要求，确保学生只要达到了相应的内容要求，就具备了相应的能力要求。

比如，一年级主要培养的是具体形象概括能力，与此相关的学习内容如下。

一是数的抽象。一年级上学期是把 20 以内的具体事物抽象成数，下学期是借助小棒、计数器等理解 100 以内数的意义，完成 100 以内数的抽象，我们就把这一阶段关于数的抽象的内容要求定为：能够结合生活中的物体、学具抽象出 100 以内的数。

二是分类中的抽象。分类需要根据一定的特征对事物进行概括，也是一种抽象。一年级学生生活经验比较少，知识基础薄弱，所以我们提出的内容要求是：能按既定标准或自定标准对物品进行简单的分类。

三是关于运算意义的抽象。一年级主要涉及的是加法、减法和乘法，并且都是比较初步的，所以我们提出的内容要求是：结合实物、操作、图示，初步理解加法、减法、乘法的意义。

四是关于图形的抽象。一年级上学期主要是直观认识常见的立体图形，下学期主要是初步认识常见的平面图形，并且都是初步的。所以，我们制定的内容要求是：初步认识常见的立体图形和平面图形，建立常见的立体图形、平面图形的表象。

汇总上面的内容要求，就得出了具体形象概括能力的内容要求，如表 2-2。

表 2-2

关键能力	阶段能力	内容要求
数学抽象	具体形象概括能力	能够结合生活中的物体、学具抽象出 100 以内的数；能按既定标准或自定标准对物品进行简单的分类；结合实物、操作、图示初步理解加法、减法、乘法的意义；初步认识常见的立体图形和平面图形，建立常见的立体图形、平面图形的表象。

按照以上方法，分别分析数学抽象第二阶段和第三阶段的学习内容，确定相应的内容要求，就形成了关于数学抽象这一关键能力完整的内容要求。如表 2-3（为便于编码，数学抽象用字母 A 表示，三个阶段能力分别用 A1、A2、A3 表示）。

表 2-3

关键能力	阶段能力	内容要求
数学抽象（A）	A1 具体形象概括能力	能够结合生活中的物体、学具抽象出 100 以内的数；能按既定标准或自定标准对物品进行简单的分类；结合实物、操作、图示初步理解加法、减法、乘法的意义；初步认识常见的立体图形和平面图形，建立常见的立体图形、平面图形的表象。
	A2 形象抽象概括能力	能够通过类比、图形等间接手段理解大数的意义及角、倍的概念，能借助数形结合初步理解除法的意义、算理及常见数量之间的关系，初步认识分数、小数。
	A3 初步本质抽象能力	能从立体图形中抽象出平面图形和展开图，能结合生活实例、图形抽象出小数、分数、百分数的意义，会用图形表示数量关系并解决问题，初步学会用字母表示简单的方程。

按照同样的方法，我们对其他的关键能力进行分层，划分了阶段能力，制定了内容要求，见表 2-4。

表2-4 阶段能力及内容要求

关键能力	阶段能力	内容要求
数感 (N)	N1 数的抽象能力	能够正确地用万以内的数表示实际的物体或事物的顺序和位置，能够正确地认、读、写万以内的数，能够根据实际问题选择正确的计量单位进行估计。
	N2 结果估计能力	能够根据实际问题选择正确的计量单位进行估计。
	N3 数域扩展能力	随着对数的认识领域的扩大以及数的认识经验的积累，能够正确地用分数、小数、百分数表示物体的个数，正确读写分数、小数、百分数，比较分数、小数、百分数的大小。
	N4 数的运用能力	在具体的数学活动中，学生能动脑、动手、动口、多种感官协调活动，加之相互交流，能够用数解决实际的生活问题。
运算能力 (O)	O1 意义理解	对所学数学四则运算有初步的感性认识，能说出它指的是什么并能在有关情境中加以识别，初步学会所涉及的运算方法。
	O2 运算理解	能够运用语言表述它的算理，归纳计算法则，能够正确计算。
	O3 综合运用	能在新的情境中综合运用所学的数学四则运算知识、技能，熟练地解决问题。
	O4 初步的代数思维	能分析问题中的等量关系，能把问题表示为含有未知量的等式（建立数学模型），能利用等式的性质对方程进行恒等变形，在变化的过程中始终保持方程两端对称的等量关系。利用程序化的方法求得未知数的值，这里"="用未表示左右两端对称的等量关系。

（续表）

关键能力	阶段能力	内容要求
空间观念（S）	S1 直观辨认能力	能在现实情境中正确地辨认常见的立体图形和平面图形，能够用自己的语言描述它的一些特点；能够辨认上下、前后、左右，知道米和厘米。
	S2 形象感知能力	结合具体情境初步认识角，长方形和正方形，会求长方形和正方形的周长和面积；体会并认识长度单位分米、毫米、千米，结合生活实例感受平移和旋转的主要特点，知道东北、西北、东南、西南四个方向。
	S3 二维空间感知能力	感受线段、直线、射线的特点，认识轴对称、平移和旋转；能够用较准确的数学语言描述常见的平面图形的特征，会求常见的平面图形的周长和面积。
	S4 三维空间感知能力	认识圆，会求圆的周长和面积；掌握长方体、正方体、圆柱、圆锥的特征，会求表面积和体积（圆锥除外）；能够用数对、方向和距离确定物体的位置，会描述简单的路线图；理解比例尺的意义，会按比例进行简单图形的放大与缩小。
数据分析（D）	D1 数据收集	能根据一定的标准进行分类，初步认识象形统计图和简单统计表，感受数据中蕴含的信息。
	D2 数据整理	能用自己的方式（文字、图画、表格等）呈现整理数据的结果。
	D3 数据描述	能根据实际问题设计简单的调查表，能选择适当的方法收集、整理数据，能用简单统计图表表示数据。
	D4 数据分析	能选择合适的统计量来描述、分析数据，并能做出合理的推断，能解决相关生活问题。

（续表）

关键能力	阶段能力	内容要求
逻辑推理（L）	L1 有序思考能力	能借助直观学具或具体事物理解数学四则运算的意义，在解决问题过程中能有序地思考问题。
	L2 法则总结能力	能分析、归纳、概括数学四则运算的计算法则及相关的运算规律。
	L3 知识迁移能力	能借助已有知识迁移归纳新知，形成相关知识、技能。
	L4 类推转化能力	能运用类推、转化的方法总结小数四则运算的计算方法，推导面积计算公式。
	L5 猜想验证能力	能运用观察、猜想、验证、转化、比较等方法探索相关的问题，归纳概括，解决简单实际问题的策略和公式。
数学建模（M）	M1 模型感知能力	初步建立加减乘除法的模型，能够正确选择合适的方法解决相应的实际问题；能够正确辨认常见的立体图形和平面图形。
	M2 模型理解能力	建立初步的平面图形和数量关系的模型，能够正确计算长方形、正方形的周长和面积；能够解决简单的行程和价钱问题。
	M3 模型抽象能力	建立初步的数轴和运算律的模型，能够在数轴上表示出小数，能够进行灵活的简便方法进行计算。
	M4 模型建构能力	建立初步的立体图形和初步的函数的模型，主动思考问题解决的多种方法；能够解决相应的实际问题。
数据分析（D）	C1 数学表达能力	能建立数学与生活的联系，主动思考问题解决的多种方法；能抓住重点描述自己的观点，主动对自己的思考做出反思。
问题解决（C）	C2 调查分析能力	能按照流程调查需要的信息并分类整理，分析数据并做出判断预测。
	C3 方案设计能力	能制定简单的方案并进行实践验证，能用方案解决生活中的问题，并对他人做出评价。

（三）分解国家课程标准，制定校本化课程目标

课程标准是国家课程的基本纲领性文件，规定了课程的性质、目标、内容框架，体现了国家对不同阶段的学生在知识与技能，过程与方法，情感、态度与价值观等方面的基本要求。但限于篇幅，课程标准不可能太详细，一般是按学段来叙写的，规定的是学生经历一个学段的学习后，最后所要达到的水平或要求，描述也相对笼统、概括，没有清楚地说明每个学期学生该学什么，应该达到什么程度。在对类似于单元或课时的教学设计来说，有些内容标准是不能直接使用的。所以，需要对国家课程标准的内容进行进一步细化和分解，以更好地指导教学实践。

在分解国家课程标准时，我们主要使用了以下方法：

1. 修改。也就是对原有国家课程标准进行适当的细化、修改，形成校本化课程目标。例如"认识中括号，能进行简单的整数四则混合运算（以两步为主，不超过三步）"这一条，我们仅仅只需要修改一下叙述方式就可以直接成为校本化课程目标："认识中括号，能进行简单的以两步为主、不超过三步的整数四则混合运算。"

2. 替代。用具体的内容来代替比较宽泛的词语，形成校本化课程目标，比如"结合具体情境，体会整数四则运算的意义"这一条。四则运算包括加法、减法、乘法、除法四种运算，我们用这四种具体的运算分别去进行替代，就形成了四条比较具体的校本化课程目标。

表 2-5

国家标准	校本化课程目标
结合具体情境，体会整数四则运算的意义。	O1-1 结合具体情境，初步体会加法的意义。
	O1-2 结合具体情境，借助 10 以内数的组成，初步体会减法的意义。
	O1-3 结合具体情境，借助求相同加数和的问题，体会乘法的意义。
	O1-4 在已有生活经验的基础上，初步理解平均分的含义和除法的意义。

3. 拆分。这是一种用得比较多的方法。就是通过核心概念的扩展，使教学内容更明确，或者是对过程的进一步细化，从而使标准更加可测、可评。例如"结合实例认识周长，并能测量简单图形的周长，探索并掌握长方形、正方形的周长公式"这一条，其中包括两个核心内容：一个是周长的意义，另一个是探究长方形、正方形周长的计算公式。所以，我们就把这条拆分成两条：

表 2-6

国家标准	校本化课程目标
结合实例认识周长，并能测量简单图形的周长，探索并掌握长方形、正方形的周长公式。	S2-4 结合实例认识周长，并能测量简单图形的周长。
	S2-5 通过自主探究和合作交流，探索并掌握长方形、正方形的周长公式。

4. 组合。就是把有联系的课程标准重新组合在一起，组合以后，可能形成一条校本化课程目标，也可能形成多条校本化课程目标。

表2-7

国家标准	校本化课程目标
在现实情境中，感受并认识克、千克、吨，能进行简单的单位换算。 能结合生活实际，解决与常见的量有关的简单问题。	N2-1 能够结合生活实际认识克、千克、吨，能结合实际恰当地选择单位，并能进行简单的单位换算，会估计一些物体的质量。
结合具体情境，理解小数和分数的意义，理解百分数的意义；会进行小数、分数和百分数的转化（不包括将循环小数化为分数）。 能比较小数的大小和分数的大小。	N3-4 结合具体情境，理解分数的意义，知道分数各部分的名称，会正确读写分数；初步认识分数单位，会比较同分母分数的大小。
	N3-5 结合具体情境，通过观察、类比等活动理解小数的意义，体会小数在日常生活中的应用，知道小数的基本性质，并利用小数的性质解决实际问题。
	N3-6 会进行分数、小数的互化。
	N3-7 结合具体情境，会比较异分母分数的大小。
	N3-8 结合现实情境，理解百分数的意义，会正确地读、写百分数，能正确进行百分数与小数、分数的互化；会求一个数是另一个数的百分之几。

（5）融合。有些课程标准属于过程性目标或情感性目标，这些目标无法独立分解，只能融于具体内容的分解之中，不再独立呈现。例如"在解决问题的过程中，能选择合适的方法进行估算"这一条，标准中没有指出在哪些"解决问题的过程中"。通过研究学习内容可知，这里的解决问题主要有以下几个方面：利用三位数乘两位数解决问题；利用三位数除以两位数解决相关问题；利用小数乘法解决问题；利用小数除法解决问题。所以，在分解课程标准时，这一条就不再单独呈现，而是融合在以上学习内容的分解中。

通过使用上面的方法，我们就把国家课程标准细化分解成校本化课程目标。限于篇幅，我们仅呈现图形与几何领域第一学段的校本化课程目标，见下面的表2-8。

表2-8 图形与几何（第一学段）校本化课程目标

国家课程标准	校本化课程目标
能通过实物和模型辨认长方体、正方体、圆柱和球等几何体。 能对简单几何体和图形进行分类。（几何体）	S1-1 通过观察实物和模型，在拼摆摸滚等操作活动中直观辨认长方体、正方体、圆柱和球四种立体图形，能正确分类。
能根据具体事物、照片或直观图辨认从不同角度观察到的简单物体。	S1-2 能根据具体事物、照片或直观图辨认从不同角度观察到的简单物体。
能辨认长方形、正方形、三角形、平行四边形、圆形等简单图形。 能对简单几何体和图形进行分类。（平面图形）	S1-3 通过观察和操作活动，直观辨认长方形、正方形、三角形、平行四边形、圆等平面图形，能正确分类。
通过观察、操作，初步认识长方形、正方形的特征。	S1-4 通过观察、操作，初步认识长方形、正方形的特征。
会用长方形、正方形、三角形、平行四边形或圆形拼图。	S1-5 会用长方形、正方形、三角形、平行四边形或圆拼图。
结合生活情境认识角，了解直角、锐角和钝角。 能对简单几何体和图形进行分类。（角）	S1-6 结合生活情境认识角，了解直角、锐角和钝角。
能对简单几何体和图形进行分类。	见 S1-1、S1-3、S1-6。
结合生活实际，经历用不同方式测量物体长度的过程，体会建立统一度量单位的重要性。	S2-1 结合生活实际，经历用不同方式测量物体长度的过程，体会建立统一度量单位的重要性。

（续表）

国家课程标准	校本化课程目标
在实践活动中，体会并认识长度单位千米、米、厘米，知道分米、毫米，能进行简单的单位换算，能恰当地选择长度单位。 能估测一些物体的长度，并进行测量。	S2-2 在实践活动中，体会并认识长度单位米、厘米，能进行简单的单位换算，能恰当地选择米和厘米估测一些物体的长度，并进行测量。
	S2-3 在实践活动中，体会并认识长度单位分米、毫米、千米，能进行简单的单位换算，能恰当地选择米和厘米估测一些物体的长度，并进行测量。
能估测一些物体的长度，并进行测量。	见 S2-2、S2-3。
结合实例认识周长，并能测量简单图形的周长，探索并掌握长方形、正方形的周长公式。	S2-4 结合实例认识周长，并能测量简单图形的周长。
	S2-5 通过自主探究和合作交流，探索并掌握长方形、正方形的周长公式。
结合实例认识面积，体会并认识面积单位厘米^2、分米^2、米^2，能进行简单的单位换算。	S2-6 结合实例认识面积，体会并认识面积单位厘米^2、分米^2、米^2，能进行简单的单位换算。
探索并掌握长方形、正方形的面积公式，会估计给定简单图形的面积。	S2-7 探索并掌握长方形、正方形的面积公式，会估计给定简单图形的面积。
结合实例，感受平移、旋转、轴对称现象。 能辨认简单图形平移后的图形。	S3-8 结合实例，感受平移、旋转、轴对称现象。 能辨认简单图形平移后的图形。
通过观察、操作，初步认识轴对称图形。	S3-9 通过观察、操作，初步认识轴对称图形。
会用上、下、左、右、前、后描述物体的相对位置。	S4-1 结合现实情境，会用上、下、左、右、前、后描述物体的相对位置。
给定东、南、西、北四个方向中的一个方向，能辨认其余三个方向，知道东北、西北、东南、西南四个方向，会用这些词语描绘物体所在的方向。	S4-2 结合现实生活，认识东、西、南、北四个方位，会用这些词语描绘物体所在的方向。
	S4-3 结合具体情境，认识东北、西北、东南、西南四个方向，会用这些词语描绘物体所在的方向。

（四）以关键能力为引领，分配校本化课程目标

通过课程标准分解，我们得到了更加具体、明确的校本化课程目标。由于在分解国家课程标准时，我们主要是按条进行分解的，每条国家课程标准的覆盖面是不同的，有的条目涵盖范围比较小，可能只需要一个单元，甚至只需要一个课时就能完成。但有的条目涵盖面比较宽，需要安排到几个学期才能完成。也就是说，分解之后得到的校本化课程目标排列比较杂乱，不能照此进行教学。所以，分解之后，我们还要对这些校本化课程目标进行系统的梳理，合理地分配到各个学期，使每学期的能力培养目标与学习内容有机结合起来，真正使学科核心素养落地。

如前所述，我们根据学科核心素养和学科特点，提取了八大关键能力，我们开展的所有教育教学活动，都是为了促进这八大关键能力的提高，抓住了这八项关键能力，也就抓住了学科本质，落实了学科核心素养。所以，在分配校本化课程目标时，我们的思路是：以每个关键能力为引领，组织校本化课程目标，强化教学目标的引领性和教学内容的指向性，保持教学目标和教学内容的高度匹配，保证关键能力培养目标的达成。

在提取的八个关键能力中，根据对应的学习领域，可以分为两类：数感、运算能力、空间观念、数据分析观念、问题解决能力这五项关键能力主要对应着一个学习领域，属于领域能力；数学抽象、逻辑推理、数学建模这三项能力不是对应着某个学习领域，而是渗透在所有的学习领域，属于跨领域能力。这两类能力具有不同的特点。所以，在分配时采用了不同的策略：首先根据每个领域能力不同阶段的内容要求来组织校本化课程目标，形成自低到高、螺旋上升的目标体系，达成领域能力的培养目标。然

后对每个领域中的内容进行分析，找出相应的跨领域能力培养目标，从而形成跨领域能力的目标体系，完成跨领域能力的培养。

下面以图形与几何领域第一学段的分配为例进行说明。

1. 以空间观念阶段能力为引领，归集相应的校本化课程目标

图形与几何领域对应的关键能力是空间观念。空间观念主要是指根据物体特征抽象出几何图形，根据几何图形想象出所描述的实际物体，想象出物体的方位和相互之间的位置关系，描述图形的运动和变化，依据语言的描述画出图形等。[①] 在小学，空间观念以空间表象为主要表征形态，也包括一定的命题表征，并涉及空间知觉与初步的空间想象。小学生正处于由具体形象思维向抽象逻辑思维的过渡时期，思维仍带有很大的具体性，并呈现出阶段性的特点。按照范希尔关于几何思维水平及其相应教学阶段的理论：学生几何思维水平的发展是循序渐进的，后一水平的顺利发展，必须以掌握前一水平的概念、策略为基础；学生几何思维水平的提升是经由教学，而不是随年龄增长或心理成熟自然而然的；没有一种教学方法能让学生跳过某一水平进入下一水平。[②] 所以，我们根据学生的心理特点、课标要求、学生的认知规律和有关教材的分析，将空间观念划分为 S1 直观辨认能力、S2 形象感知能力、S3 二维空间感知能力、S4 三维空间感知能力四个阶段能力，并规定了相应的内容要求（见表 2-9）。在分配时，我们首

---

① 中华人民共和国教育部. 义务教育数学课程标准(2011 年版) [M]. 北京：北京师范大学出版社, 2012.

② 鲍建生，周超. 数学学习的心理基础与过程 [M]. 上海：上海教育出版社, 2009.

表 2—9

关键能力	阶段能力	内容要求	校本化课程目标	表现性标准
空间观念（S）	S1 直观辨认能力	能在现实情境中正确地辨认常见的立体图形和平面图形，能够用自己的语言描述它们的一些特点；能够辨认上、下、前后，左右，知道米和厘米。	S1-1 通过观察实物和模型，在拼摆摸滚等操作活动中直观辨认长方体、正方体、圆柱和球 4 种立体图形，能正确分类。	略
			S1-3 通过观察和操作活动，直观辨认长方体、正方形、三角形、平行四边形、圆等平面图形，能正确分类。	略
			S2-1 结合生活实际，经历用不同方式测量物体长度的过程，体会建立统一度量单位的重要性。	略
			S2-2 在实践活动中，体会并认识长度单位米、厘米，能进行简单的单位换算；能恰当地选择米和厘米估测一些物体的长度，并进行测量。	略
			S4-1 结合现实情境，会用上、下、左、右、前、后描述物体的相对位置。	

（续表）

关键能力	阶段能力	内容要求	校本化课程目标	表现性标准
空间观念（S）	S2 形象感知能力	结合具体情境初步认识角、长方形和正方形，会求长方形和正方形的周长和面积；结合具体情境初步认识长度单位分米、毫米、千米；结合生活实例感受平移和旋转的主要特点，知道东、西、南、北、东北、西北、东南、西南四个方向。	S1-2 能根据具体事物、照片或直观图辨认从不同角度观察到的简单物体。	略
			S1-4 通过观察、操作，初步认识长方形、正方形的特征。	略
			S1-5 会用长方形、正方形、三角形、平行四边形或圆拼图。	略
			S1-6 结合生活情境认识角，了解直角、锐角和钝角。	略
			S2-3 在实践活动中，体会并认识长度单位分米、毫米、千米，能进行简单的单位换算；能恰当地选择米和厘米来估测一些物体的长度，并进行测量。	略
			S2-4 结合实例认识周长，并能测量简单图形的周长。	略
			S2-5 通过自主探究和合作交流，探索并掌握长方形、正方形的周长的公式。	略
			S2-6 结合实例认识面积，体会并认识面积单位厘米²、分米²、米²，能进行简单的单位换算。	略
			S2-7 探索并掌握长方形、正方形的面积公式，会估计给定简单图形的面积。	略
			S4-2 结合现实生活，认识东、南、西、北四个方位，会用这些词语描绘物体所在的方向。	略
			S4-3 结合具体情境，认识东北、西北、东南、西南四个方向，会用这些词语描绘物体所在的方向。	略

（续表）

关键能力	阶段能力	内容要求	校本化课程目标	表现性标准
空间观念（S）	S3二维空间感知能力	感受线段、直线、射线的特点，认识轴对称，平移和旋转；能够用较准确的数学语言描述常见的平面图形的特征，会求常见的平面图形的周长和面积。	S3-8 结合实例，感受平移、旋转、轴对称现象。能辨认简单图形平移后的图形。 S3-9 通过观察、操作，初步认识轴对称图形。	略 略
	S4三维空间感知能力	略		

先以这四个阶段能力为引领，把同一阶段能力涉及的校本化课程目标归集在一起。

2. 以能力发展为主线，合理分配到学期

在《义务教育数学课程标准（2011年版）》中，图形与几何的内容主要分为图形的认识与测量、图形的运动、图形与位置四个方面。其中，图形的认识和测量两者之间有密切的联系，人们测量几何形体的长度、面积、体积，必须了解形体的结构特点；人们认识几何形体，经常需要测量它的长度、面积、体积。教学时，这两部分往往是同步进行的。所以，分配时，主要是把这两部分一起考虑。这样，图形与几何这一领域就主要分为认识和测量、图形的运动、方向和位置三个方面。

"线"是几何的基本概念，平面图形的基本要素就是一条条线段，而平面图形又构成立体图形，完成了由一维、二维到三维的过渡。这是从知识结构的角度来认识的。但这种知识结构与学生的心理特点和认知规律是不匹配的。范希尔夫妇认为，学生的几何思维水平分为视觉、分析、非形式化的演绎、形式的演绎、严密性五个层次。[①] 小学生主要涉及前三个层次。一年级学生基本处在第一层次——视觉，这一阶段的特点是：儿童能通过整体轮廓辨认图形，并能操作其几何构图元素（如边、角）；能画图或仿画图形，使用标准或不标准名称描述几何图形；能根据对形状的操作解决几何问题，但无法使用图形的特征或要素名称来分

---

① 鲍建生，周超. 数学学习的心理基础与过程 [M]. 上海：上海教育出版社，2009.

析图形，也无法对图形做概括的论述。[①]"线""面""体"这些几何概念对一年级学生来说太过抽象，对这些概念的理解必须依赖于丰富的感性经验和牢固的空间表象，在一年级直接教学这些内容是不合适的。现实世界中的物体都是立体的，学生每天沉浸其中，耳濡目染，既熟悉又亲切，从立体图形开始学习，符合学生的心理特点，也符合从具体到抽象、从整体到部分的认知规律。所以在一年级上学期安排的是辨认常见的立体图形，在一年级下学期安排的是辨认常见的平面图形，主要培养学生的直观辨认能力。二年级学生基本处于从第一层次向第二层次的过渡时期，虽然具备了一些第二层次的特征，但学生的几何学习还是主要依赖于形象直观。刘范等研究表明：7~8岁左右阶段，儿童空间观念的发展尚不完善，一般只能从二维去认知图形；9~11岁左右的阶段，逐步从二维空间认识图形向三维空间认识图形过渡。[②]吕静等的研究表明，7岁以前，基本上没有面积等分概念，8岁以后才出现面积等分概念的萌芽，9~10岁介于萌芽和过渡阶段，11岁才达到基本掌握。[③]另外，认识平面图形离不开对边和角的研究。所以，作为后续学习的准备知识，在一年级下学期和二年级上学期又分别安排了线段和角的初步认识。在此基础上，二年级下学

---

① 鲍建生，周超. 数学学习的心理基础与过程 [M]. 上海：上海教育出版社，2009.

② 喻平. 发展学生的关键能力：小学数学教学的根本任务 [J]. 小学数学教与学，2017（7）.

③ 喻平. 发展学生的关键能力：小学数学教学的根本任务 [J]. 小学数学教与学，2017（7）.

期开始初步认识长方形和正方形，进入对二维图形的学习。在此期间，将线段的测量及长方形（正方形）周长、面积的计算融入其中。图形的运动、图形与位置两部分的内容按照同样的方法进行分配，就把校本化课程目标分配到合理的学期。同时，对这些校本化课程目标中涉及的跨领域能力进行分析，标在后面，就形成了跨领域能力的校本化课程目标，如表2-10。

其他领域也是按照上面的方法进行分配，不再赘述。

3. 归集相同学期的内容，形成学期校本化课程目标

把各个领域相同学期的内容归集在一起，组成学期校本化课程目标，详见后面的列表。

三、小学数学校本化课程目标的编码说明

数学校本化课程目标依旧将数学内容分为"数与代数""图形与几何""统计与概率""综合与实践"四个领域。确定的八大核心能力指标以三码编排，其中第一码表示关键能力，分别以英文首字母表示：N-数感、O-运算能力、S-空间观念能力、D-数据分析能力、L-逻辑推理能力、A-数学抽象能力、M-数学建模能力、C-问题解决能力；第二码表示阶段能力，分别以1、2、3、4表示四个阶段能力，如N1-数的抽象能力（属于数感能力的第一个阶段能力）、N2-结果估计能力（属于数感能力的第二个阶段能力）；第三码表示阶段能力下的校本课程目标编号，如N1-1，表示数感第一阶段能力下第一条校本化课程目标。

表 2-10　校本化课程目标的分配（图形与几何第一段）

关键能力	阶段能力	内容要求	校本化课程目标	表现性标准	学期	跨领域能力
空间观念（S）	S1 直观辨认能力	能在现实情境中正确地辨认常见的立体图形和平面图形，能够用自己的语言描述它们的一些特点；能够辨认上下、前后、左右，知道米和厘米。	S1-1 通过观察实物和模型，在拼搭摸滚等操作活动中直观辨认长方体、正方体、圆柱和球4种立体图形，能正确分类。	略	一上	A1 M1
			S1-3 通过观察和操作活动，直观辨认长方形、正方形、三角形、平行四边形、圆等平面图形，能正确分类。	略	一下	A1 M1
			S2-1 结合生活实际，经历用不同方式测量物体长度的过程，体会建立统一度量单位的重要性。	略	一下	A2
			S2-2 在实践活动中，体会并认识长度单位米、厘米，能进行简单的单位换算，能估测一些物体的长度，并进行测量。	略	一下	A2
			S4-1 结合现实情境，会用上、下、左、右、前、后描述物体的相对位置。	略	一上	

（续表）

关键能力	阶段能力	内容要求	校本化课程目标	表现性标准	学期	跨领域能力
空间观念（S）	S2 形象感知能力	结合具体情境初步认识角、长方形和正方形，会求长方形和正方形的周长和面积；体会并认识长度单位分米、毫米、千米；结合生活实例体会平移和旋转的主要特点；知道东北、西北、东南、西南四个方向。	S1-2 能根据具体事物、照片或直观图辨认从不同角度观察到的简单物体。	略	二上	
			S1-4 通过观察、操作，初步认识长方形、正方形的特征。	略	二下	A2
			S1-5 会用长方形、正方形、三角形、平行四边形或圆拼图。	略	二下	A2
			S1-6 结合生活情境认识角，了解直角、锐角和钝角。	略	二上	A2
			S2-3 在实践活动中，体会并认识长度单位分米、千米，能进行简单的单位换算，能恰当地选择米和厘米估测一些物体的长度，并进行测量。	略	二下	A2
			S2-4 结合实例认识周长，并能测量简单图形的周长。	略	三上	M2
			S2-5 通过自主探究和合作交流，探索并掌握长方形、正方形的周长公式。	略	三上	M2
			S2-6 结合实例认识面积，体会并认识面积单位厘米²、分米²、米²，能进行简单的单位换算。	略	三上	A2
			S2-7 探索并掌握长方形、正方形的面积公式，会估计给定简单图形的面积。	略	三上	M2

（续表）

关键能力	阶段能力	内容要求	校本化课程目标	表现性标准	学期	跨领域能力
	S2 形象感知能力		S3-8 结合实例，感受平移、旋转、轴对称现象。能辨认简单图形平移后的图形。	略	三上	A2
			S3-9 通过观察、操作，初步认识轴对称图形。	略	三下	A2
	S3 二维空间感知能力	感受线段、直线、射线的特点，认识轴对称、平移和旋转；能够用较准确的数学语言描述常见的平面图形的特征，会求常见的平面图形的周长和面积。	S4-2 结合现实生活，认识东、西、南、北四个方位，会用这些词语描绘物体所在的方向。	略	二上	
空间观念 (S)			S4-3 结合具体情境，认识东北、西北、东南、西南四个方向，会用这些词语描绘物体所在的方向。	略	三上	
	S4 三维空间感知能力	略				

四、小学数学校本化课程目标的呈现

表 2-11　数学校本化标准和课程目标（一上）

关键能力	阶段能力	校本化课程目标	表现性标准	跨领域能力
数感	N1 数的抽象能力	N1-1 在现实情境中理解 10 以内数的意义，能认、读、写 10 以内的数，能用数表示物体的个数或事物的顺序和位置，能正确比较 10 以内数的大小。	能够借助具体物体正确地数出数量在 1~5 的物体个数。	A1 具体形象概括能力：能够在现实情境中结合学具抽象出数。
			能正确地读、写 1~5 各数。	
			能够说出 1~5 各数的组成。	
			会正确写"0"，能用"0"表示物体的个数。	
			能够借助具体物体正确地数出数量在 6~10 的人或物的个数。	
			能够说明 6~10 各数的意义，知道 6~9 各数的后继数，并能正确地读、写。	
			能够说出 6~10 各数的组成，能区分几个和第几。	
			能够正确比较 10 以内数的大小，能用"="">""<"表示出数的大小。	
		N1-2 在现实情境中理解 11~20 以内数的意义，初步认识计数单位"一""十"和数位"个位""十位"，并能正确地读、写 11~20 以内的数，能够说明 11~20 各数的组成，能正确比较 11~20 以内数的大小。	能够正确地数出数量在 11~20 之间物体的个数。	
			能用 11~20 各数表示物体的个数，并能正确地读、写。	
			能说出计数单位"一"和"十"、数位"个位"和"十位"。	
			能够说明 11~20 各数的组成、20 以内数的顺序。	
			能正确比较 20 以内数的大小。	

（续表）

关键能力	阶段能力	校本化课程目标	表现性标准	跨领域能力
运算能力	O1 意义理解	O1-1 结合具体情境，初步体会加法的意义。	能知道一个量原有一部分又加上了一部分或把两个部分合并起来用加法计算。 能借助实物用语言表达加法的意义。 能辨认符号加号，会读写加法算式，能说出加法算式中各部分名称。	A1 具体形象概括能力：结合实物、学具等操作初步理解加、减法的意义； M1 模型感知能力：借助理解加减法的意义，建构加、减法数学模型。
		O1-2 结合具体情境，初步体会减法的意义。	能知道从一个数中去掉一部分用减法。 能借助实物用语言表达减法的意义。 能辨认符号减号，会读、写减法算式，能说出减法各部分名称。	
	O2 运算理解	O2-1 经历探究20以内加减法口算过程，能熟练地口算，并能与他人交流算法，能解决简单的问题。	借助学具或数的组成得到10以内加减法的算式；能正确、熟练地口算10以内数的加减法。 能借助学具、实物或用图示法说明20以内数加减法口算的合理性。 能说出20以内数的加减法口算方法，能正确口算。 能说出20以内数的连加、连减和加减混合运算顺序，能比较熟练地进行计算。 能根据一图四式尝试说明加减法之间的关系。 能对生活中的实例或图意进行描述与交流，能解决简单的实际问题，并能对结果进行合理的解释。	有序思考能力： 在经历探索计算算法的过程中初步学会有条理地思考问题。 M1 模型感知能力： 在解决实际问题的过程中初步建模。
		O2-14 结合具体情境，经过探索，学会借助直观图解决简单的重叠问题。	能在解决问题的过程中，运用猜一猜、画一画、数一数、计算等方法解决简单的重叠问题。	
		O2-15 结合具体情境，经过观察、操作、验证等学习过程，学会借助直观图解决移多补少问题。	能在解决实际问题的过程中看清问题的本质，能用摆一摆、画一画等方法解释清楚移多补少解决问题的道理和方法。	

（续表）

关键能力	阶段能力	校本化课程目标	表现性标准	跨领域能力
空间观念	S1 直观辨认能力	S1-3 结合现实情境，会用上、下、左、右、前、后描述物体的相对位置。	能够用语言说出辨认上、下、左、右、前、后的方法。	A1 具体形象概括能力：能用语言描述出周围事物的位置。M1 模型感知能力：能在头脑中建立 4 种立体图形的模型。
			能够用上、下、左、右、前、后描述物体的相对位置。	
		S1-1 通过观察实物和模型，在拼摆摸滚等操作活动中直观辨认长方体、正方体、圆柱和球 4 种立体图形，能正确分类。	能够用自己的语言说明每种形状的特点。	
			能够正确地辨认 4 种立体图形。	
			能够正确地进行分类。	
数据分析观念	D1 数据收集	联系生活实际体会分类的含义和比较的一般方法。	能在解决问题的过程中说出分类的必要性和意义。	L1 有序思考能力：借助操作活动培养初步的观察、分析、推理能力。
			能在实际操作中感悟分类的方法不同，结果不同。	
			能通过学具或实例学习比较的一般方法。	
		D1-2 在操作中能按指定标准或自定标准对物品进行分类；能对物体进行轻重、高矮、厚薄、宽窄等的比较。	能按指定标准或自定标准对物体进行了分类。	
			能对物体进行轻重、高矮、大小等的比较；能说出比较的一般方法。	

（续表）

关键能力	阶段能力	校本化课程目标	表现性标准	跨领域能力
问题解决	C1数学表达能力	C1-1 经历找周围数的过程，在活动过程中，积极参与观察、思考与交流，获得一些初步的数学活动经验，并培养与同学合作的意识。	能在活动中按要求找出周围的数。	A1 能将周围物体与数字对应。
			能在找数活动中主动与同学合作。	
		C1-2 在实践活动中，知道分类需要确定分类标准，能按照不同的分类标准对物品进行分类，对分类后的结果进行比较分析。	能按照不同的分类标准对物品进行分类。	A1 能找出作为一类的标准。
			能对分类后的结果进行比较分析。	

表 2-12　数学校本化标准和课程目标（一下）

关键能力	阶段能力	校本化课程目标	表现性标准	跨领域能力
数感	N1数的抽象能力	N1-3 通过数一数等活动，能够知道100以内数的组成，知道计数单位"百"，会读写100以内的数，能够进行100以内数的大小比较。	能够正确地数出100以内物体的个数。	A1 具体形象概括能力：能够借助学具认识100以内的数。
			能够说出100以内数的组成，能正确读、写100以内的数。	
			能够说出100以内的数位顺序。	
			能够正确比较100以内数的大小，会用"多得多""少一些""最多"等词语来描述数之间的大小关系。	

（续表）

关键能力	阶段能力	校本化课程目标	表现性标准	跨领域能力
数感	N1 数的抽象能力	N1-5 能认识钟表，正确辨认整时、半时，初步认识"几时刚过"和"快到几时"。	N1-5-1 通过观察认识并能正确辨认时针、分针和秒针。	A2
			N1-5-2 正确辨认整时、半时，初步认识"几时刚过"和"快到几时"。	
			N1-5-3 通过拨一拨、画一画、指一指等方法，在活动中理解大约几时的意义。	
		N1-7 在现实情境中，认识元、角、分，并了解它们之间的关系。	N1-7-1 正确辨认各种面值的人民币，掌握人民币的单位元、角、分及相互关系。	
			N1-7-2 掌握不同面值人民币之间的换算关系，能正确进行换算。	
运算能力	O1 意义理解	O1-3 经历数与算的过程，体会乘法产生的必要性及乘法与加法间的关系；结合具体情境，借助求相同加数和的问题，体会乘法的意义。	能用图示法解释几个相同数相加的算式的含义：就是几个几是多少。能根据加法算式改写成乘法算式，能说明乘法与加法之间的关系。能知道乘号的意义，辨认符号，能说出乘法算式中各部分的名称。	A1 具体形象概括：在直观操作与体验中，经历从直观到抽象过程，体会意义；M1 模型感知能力：借助相同加数相加构建乘法数学模型。
	O2 运算理解	O2-3 结合具体情境，进一步理解加减法的含义，能正确、熟练地口算100以内的加减法，能与他人交流算法，能解决简单的问题。	能说明两位数加减一位数和两位数加减整十数的口算方法，能正确熟练地口算。能借助具体情境说明"求比一个数多几（少几）"的意义，并能列式计算。能结合口算方法讲述两位数加减两位数的算理，能说明笔算方法，会列竖式，正确计算。知道100以内的连加、连减和加减混合运算的运算顺序，会正确计算。能解决简单的实际问题，并能对结果进行合理的解释。	L2 法则总结能力：经历计算方法探索过程，初步学会分析、归纳同级两步混合运算的计算法则。

（续表）

关键能力	阶段能力	校本化课程目标	表现性标准	跨领域能力
运算能力	O2运算理解	O2-16 结合具体情境，学会用列举法解决问题，初步学会有序地思考问题。	能在问题解决的过程中，探究发现列举法，能用列举法解决简单的实际问题，并能用自己的语言有序地进行交流。	L1 有序思考能力：借助直观操作活动培养初步的观察、分析能力。
		O2-17 结合具体情境，在探索解决问题过程中，学会用表格列举法解决问题，进一步学会有序地思考问题。	能在解决具体问题情境中运用画图法、表格列举法，能用自己的语言有序地进行交流。	
空间观念	S1	S1-2 通过观察和操作活动，直观辨认长方形、正方形、三角形、平行四边形、圆等平面图形，能正确分类。	能够借助立体图形画出平面图形。	A1 具体形象概括能力：能用语言概括出各种图形的特征。
			能够用自己的话说出每个图形的样子。	
			能够正确地辨认每种平面图形。	
			能正确地进行分类。	
		S1-4 结合生活实际，经历用不同方式测量物体长度的过程，体会建立统一度量单位的重要性。	能够清楚地解释阿福的新衣为什么短了。	M1 模型感知能力：能在头脑中建立平面图形的模型。
			能够选用自己的标准进行测量。	
			能够举例说明为什么要统一长度单位。	

（续表）

关键能力	阶段能力	校本化课程目标	表现性标准	跨领域能力
空间观念	S1	S1-5 在实践活动中，体会并认识长度单位米、厘米，能进行简单的单位换算，能恰当地选择米和厘米估测一些物体的长度，并进行测量。	能够在直尺上找到 1 米和 1 厘米的长度。	A2 形象抽象概括能力：结合具体情境能用语言描述出 1 米和 1 厘米的长度及它们之间的进率。
			能够比较准确地用手比画出 1 米和 1 厘米的长度。	
			知道米和厘米的进率，能进行简单的单位换算。	
			能够恰当地选择米和厘米估测一些物体的长度，并进行测量。	
数据分析观念	D1	D1-3 结合实际，能用分一分、数一数、画一画等方法收集和整理数据，初步了解数据分析的意义，感受数据蕴含的信息。	结合具体情境，参与统计的全过程；能用分一分、数一数、画一画等方法简单收集和整理数据。	D1 数据收集：在问题解决过程中经历完整的统计过程，初步培养数据分析意识。
			能用自己喜欢的方式、文字、图画、表格等记录、整理数据；学会用象形统计图和表格统计表呈现整理数据的结果。	
			学会对数据进行分析在简单分析中感受数据蕴含的信息。	
问题解决	C1	C1-3 通过用测量工具进行测量，培养学生的实践能力；通过应用身上的"小尺子"进行测量，培养学生的创新意识和应用意识。	能按照一定的要求拼摆自己喜欢的图案。	A1 能将数学图案和生活进行联想。
			能在估一估、数一数的过程中发展数感。	
		C1-4 通过用测量工具进行测量，培养学生的实践能力；通过应用身上的小尺子进行测量，培养学生的创新意识和应用意识。	能测量身体上一些部位的长度，巩固正确的测量方法。	
			能应用身上的"小尺子"进行测量。	

表 2-13 数学校本化标准和课程目标（二上）

关键能力	阶段能力	校本化课程目标	表现性标准	跨领域能力
运算能力	O1 意义理解	O1-4 在已有生活经验的基础上，初步理解平均分的含义和除法的意义；经历除法产生的过程，知道除法各部分名称，了解有关 0 的除法，能用除法解决一些简单的实际问题。	经历分的过程，能说出平均分的含义。	A2 形象抽象概括能力：能借助数形结合初步理解平均分的含义和除法的意义。
			结合具体情境能说出平均分的两种情况（按份数平均分和按每份个数平均分）。	
			能用语言表达除法的意义，说出除法算式中各部分名称；能用除法解决一些简单的实际问题。	
	O2	O2-2 经历口诀编制、应用过程，能正确、熟练地运用乘法口诀求积、求商；理解"倍"的意义；会用口诀计算简单的乘加、乘减、连乘、连除、乘除混合运算；能与他人交流，能解决简单的问题。	能仿例探索口诀的编制、应用，能正确、熟练地运用口诀求积、求商。	A2 形象抽象概括能力：经历口诀编制、应用过程发展初步的归纳、概况能力。
			能用语言说明"倍"的含义，能运用乘法解决"一个数的几倍"的问题；能正确计算一个数的几倍是多少。	
			能解释余数与除数的关系，能说明余数的含义；能说明除数和商都是一位数的有余数除法的口算方法，能正确口算。	
			能应用表内乘、除法和有余数除法的有关知识解决简单的实际问题，并能对结果进行合理地解释。	
			能分布解决两步计算的乘加（减）、除加（减）问题。	
		O2-18 结合具体情境，经历观察、操作、比较等学习活动，学习有序数图形的方法。	能在探索数图形的过程总结有序地数图形的方法，会有序思考。	

（续表）

关键能力	阶段能力	校本化课程目标	表现性标准	跨领域能力
运算能力	O2	O2-19 结合具体情境，探索并发现简单周期现象中的排列规律，能根据规律解决简单的问题；在探索过程中体会画图、数数、计算等解决问题的不同策略。	能通过画图、数数、计算等不同方式发现简单周期现象中的排列规律；能根据规律解决简单的问题。	L1 有序思考能力：借助直观操作活动培养初步的观察、分析、推理能力。
空间观念	S2 形象感知能力	S1-2 能根据具体事物、照片或直观图辨认从不同角度观察到的简单物体。	能够用语言描述从前面、后面、侧面看到的物体形状。	A2 形象抽象概括能力：能用语言描述出物体从不同方向观察到的形状。
			能够用自己的语言简单解释从不同角度看到不同形状的原因。	
			能够正确辨认从左右侧面看到的物体的形状。	
		S2-3 结合生活情境认识角，了解直角、锐角和钝角。	根据图片能够找到观察物体的角度。	
			能用手指出或用笔描出具体情境中的角。	
			知道角各部分的名称。	
		S2-5 结合现实生活，认识东、西、南、北四个方位，会用这些词语描绘物体所在的方向。	会用简单的方法比较角的大小。	
			能借助三角板正确地判断直角、锐角、钝角。	
			能够合理确定参照物，正确辨认东、西、南、北。	
			给定东、南、西、北四个方向中的一个方向，能辨认其余三个方向。	
			知道绘制地图或平面图的规则是"上北下南左西右东"，能看懂简单的平面图。	

（续表）

关键能力	阶段能力	校本化课程目标	表现性标准	跨领域能力
问题解决	C1 数学表达能力	C1-5 在动手实践、自主探索和合作交流的学习活动中，培养学生的观察、操作、思维及表达能力，培养探索意识和创新意识。	能在拼摆图形的活动中认识和理解角。	S3 能在过程中认真辨认，认真动手实践。
			能在活动中动手实践、自主探索。	
	C2 调查分析能力	C2-1 通过对我喜欢的地方进行实地观察和描述，能从日常生活中发现并提出有关方向和位置的问题，并进一步结合生活实际，辨认方向和描述物体的相对位置。	能从日常生活中发现并提出有关方向和位置的问题。	S3 能在辨认过程中准确找出相对位置。
			能结合生活实际，辨认方向和描述物体的相对位置。	

表2-14 数学校本化标准和课程目标（二下）

关键能力	阶段能力	校本化课程目标	表现性标准	跨领域能力
数感	N1 数的抽象能力	N1-4 能够通过在计数器上拨一拨等活动，知道万以内数的组成，知道计数单位"千""万"，会读写万以内的数，能够进行万以内数的大小比较。	能用千以内的数表示物体的个数，并能正确读写。	A2 形象抽象概括能力：能够通过类比、图形等间接手段理解大数的意义。
			能够说出各数位的名称和计数单位，识别各数位上的数字的意义。	
			能够用语言和符号来描述千以内数的大小。	
			能说出算盘的结构，并会在算盘上拨数、读数。	
			能够用万以内的数表示物体的个数，并能说出各数位的名数及顺序，识别各数位上的数字的意义。	
			能够正确读写万以内的数，能结合实际进行估计。	
			能够正确比较万以内数的大小。	
运算能力	O2 运算理解	O2-4 经历探索两位数乘一位数的口算过程，明确算法，掌握算法，能正确口算。	能在解决问题的过程中解释清楚一位数乘两位数的口算算理方法，会正确计算。	L2 法则总结能力：能分析归纳、概括数学乘法的计算口算方法。
			能用学具、实物或图示法说明口算结果的合理性。	
		O2-6 能正确计算两位数和三位数的加减法；探索混合运算的计算方法，能正确计算；能结合具体情境进行估算；能解决生活中的有关实际问题。	能在解决问题的过程中总结整十、整百数加减法的口算方法，能正确计算。	L3 知识迁移能力：借助学过的竖式计算方法培养学生知识的迁移能力。
			能笔算万以内数的加减法，能表述清楚算理，并正确计算。	
			能说出估算方法，能根据实际需要，合理进行估算，并能合理地、多样地解决问题。	
			能口述实际问题的题意，根据加减法的含义列式解决用文字叙述的一步计算实际问题。	
			能结合生活实际，口头提出一些简单的应用问题。	

（续表）

关键能力	阶段能力	校本化课程目标	表现性标准	跨领域能力
运算能力	O2 运算理解	O2-7 经历探索两位数乘一位数的笔算过程，明确算理，掌握算法，能正确笔算，会解决简单的实际问题。	能在解决问题的过程中说出整十数乘一位数的口算方法并能正确口算。	L2 法则总结能力：能分析、归纳、概括数学乘法的计算笔算方法。
			能用语言解释两位数乘一位数笔算算理，概括计算方法，会正确计算。	
			能口述简单实际问题，根据乘法的含义列式解决两步计算的实际问题。	
			能结合生活实际，口头提出一些简单的应用问题。	
		O2-8 结合具体情境，掌握三位数乘一位数的口算和笔算方法；体验估算方法；在解决问题的过程中，初步学会分析问题的方法，体验解决问题策略的多样化。	能在解决问题的过程中归纳概括出整百数乘一位数的口算方法，正确口算。	L3 知识迁移能力：借助两位数乘法竖式计算方法培养学生知识的迁移能力。
			能用语言解释三位数乘一位数笔算算理，概括计算方法，会正确计算。	
			能说出估算方法，能根据实际需要，合理进行估算，并能合理地、多样地解决问题。	
			能结合生活实际，口头提出一些简单的应用问题。	
		O2-20 学习简单的搭配，在解决简单搭配问题的过程中说明搭配的策略和方法，能有序地、全面地思考问题。	能根据乘法运算的含义列式解决两步计算的实际问题。	L1 有序思考能力：借助直观操作活动培养有条理地思考和初步的观察、分析、推理能力。
			1. 能借助生活中简单的搭配现象，经历观察、猜测、实验等活动，能进行简单有序的搭配。 2. 能在动手操作、探索活动中有序、全面地思考问题。	
		02-21 在探究实际问题的过程中用推理的方法解决问题。	能在问题解决的过程中，运用简单的推理方法解决问题，能交流简单的推理经验。	

（续表）

关键能力	阶段能力	校本化课程目标	表现性标准	跨领域能力
空间观念	S2	S2-2 通过观察、操作，初步认识长方形、正方形的特征。	知道长方形和正方形各部分的名称。	A2 形象抽象概括能力：能用自己的语言描述出长方形、正方形、五边形和六边形的特征。
			能够说明并验证长方形、正方形边和角的特征。	
			能够在方格纸中画出长方形和正方形。	
			能够辨认五边形和六边形。	
			能够用完整的语言说出图案中用到的平面图形。	
		S2-6 会用长方形、正方形、三角形、平行四边形或圆拼图。	能够利用学过的平面图形进行创造性的拼组，并能用语言进行简单介绍。	
			能够在直尺上找到 1 分米和 1 毫米的长度。	
		S2-4 在实践活动中，体会并认识长度单位分米、毫米、千米，能进行简单的单位换算，能恰当地选择米和厘米估测一些物体的长度，并进行测量。	能够比较准确地用手势比画出 1 分米和 1 毫米的长度。	A2 形象抽象概括能力结合具体情境能用语言描述出 1 千米、1 分米和 1 毫米的长度以及它们之间的进率。
			能够举例说明 1 千米的长度。	
			知道千米、米、分米、厘米、毫米之间的进率，能进行简单的单位换算。	
			能够恰当地选择长度单位估测一些物体的长度，并进行测量。	
数据分析观念	D2	D2-1 结合现实情境经历数据的收集、整理过程，学会分类统计，并会用"正"字等方法收集和整理数据。感受数据蕴含的信息。	说出分类统计的意义及使用的必要性，掌握分类统计的方法。	D1 数据收集。D2 数据整理。D3 数据描述。培养初步的统计意识和能力。
			能用合适的方法（文字、图画、表格等方式）收集和整理数据。	
			能根据对数据的分析表达数据分析对决策的作用。	

（续表）

关键能力	阶段能力	校本化课程目标	表现性标准	跨领域能力
问题解决	C2	C2-2 经历用不通过方式获得信息的过程，获得一些初步的实践活动经验。	能说出万以内的数、长度单位在生活中的作用。	D1 自己动手搜集所需要的信息。D2 能对数据进行整理。D3 能对数据做简单描述。
			在获得信息的过程，获得一些初步的实践活动经验。	
		C2-3 经历对数据的搜集、整理和分析的过程，在活动中培养初步观察、比较、推理的能力。	经历对数据的搜集、整理和分析的过程。	
			能在活动中培养初步观察、比较、推理的能力。	

表 2-15　数学校本化标准和课程目标（三上）

关键能力	阶段能力	校本化课程目标	表现性标准	跨领域能力
数感	N1 数的抽象能力	N1-6 结合具体情境，认识时间单位时、分、秒，掌握它们之间的关系，了解 24 时计时法；能够正确读出钟面上的时刻。	能结合具体情境，通过观察钟面，认识时间单位时、分，掌握时与分之间的关系，知道 1 时 = 60 分。	A2 形象抽象概括能力：能够通过类比、图形等间接手段初步理解常见的数量之间的关系。
			能会看钟表，能正确说出钟面上指示的时刻。	
			能够进行有关时间的简单计算。	
	N2	N2-1 能够结合生活实际认识克、千克、吨，能结合实际恰当地选择单位，并能进行简单的单位换算，会估计一些物体的质量。	在操作活动中感受质量单位"克""千克""吨"，初步建立质量观念。	
			知道"1 千克 = 1000 克，1 吨 = 1000 千克"，会进行简单的换算。	
			在观察、操作活动中，积累活动经验，增加估计能力。能用适当的数字和单位表示物体的质量，结合生活实际，解决与质量有关的简单问题。	

（续表）

关键能力	阶段能力	校本化课程目标	表现性标准	跨领域能力
数感	N2	N2-2 能够结合具体情境，初步理解分数的意义，能正确认、读、写简单的分数；知道分数各部分的名称；在具体情境中，会比较简单分数的大小。	结合具体情境，通过折一折、涂一涂等操作活动，理解几分之一、几分之几的意义。	A3 初步的本质抽象能力：能够结合具体情境和图形抽象出分数的意义。
			知道分数各部分的名称，能正确读写简单的分数。	
			能够熟练掌握简单的同分母分数比较大小和分子是 1 的分数比较大小的方法。	
运算能力	O2 运算理解	O2-9 能计算两位数乘两位数，掌握估算方法，能合理进行估算。	能说出两位数乘十和整十数乘整十数的口算方法，并能正确地口算。	L3 知识迁移能力：借助已有的计算法则迁移归纳两位数乘法计算方法。
			能通过一位数的笔算乘法推导出两位数的乘法，概括计算方法。	
			能用语言解释两位数乘两位数的笔算算理，会正确计算。	
			能说出估算方法，能根据实际需要，合理进行估算，并能合理地、多样地解决问题。	
		O2-10 能计算两、三位数除以一位数的除法，掌握估算方法，能合理进行估算。	能说出整十数和几百几十数除以一位数的口算方法并能正确地口算。	
			能用语言解释两、三位数除以一位数笔算算理，概括计算方法，会正确计算，并会验算其结果的正确性。	
			能说出估算方法，能根据实际需要，合理进行估算，并能合理地、多样地解决问题。	
		O2-11 认识小括号，能进行简单的整数两步四则混合运算。	结合具体问题，说明小括号的作用，能用语言解释有小括号的混合运算的运算顺序。	L1 有序思考能力：初步学会有条理的思考问题。
			能说出带有括号的混合运算法则，并能正确计算。	

（续表）

关键能力	阶段能力	校本化课程目标	表现性标准	跨领域能力
运算能力	O2 运算理解	O2-12 会进行分母小于10的同分母分数的加减运算。	能用分数的含义计算得出同分母分数加减法的结果。	A2 形象抽象概括能力：在操作观察、分析、比较等活动中培养归纳、抽象概括能力，体会类推的数学思想方法。
			能总结同分母分数加减法的计算方法，并会正确计算。	
空间观念	S2 形象感知能力	S2-4 结合实例认识周长，并能测量简单图形的周长。	能够正确地指出图形的周长。	A2 形象抽象概括能力：能用语言描述出周长和面积的区别。
			能够用语言描述周长的含义。	
			能够根据实际情况选择合适的方法计算图形的周长。	
		S2-5 通过自主探究和合作交流，探索并掌握长方形、正方形的周长公式。	能够指出长方形和正方形的周长。	
			能够运用两种以上的方法计算长方形和正方形的周长，并总结长方形和正方形的周长计算公式。	
			能够利用周长公式解决实际问题。	
		S2-6 结合实例认识面积，体会并认识面积单位厘米²、分米²、米²，能进行简单的单位换算。	能够正确地指出图形的面积。	A2
			能够说明为什么要统一面积单位。	
			能够说出 1 厘米²、1 分米²、1 米² 的大小，并能比较正确地比画出。	
			知道厘米²、分米²、米² 之间的进率，并能进行简单的单位换算。	
		S2-7 探索并掌握长方形、正方形的面积公式，会估计给定的简单图形的面积。	能够用语言解释长方形、正方形面积公式的推导过程。	M2 模型理解能力：通过动手操作能推导出长方形和正方形周长和面积公式。
			会进行长方形面积公式的逆运算。	
			能够利用公式计算长方形、正方形的面积，并能解决简单的实际问题。	

（续表）

关键能力	阶段能力	校本化课程目标	表现性标准	跨领域能力
空间观念	S2 形象感知能力	S3-8 结合实例，感受平移、旋转、轴对称现象。能辨认简单图形平移后的图形。	能够用语言描述平移和旋转的特点。	S2-13-1 会用方格纸估计不规则图形的面积。
			能够举例说明平移和旋转。	
			能够正确地判断平移和旋转。	
			能辨认简单图形平移后的图形。	
		S4-3 结合具体情境，认识东北、西北、东南、西南四个方向，会用这些词语描述物体所在的方向。	A2 形象抽象概括能力：能用语言概括出平移和旋转的具体方法。	
			能够合理确定参照物，正确辨认东北、西北、东南、西南四个方向。	
		S2-13 会用方格纸估计不规则图形的面积。	能看懂简单的平面图，正确地确定事物的方位。	
数据分析观念	D2	D2-2 能用文字、图画、表格等方式呈现整理的结果，并能对数据进行简单的分析，体会数据分析对决策的作用，初步感受数据分析的意义。	能用文字、图画、表格等方式呈现整理的结果。	D1 数据收集。D2 数据整理。D3 数据描述 D4 数据分析：培养初步的数据分析概念。
			能对整理的结果数据进行简单的分析。	
		D2-3 在活动中能用表格和条形统计图表示数据整理的结果。能从统计表、图中感受数据蕴含的信息。	能用表格（填）和条形统计图（涂）表示数据整理的结果。	
			能对数据进行简单的分析，感受数据蕴含的信息。	

（续表）

关键能力	阶段能力	校本化课程目标	表现性标准	跨领域能力
问题解决	C2	C2-4 经历观察、测量影子长短的过程，引导学生体会影子与时刻的关系，获得一些数学活动经验，形成初步的观察、分析问题的能力。	在测量影子长短的过程中，体会影子与时刻的关系。	D4 数据分析：能对数据进行对比分析，得到结论。
			获得一些数学活动经验，形成初步的观察、分析问题的能力。	
		C2-5 在活动中经历"猜想—实验—验证"的研究过程，获得一些初步的数学活动经验。	在活动中经历"猜想—实验—验证"的研究过程，能说出等量代换在生活中的作用。	L5 能大胆猜想，并对用实验进行验证。
			能说出等量代换在生活中的作用，获得初步的数学活动经验。	

表 2-16　数学校本化标准和课程目标（三下）

关键能力	阶段能力	校本化课程目标	表现性标准	跨领域能力
数感	N2	N2-3 结合商品标价等具体情境，理解小数的意义，知道小数的分类和组成，能够正确地读写小数，能够正确比较小数的大小。	结合商品标价等具体情境，通过观察、类比等活动理解小数的意义。	A3 初步的本质抽象能力：能够结合具体情境说明即表明小数的意义。
			在解决实际问题的过程中，学会比较小数的大小。	
			在解决简单实际问题的过程中，学会计算简单的小数加减法。	
		见 N2-1-3。		

（续表）

关键能力	阶段能力	校本化课程目标	表现性标准	跨领域能力
数感	N2	N2-4 认识十万、百万、千万、亿和十亿等计数单位及相应的数位，会根据数级读写多位数（以万级为主），能进行多位数的大小比较。能结合现实情境进行估计。	结合具体情境，借助生活中的事物认识读数单位十万、百万、千万、亿以及十进制计数法。	A2 形象抽象概括能力：能够通过类比图形等间接手段理解大数的意义。
			能正确地读写万以上的数。	
			会比较万以上数的大小，能进行万以上数的改写。	
			能够根据实际情况进行估计。	
		N2-5 借助生活经验，认识年、月、日，并了解它们之间的关系，能判断大月、小月与平年、闰年。	借助生活经验，认识年、月、日，了解它们之间的关系。	
			了解平年、闰年，能够判断大月、小月与平年、闰年。	
运算能力	O2	O2-13 会进行一位小数的加减运算。	结合具体问题，能用单位转换或计数单位的方法解释一位小数加减法的计算结果。	A2 形象抽象概括能力 I4 类推转化能力：培养观察、分析、比较的能力，体会转化的数学思想。
			能发现小数加减法计算法则与整数计算的联系，概括总结计算方法，会正确计算。	
		O3-1 能计算三位数乘两位数的乘法，能运用其解决相关问题。	能说出整百数乘整十数的口算，能正确口算。	L1 有序思考能力。
			能借助两位数乘法说明三位数乘两位数笔算的算理及法则，能调用运算的法则，正确计算。	
			能结合具体问题选择合适的估算方法解决问题，能运用计算的规律对计算结果进行估算和判断，会用估算检验精确计算。	
			通过计算、验证、归纳发现积的变化规律，并能运用规律进行计算。	

（续表）

关键能力	阶段能力	校本化课程目标	表现性标准	跨领域能力
运算能力	O2	O3-2 能计算三位数除以两位数的除法，能运用其解决相关问题。	探索、发现，并能说出除数是整十数的口算除法计算方法，能正确口算。	L3 知识迁移能力：培养学生问题意识，能进行简单、有条理的思考。
			能用语言解释除数是两位数的笔算计算及试商、调商的方法，会列竖式，能概括笔算方法，正确计算。	
			能结合具体情境，说出除数是两位数的估算方法，能选择合适的估算方法解决问题。	
			能运用计算的规律对计算结果进行估算和判断，会用估算检验精确计算。	
			通过计算、验证、归纳发现商不变的规律，能从实例中归纳商不变的性质，能找出并交流商不变的性质。	
			能根据实际问题合理选择运算方式。	
		O3-3 认识中括号，能进行简单的以两步为主，不超过三步的整数四则混合运算。	结合具体问题说明中括号的作用，能用语言解释实际问题的数量关系，从而能说出带括号的混合运算的运算顺序，能说出混合运算法则，会正确计算。	
			能说出两步计算的实际问题的分析方法，能口述数量关系。	
			能说出三步计算的实际问题的分析方法，能口述问题解决的推理过程以及相应的数量关系。	
			能列式解决两步、三步计算的实际问题，并能对答案进行估计和检验。	
空间观念	S3	S3-9 通过观察、操作，初步认识轴对称图形。	能够举例说明生活中的轴对称现象。	A2 形象抽概括能力：能根据线段的特点描述出它们的区别和联系。
			能够举例说明轴对称图形的概念。	
			能够正确地判断轴对称图形。	

（续表）

关键能力	阶段能力	校本化课程目标	表现性标准	跨领域能力
空间观念	S3	S1-7 结合实例了解线段、射线和直线。	能够用自己的语言描述线段、射线、直线的特点，并能正确识别。	A3 初步的本质抽象能力：能用语言描述出线段、射线、直线的区别和联系。
			能够说明线段、射线、直线的区别和联系。	
			能够按要求画出线段、射线、直线。	
		S1-8 通过观察、测量、比较等方式，体会两点间所有连线中线段最短，知道两点间的距离。	能够用语言说明什么是"两点间的距离""点到直线的距离"。	
			能够正确地画出"两点间的距离""点到直线的距离"。	
		S1-9 知道平角与周角，了解周角、平角、钝角、直角、锐角之间的大小关系。	能够举例说明什么是角。	A3 初步的本质抽象能力：能概括出周角、平角、钝角、直角、锐角之间的关系。
			能够说出周角、平角、钝角、直角、锐角的度数，并能说明它们之间的关系。	
		S1-10 结合生活情境了解平面上两条直线的平行和相交（包括垂直）关系。	会用语言、画图等方式说明什么是平行、相交、垂直。	A2 形象抽象概括能力：能用语言描述出平行、相交、垂直三者之间的关系。
			能够正确地进行判断。	
			能够正确地画出平行线和垂线。	
		S2-8 能用量角器量指定角的度数，能画指定度数的角，会用三角尺画30°，45°，60°，90°角。	能说出量角器各部分的名称。	M3 模型抽象能力：能总结出一定的方法量角。
			能用量角器量指定角的度数。	
			能用量角器画指定度数的角。	
			会用三角尺画30°，45°，60°，90°角。	

（续表）

关键能力	阶段能力	校本化课程目标	表现性标准	跨领域能力
数据分析观念	D3	D3-1 经历统计全过程，认识条形统计图（1格表示1个或多个单位）的特点，会绘制简单的条形统计图，能对统计图中的数据进行分析。	会绘制简单的条形统计图（1格表示1个单位）。	D1 数据收集 D2 数据整理
			会绘制简单的条形统计图（1格表示多个单位）。	
		D3-2 在具体统计活动中，会根据实际问题设计简单的调查表。学会分段整理的方法，认识分段统计表和复式分段统计表。能读懂媒体中的数据信息。	学会分段统计，能读懂分段统计表中的数据信息。	
			学会复式分段统计，能读懂复式分段统计表中的数据信息。	
问题解决	C3	C3-1 在活动中经历"猜想—实验—验证"的研究过程，获得一些初步的数学活动经验，体会数学在解决实际问题中的作用，培养对数学的兴趣。	在活动中经历"猜想—实验—验证"的研究过程。	L1 能做出猜想并进行验证。
			知道数学在解决实际问题中的作用。	
		C3-2 学生经历通过多种途径和方法获取信息、针对具体问题整合信息、利用数学知识提出合理方案的过程，培养解决问题的能力。	经历通过多种途径和方法获取信息的过程。	D1 能利用各种途径对信息进行收集。
			利用数学知识提出合理方案。	L1 能做出猜想，并进行验证。

表 2-17　数学校本化标准和课程目标（四上）

关键能力	阶段能力	校本化课程目标	表现性标准	跨领域能力
数感	N3 数域扩展能力	N3-5 结合具体情境，通过观察、类比等活动理解小数的意义，体会小数在日常生活中的应用，知道小数的基本性质，并对利用小数的性质解决实际问题。	能够说明小数表示的意义。	A3 初步的本质抽象能力，能够结合具体情境理解小数意义。
			能够利用小数的性质解决问题；能够说明小数点位置移动引起小数大小变化的规律。	
			通过解决问题，学会十进制复名数与小数的改写。	
			会用"四舍五入"法求小数的近似数，会把较大的数改写成用"万"或"亿"做单位的数。	
运算能力	O3 综合运用	O3-4 结合已有知识经验和具体情境，探索并了解运算律，会应用运算律进行一些简便运算；在具体运算和解决简单实际问题过程中，体会加与减、乘与除的互逆关系；能合理地运用运算律解决实际问题。	通过计算、观察、归纳加法运算律，能用语言解释加法的交换律和结合律。	L3 知识迁移能力；M3 模型抽象能力，在学习中经历完整的数学建模过程，感悟"猜想——举例——验证"的数学推理思想。
			结合实例归纳减法运算性质，并能用语言解释。	
			通过加法运算律的迁移，探究并能说出乘法结合律、交换律，并能用语言解释。	
			结合具体问题发现乘法分配律，能猜想、验证分配律成立的合理性，并能用语言解释。	
			结合具体问题，发现除法运算性质，并能用语言解释。	
			能正确地用字母来表示运算律。	
			能合理选择恰当的运算律进行简便计算。	
			能灵活选择运算律解决实际问题。	

（续表）

关键能力	阶段能力	校本化课程目标	表现性标准	跨领域能力
运算能力	O3 综合运算	O3-5 经历小数加减计算方法的探索过程，了解小数加减法和整数加减法之间的联系；理解小数加减法及小数加减混合运算的计算方法，并能正确地进行计算；在解决问题的过程中发现能运用运算律进行简便计算。	能根据整数加减法的含义解释小数加减法的意义。	A2 形象抽象概括能力：结合已有知识经验，在观察、比较和交流的过程中概括算理和算法。
			能对小数加减法计算类型进行分类，初步建立运算结构。	
			能发现小数加减法与整数加减法之间的联系，能说出小数加减法的计算方法，能正确计算。	
			能说出小数加减混合运算的运算顺序，能正确计算。	
			能运用运算律进行小数加减法的简便计算。	
		O3-6 经历小数乘法算理和算法的探索过程，理解算理，学会计算方法，能正确计算；能根据实际情况用"四舍五入"法求积的近似值；掌握混合运算的运算顺序，能运用乘法运算律进行简便计算，解决问题。	能对小数乘法计算类型进行分类。	L3 类推能力：探索方法过程中感受转化的数学方法。
			能把小数乘法转化成整数计算，根据整数乘法计算法则概括小数乘法计算法则。	
			能用语言说明小数乘整数、整数乘小数或小数乘小数的计算方法，能正确计算。	
			能运用运算律进行小数乘法的简便计算。	
			能运用计算的规律对计算结果进行估算和判断，会用估算检验精确计算。	

（续表）

关键能力	阶段能力	校本化课程目标	表现性标准	跨领域能力
运算能力	O3 综合运算	O3-7 经历探索小数除法计算方法的过程，理解算理，学会计算方法，能正确计算；体会求商的近似值的必要性，会用"四舍五入"法求商的近似值；认识有限小数、无限小数、循环小数。	能对小数除法计算类型进行分类。	L4 类推能力：探索方法过程中感受转化的数学方法。
			能说明商的小数点与被除数的小数点对齐的道理。能说出小数除法的计算方法，能用语言说明计算算理，能正确计算。	
			能用语言说明商的近似值的意义，会用"四舍五入"法求商的近似值。	
			结合具体问题，能运用"进一法"或"去尾法"取商的近似值。	
			通过观察能发现并总结余数和商的特点，能找出循环小数的余数和商的特点，能说出循环小数的意义，会用循环小数表示除法的商。	
			能用语言说明有限小数和无限小数的意义，能正确区分有限小数和无限小数。	
			能运用运算律进行小数除法的简便计算。	
			能运用计算的规律对计算结果进行估算和判断，会用估算检验精确计算。	
		O3-8 掌握小数四则混合运算的运算顺序并能进行正确计算。	知道小数四则混合运算顺序与整数四则混合运算顺序相同，能说出运算顺序，能正确计算。	L3 知识迁移能力、能借助已有知识迁移归纳法则。
			能进行两步、三步的小数四则混合运算。	
		O3-13 结合具体情境，运用小数的知识解决简单实际问题。	能应用小数的四则运算，列式解决实际问题。	
			在解决实际问题的过程中，经历审题、分析、检验等步骤，能比较有条理地叙述解决问题的思考过程以及相应的数量关系。	
			能用数的运算的技能以及尝试探索、逆向思考等分析方法解决实际问题。	

（续表）

关键能力	阶段能力	校本化课程目标	表现性标准	跨领域能力
运算能力	O3 综合运算	O3-17 能借助计算器进行运算，解决简单的实际问题，探索简单的规律。	能说出用计算器计算的结果，能说出计算器常用功能键的名称以及使用方法。	
			能合理地应用计算器进行计算；通过计算，探索、发现一些简单的数学规律。	
		O3-20 结合具体问题，经历集合图的产生过程，能借助直观图，利用集合的思想方法解决简单重叠问题。	能通过观察、交流分析等活动产生集合图，能解释集合图的含义，能利用集合的思想方法解决简单重叠问题。	M2 模型理解能力：体会模型思想建立初步重叠问题模型。
	O4 综合运算	O4-1 在具体情境中能用字母表示数。	结合具体情境，能说出用字母表示数的意义和作用，会用字母表示数、表示常见的数量或数量关系。	A3 初步的本质抽象能力。
		O4-2 掌握在具体的情境中用含有字母的式子表示数量或数量关系。	会用字母表示运算定律、运算性质和学过的周长、面积、体积公式。	
			会依据运算定律对含有字母的式子进行化简。	
			会把具体的数代入含有字母的式子求值。	
空间观念	S3 二维空间能力	S1-11 通过观察、操作，认识平行四边形、梯形。	能够从边和角两个方面说出平行四边形和梯形的特征，并能用测量、比较等方法进行验证。	A3 初步的本质抽象能力：通过动手操作，能用语言描述出图形特征。
			能够正确地对平行四边形和梯形进行判断。	
			能正确地画出平行四边形和梯形的高。	
		S1-13 认识三角形，通过观察、操作，了解三角形两边之和大于第三边、三角形内角和是180°。	能够举例说明三角形的稳定性。	L3 知识迁移能力：用研究长方形方法去研究三角形。
			能够说明三角形的意义，并能正确判断。	
			能正确地画出三角形的高。	
			能够说明三角形三边关系，并能正确判断。	
			能够验证三角形的内角和为180°。	

（续表）

关键能力	阶段能力	校本化课程目标	表现性标准	跨领域能力
空间观念	S3 二维空间能力	S1-14 认识等腰三角形、等边三角形、直角三角形、锐角三角形、钝角三角形。	能够正确地说出按边和按角的三角形的分类。	A2 形象抽象概括能力：用语言概括出三角形的分类。
			能够正确地辨别各种三角形。	
		S1-15 通过具体的观察活动，能辨认从不同方向（前面、上面和侧面）看到的一组立体图形的形状图。	能辨认从不同方向（前面、上面和侧面）看到的一组立体图形的形状图。	
			能发现从同一角度观察一组（4个）正方体拼搭成的不同形状的立体图形，看到的平面图形可能相同，也可能不同。	
数据分析观念	D3 数据描述能力	D3-3 在生活情境中体会平均数的作用，能计算平均数（大数据可以借助计算器），能用自己的语言解释其实际意义。	能说出平均数的作用，能计算平均数。	M2 模型理解能力：能结合具体情境解决简单的求平均数的问题。
			能用平均数分析与解决实际问题。	
问题解决	C3 方案设计能力	C3-3 在探究多边形密铺条件的过程中，提升学生观察、猜测、验证、推理和交流的能力，进一步发展学生的合情推理能力，能运用几种图形进行简单的密铺设计。	经历活动探究，能说出什么样的多边形可以密铺。	L4 能利用密铺特征创造图案。
			能运用几种图形进行简单的密铺设计。	

（续表）

关键能力	阶段能力	校本化课程目标	表现性标准	跨领域能力
问题解决	C3 方案设计能力	C3-4 引导学生经历调查、搜集、整理、分析数据的过程，在分析数据，做出判断的过程中，提高解决难题的能力，体验数学的价值。	依据实际问题，设计统计图表表示数据。	D4 能对数据或信息进行简单分析。
			对形成的统计图表进行数据分析，做出判断。	

表 2-18　数学校本化标准和课程目标（四下）

关键能力	阶段能力	校本化课程目标	表现性标准	跨领域能力
数感	N3 数域扩展能力	N3-1 结合具体实例，理解因数、倍数的含义，在 100 以内的自然数中，能找出一个自然数的所有因数，和 10 以内自然数的所有倍数，知道 2、5、3 倍数的特征，能够区分自然数、整数、奇数、偶数、质数与合数。	结合具体实例，理解因数与倍数的含义，能找出 100 以内一个自然数的所有因数，列举出一个数的倍数。	A2 形象抽象概括能力：能够结合生活实例了解因数和倍数的含义。
			能够了解 2、5、3 的倍数特征，理解奇数、偶数的意义，并能找到 100 以内的 2、5、3 的倍数。	
			能够理解质数与合数的意义，会将一个合数分解质因数。	

（续表）

关键能力	阶段能力	校本化课程目标	表现性标准	跨领域能力
数感	N3 数域扩展能力	N3-2 认识因数和最大公因数，能找出一个 100 以内的自然数的所有因数，能找出两个自然数的公因数和最大公因数。	在具体的生活情境中，认识因数，能找出一个 100 以内的自然数的所有因数。	
			在具体的生活情境中认识公因数和最大公因数，能找出两个自然数的公因数和最大公因数。	
			了解约分、最简分数的意义，会正确约分。	
		N3-3 了解公倍数和最小公倍数；在 1~100 的自然数中，能找出 10 以内自然数的所有倍数，能找出 10 以内两个自然数的公倍数和最小公倍数。	在具体的生活情境中，认识倍数，能找出 10 以内自然数的所有倍数。	
			在具体的生活情境中认识公倍数和最小公倍数，能找出两个自然数的公倍数和最小公倍数。	
		N3-4 结合具体情境，理解分数的意义，知道分数各部分的名称，会正确读写分数；初步认识分数单位，会比较同分母分数的大小。	结合具体情境认识单位"1"，理解分数的意义，会正确读写分数。	A3 初步的本质抽象能力：能够结合具体情境理解分数的意义。
			能够正确比较同分母分数的大小。	
			能够对分数进行分类，认识真分数、假分数、带分数。	
			在解决问题中了解分数与除法的关系，能比较熟练地将假分数化成分数或整数。	
			结合具体情境，理解和掌握分数的基本性质。	
		N3-6 会进行分数、小数的互化。	能够利用分数与除法的关系进行分数和小数的互化。	
			结合具体情境，理解通分的意义。	
		N3-7 结合具体情境，会比较异分母分数的大小。	能够正确进行通分。	
			能够正确比较异分母分数的大小。	

（续表）

关键能力	阶段能力	校本化课程目标	表现性标准	跨领域能力
数感	N4 数的运用能力	N4-1 从生活实例中认识负数，能用正、负数表示简单实际问题中具有相反意义的量。	结合具体情境，了解正、负数的意义，会用正、负数表示简单实际问题中具有相反意义的量。	A2 形象抽象概括能力：能够借助图形和实例认识负数。
运算能力	O3 综合运用能力	O3-9 能进行简单的分数（不含带分数）加减运算。	能用语言解释因数、倍数的关系，会找最大公因数和最小公倍数的方法。	L4：猜想验证能力：利用数形结合培养有序思考、发展初步推理能力。
			能用语言说明约分的意义，能说出约分的方法，会计算同分母分数加减法以及加减混合运算。	
			能进行分数、小数的互化。	
			能用语言说明通分的意义，能正确通分。	
			能说出异分母分数加减及连加、连减、加减混合运算的计算方法，能正确计算。	
			能运用运算律进行分数加减的简便计算。	
		O3-21 结合具体情境，经历探索简单事物排列规律的过程，通过观察、分析及推理，认识和了解简单排列问题。	通过摆一摆、写一写、说一说、想一想等方法能在解决问题和交流评价过程中体现有序性。	L4 猜想验证能力。
	O4 初步的代数思维	O4-3 结合具体情境，了解等式和方程的意义；会用方程表示简单的等量关系，并能识别；能看图找等量关系列方程，知道方程是特殊的等式。	能用语言表述等式的意义及方程的意义。	L5：猜想验证能力；M3 模型抽象能力：在探索过程中发展学生抽象、概括能力，建立初步代数思想。
			知道方程是特殊的等式，能正确识别方程、等式。	
			能根据图示说出数量关系，并能列出方程。	

（续表）

关键能力	阶段能力	校本化课程目标	表现性标准	跨领域能力
运算能力	O4 初步的代数思维	O4-4 结合具体活动，体验和理解等式的性质，会用等式的性质解简单的方程；能用方程解决一些简单的实际问题。	能用语言说明等式性质的意义。	
			能根据具体问题说出包含的数量关系，根据数量关系写出方程。	
			能用等式正确解简单的方程，并能正确地检验。	
			能运用方程解决简单的实际问题。	
空间观念	S3 二维空间能力	S2-9 探索并掌握三角形、平行四边形和梯形的面积公式，并能解决简单的实际问题。	能够用语言、画图、演示等方法说明面积公式的推导过程。	M2 模型理解能力：能推导出三角形、平行四边形和梯形的面积公式。
			能够灵活地运用公式计算，解决实际问题。	
		S2-10 知道面积单位平方千米、公顷。	能够举例说明平方千米和公顷的大小。	
			能进行单位换算。	
		S3-10 通过观察、操作等活动，进一步认识轴对称图形及其对称轴，能在方格纸上画出轴对称图形的对称轴；能在方格纸上补全一个简单的轴对称图形。	能够用语言描述轴对称图形和对称轴的概念。	A2 形象抽象概括能力：能用语言概括出什么是轴对称图形。
			能够正确地判断轴对称图形。	
			能够正确地画出轴对称图形的对称轴。	
			能够正确地画出轴对称图形的另一半。	

（续表）

关键能力	阶段能力	校本化课程目标	表现性标准	跨领域能力
空间观念	S3 二维空间能力	S3-11 通过观察、操作等，在方格纸上认识图形的平移与旋转，能在方格纸上按水平或垂直方向将简单图形平移，会在方格纸上将简单图形旋转90°。	能够举例说明什么是平移和旋转。	A3 初步的本质抽象能力 能用语言描述出平移和旋转的方法。
			能够正确地判断平移和旋转。	
			能在方格纸上按水平或垂直方向将简单图形平移。	
			会在方格纸上将简单图形旋转90°。	
		S3-13 能从平移、旋转和轴对称的角度欣赏生活中的图案，并运用它们在方格纸上设计简单的图案。	能找出图案中用到的平移、旋转和轴对称。	
			能在方格纸上利用平移、旋转、轴对称设计简单的图案，并用语言进行简要说明。	
数据分析观念	D3 数据描述能力	D3-4 结合具体情境认识折线统计图，体会折线统计图的特点，会绘制简单的折线统计图。能对统计图中的数据进行分析。能读懂媒体中的数据信息。会绘制简单的折线统计图。	会绘制简单的折线统计图。	M1 模型感知能力：能够初步认识统计图。
			能对统计图中的数据进行分析。	
			能选择条形统计图、折线统计图描述数据。	

（续表）

关键能力	阶段能力	校本化课程目标	表现性标准	跨领域能力
问题解决	C3 方案设计能力	C3-5 经历提出问题、展开调查、实际测量、交流反思的活动过程，体会数学与生活的密切联系，感受数学在解决实际问题中的作用；提高收集信息及分析、处理信息的能力。	在活动中提出问题、展开调查、进行实际测量。	D3 能对收集到的数据进行描述。
			对调查和测量收集的信息进行分析、处理与判断。	D4 能对数据或信息进行简单分析。
		C3-6 通过活动，搜集调查、分析整理出影响青少年身高发育的因素，能主动将自己的研究成果和大家交流，感受与他人合作求知的乐趣。	在活动中搜集调查、分析整理出影响青少年身高发育的因素。	D4 能对数据或信息进行简单分析。
			将自己的研究成果和大家交流，懂得与他人合作。	

表 2-19　数学校本化标准和课程目标（五上）

关键能力	阶段能力	校本化课程目标	表现性标准	跨领域能力
运算能力	O3 综合运用	O3-10 能进行简单的异分母分数（不含带分数）的乘法运算。	能用语言解释分数乘法的意义，能说出分数乘法的计算方法，能正确计算。	A3 初步的本质抽象能力。L4 类推转化能力在解决问题中能有条理、有根据地思考，发展初步的推理能力。
			会解决"求一个数的几分之几是多少"的实际问题。	
			能用语言解释倒数的意义，说出求一个数倒数的方法，会求一个数的倒数。	
			能运用运算律进行分数乘法的简便计算。	
		O3-11 能进行简单的分数（不含带分数）的除法运算。	能借助直观图示，用语言解释分数除法的意义。	
			探索分数除法的计算方法，概括方法，能正确计算分数除法以及分数连除和乘除混合运算的实际问题。	
		O3-12 能进行简单的以两步为主，不超过三步的分数混合运算。	能运用运算律进行分数除法的简便计算。	L4 猜想验证能力。
			能说出分数四则混合运算的运算顺序，并能正确计算。	
		O3-14 能解决分数的简单实际问题。	能应用分数的四则运算列式，能决实际问题。	
			会借助线段图分析稍复杂的用分数四则混合运算解决的实际问题的数量关系，并会解决问题。	
			能说出用分数四则混合运算解决稍复杂的实际问题的不同策略。	
运算能力	O4 初步的代数思维	O4-5 经历比的概念的抽象过程，理解比的意义，掌握比的读、写方法，知道比的各部分名称以及比与分数、除法的关系；理解并掌握比的基本性质，能应用比的知识解答按比例分配的实际问题。	能说出比的含义，能正确读、写比。	L5 猜想验证能力：在"猜想—验证—总结"研究中，学习比较、类推、化归等方法。
			能说出比与分数、除法的相同处与不同处。	
			能根据分数、除法的基本性质说出比的基本性质，并能应用比的基本性质和比的意义求比值、化简比。	
			能应用比的知识解决按比例分配的实际问题。	

（续表）

关键能力	阶段能力	校本化课程目标	表现性标准	跨领域能力
空间观念	S4 三维空间能力	S1-16 通过观察、操作，认识长方体、正方体，认识长方体、正方体的展开图。	能够说出长方体和正方体各部分的名称。	A3 初步的本质抽象能力：通过动手操作，研究长方体和正方体。
			能够说明面、棱、顶点的特征，并能验证。	
			能够说明长方体和正方体的关系。	
			能够辨认长方体和正方体的展开图。	
		S4-5 通过实例了解体积（包括容积）的意义及度量单位（米^3、分米^3、厘米^3、升、毫升），能进行单位之间的换算，感受 1 米^3、1 厘米^3 以及 1 升、1 毫升的实际意义。	能阐明体积（包括容积）的意义。	L3 知识迁移能力：能用研究面积单位进率的方法研究体积单位的进率。
			能通过举例说明米^3、分米^3、厘米^3、升、毫升的大小。	
			知道米^3、分米^3、厘米^3、升、毫升之间的进率，能进行单位之间的换算。	
			能选择合适的单位来表示体积和容积。	
		S2-15 结合具体情境，探索并掌握长方体、正方体体积和表面积的计算方法，并能解决简单的实际问题。	能够解释长方体和正方体表面积的计算方法。	M4 模型建构能力：通过动手操作能说出长方体、正方体表面积和体积公式的推导过程。
			能够说明长方体和正方体体积计算公式的推导过程。	
			能够正确计算长方体和正方体的表面积、体积，并解决简单的实际问题。	
		S2-17 体验某些实物（如土豆等）体积的测量方法。	能够用语言说明自己的测量方法。	
			能够正确地测量出结果。	

（续表）

关键 能力	阶段 能力	校本化 课程目标	表现性标准	跨领域 能力
空间 观念	S4 三维 空间 能力	S4-6 能根据物体相对于参照点的方向和距离确定其位置，会描述简单的路线图。	能用方向和位置确定物体的位置。	
			能看懂简单的平面图。	
			能用方向和位置描述简单的路线图。	
		S4-7 在具体情境中，能在方格纸上用数对（限于正整数）表示位置，知道数对与方格纸上点的对应。	能够用语言说明用数对表示位置的方法。	
			能在方格纸上用数对（限于正整数）表示位置，说出数对与方格纸上点的对应。	
			能在具体情境中用数对表示物体的位置。	
数据 分析 观念	D4	D4-1 借助摸球游戏感受简单的随机现象，了解事件发生的可能性是有大小的，能对一些简单事件发生的可能性（大小）做出简单描述。解决现实生活中的实际问题，并能对结论的合理性做出有说服力的说明。	借助游戏感受简单的随机现象。	M1 模型感知能力：能够绘制简单的复式统计图。
			能对一些简单事件发生的可能性（大小）做出简单描述。	

（续表）

关键能力	阶段能力	校本化课程目标	表现性标准	跨领域能力
数据分析观念	D4	D4-2 结合具体情境认识复式（条形、折线）统计图，会绘制简单的复式统计图。能对复式统计图中的数据进行对比、分析，并能对结论的合理性作出有说服力的说明。	知道复式（条形、折线）统计图的作用。	M1 模型感知能力：能够绘制简单的复式统计图。
			会绘制简单的复式（条形）统计图。	
			会绘制简单的复式（折线）统计图。	
			能对复式统计图中的数据进行对比、分析。	
问题解决	C3 方案设计能力	C3-7 经历"制定方案—实验探究—展示交流—回顾反思"的实验过程，在实践中获得活动经验，体会数学思想，培养应用意识和创造意识。	制定活动方案，进行实验探究。	L4 能模仿方法制定方案
			与同学交流，反思自己的探究成果，并进行修改、应用和创新。	L5 能猜想，并验证。
		C3-8 经历探究美的奥秘的过程，在活动中，让学生体验发现、提出问题，分析和解决问题的过程，培养学生用数学眼光发现美、创造美的能力。	在活动中探究美的奥秘。	S1 能辨认数字之美。
			用数学眼光设计作品，进一步发现美、创造美。	S2 能将数学作品与生活联系。

表 2-20　数学校本化标准和课程目标（五下）

关键能力	阶段能力	校本化课程目标	表现性标准	跨领域能力
数感	N3 数域扩展能力	N3-8 结合现实情境，理解百分数的意义，会正确地读、写百分数，能正确进行百分数与小数、分数的互化；会求一个数是另一个数的百分之几。	能正确进行百分数的读写。	A3 初步的本质抽象能力：能够结合现实情境理解百分数的意义。
			能够正确进行百分数和分数、小数的互化。	
			能求一个数是另一个数的百分之几。	
	N4 数的运用能力	N4-2 能用数字编码表示日常生活中的事物。	能用数字编码表示日常生活中的事物，知道数字编码与大数的联系和区别。	A2 形象抽象概括能力：能够用数字编码表示日常生活中的事物。
运算能力	O3 综合运用	O3-15 能解决百分数的简单实际问题。	能正确进行百分数与小数、分数的互化，会求一个数是另一个数的百分之几。	L4 类推转化能力：在学习中体会知识间的内在联系。
			能说出成数、税率、折扣与利息的含义，会进行这方面的简单计算。	
			能解决有关百分数的实际问题。	
		O3-23 结合生活情境经历探索规律、建立模型的学习过程，能运用一一列举策略解决问题，会用假设的策略解决问题，建立"鸡兔同笼"问题的教学模型。	能在解决问题的过程中运用观察、探索、反思、建模、应用的学习方法，发现规律并能运用假设的策略解决问题，能初步建立数学模型，能体验不同解决问题策略的价值。	M4 模型建构能力：结合现实情境运用列举和假设策略解决实际问题，体会数学建模过程。

（续表）

关键能力	阶段能力	校本化课程目标	表现性标准	跨领域能力
运算能力	O4	O4-6 在具体情境中，理解比例的意义和基本性质，会解比例，能够正确判断成正比例、反比例的量，会用比例的知识解决简单实际问题。	能说出比例的意义，能解释比例的基本性质，并能运用比例的基本性质解比例。	L5 猜想验证能力。M4 模型建构能力：在探索过程中进一步提高推理能力，初步建立函数模型。
			能根据实际问题说出正、反比例的意义，能识读正比例、反比例图像，能正确判断成正比例、反比例的量。	
			能用正、反比例知识解决实际问题。	
		O4-7 能根据给出的成正比例关系的数据在方格纸上画出图像，能根据其中一个量的值估计另一个量的值。	能在方格纸上画出正比例的图像。	C1 数学表达能力：经历问题解决的过程，初步学会数学的思维方式，发展应用意识。
			能说出根据一个量的值估计另一个量的值的方法，并能正确估计结果。	
		O4-8 能找出生活中成正比例和成反比例关系量的实例，并进行交流。	能至少找出一个生活中成正比例和成反比例关系量的实例，并进行交流。	
空间观念	S4	S4-1 通过观察、操作，认识圆，知道扇形，会用圆规画圆。	能够说出圆各部分的名称。	A3 初步的本质抽象能力：能用一定的方法探究圆、圆柱、圆锥的特征。
			能够举例说明圆的特征。	
			能够正确地画出直径和半径，并说明两者之间的关系。	
		S4-3 通过观察、操作，认识圆柱和圆锥，认识圆柱的展开图。	能够正确地用圆规画圆。	
			能够辨认扇形。	
			能够辨认圆柱、圆锥。	
			知道圆柱圆锥各部分的名称和高。	
			能够说明圆柱和其展开图之间的关系。	

（续表）

关键能力	阶段能力	校本化课程目标	表现性标准	跨领域能力
空间观念	S4	S4-4 通过操作，了解圆的周长与直径的比为定值，掌握圆的周长公式，并能解决简单的实际问题。	能选用合适的方法测量圆的周长。	M3 模型抽象能力：通过动手操作能推导出圆的周长公式。
			能通过计算说明圆周长与直径的关系。	
			能够归纳出圆周长的计算公式，并能应用公式进行计算。	
		S2-12 探索并掌握圆的面积公式，并能解决简单的实际问题。	能够用语言、画图、演示等方法说明面积公式的推导过程。	M4 模型建构能力：结合现实情境运用列举和假设策略解决实际问题，体会数学建模过程。
			能够灵活地运用公式计算，解决实际问题。	
		S2-16 结合具体情境，探索并掌握圆柱的体积和表面积以及圆锥体积的计算方法，并能解决简单的实际问题。	能够解释圆柱表面积的计算方法。	
			能够说明圆柱和圆锥体积计算公式的推导过程。	
			能够正确计算圆柱的表面积、体积和圆锥的体积，并解决简单的实际问题。	
		S3-12 能利用方格纸按一定比例将简单图形放大或缩小。	能利用方格纸按一定比例将简单图形放大或缩小。	
		S4-5 了解比例尺；在具体情境中，会按给定的比例进行图上距离与实际距离的换算。	能够用语言说明比例尺的含义。	
			会求一幅图的比例尺。	
			能按给定的比例进行图上距离与实际距离的换算。	

（续表）

关键能力	阶段能力	校本化课程目标	表现性标准	跨领域能力
数据分析观念	D4	D4-3 结合具体情境认识扇形统计图，知道扇形统计图表示的意义，能说明扇形统计图的作用。会用扇形统计图描述并解决现实世界中的简单问题。	知道扇形统计图表示的意义和作用。	
			能选择合适的统计图表有效地表示数据。	
问题解决	C3	C3-9 经历活动过程，学会观察、想象，并通过动手实践进行验证；掌握解决问题的策略和方法，提高综合能力。	在活动中经历观察、想象，并动手实践进行验证。	L4 能模仿方法制定方案。 L5 能猜想，并验证。
			掌握解决问题的策略和方法，提高综合能力。	
		C3-10 经历调查、访问、查阅资料、测量、计算等过程，学会用数学知识研究实际问题。	在活动中经历调查、访问、查阅资料、测量、计算等过程。	
			学会用数学知识研究实际问题。	

第三章
小学英语国家课程标准的校本化解析

一、小学英语国家课程标准校本化解析的缘起

英语目前是世界通用语，掌握了英语就有了与世界沟通、交流的工具，其重要性不言而喻。在中国，小学开设英语课程十几年来，虽然取得了一些令人瞩目的成就，但我们所希望达到的能听、会说的局面仍远未形成。因为小学英语课程尚存在一些实际的问题：首先，课程目标定位问题，小学英语功能仍然定位在掌握静态知识和技能上；其次，我们对小学生学习英语的特殊规律还缺乏全面系统的把握，比如重视听说却不重视基础能力——拼读能力；重视听说却不重视可持续发展能力——阅读能力等；再有，对小学英语课程目标、内容、实施、评价一致性方面还存在一些模糊的认识等。这就需要一线教师认真研究、落实国家课程标准。

（一）国家课程标准与学校实际教学所需有距离

由于国家课程标准的普适性特点，它只规定各门课程的性质、目标、内容框架，提出教学建议和评价建议，但不包括年级目标、教学重点、难点，时间分配等具体内容。比如《义务教育英语课程标准（2011 年版）》指出各小学四年级达成一级标准，六年级达成二级标准，但在不同年级不同学期分别达到什么程度，课标中并没做细致的规划，这就为一线教师解读课标提出了更高的要求。由此可见，《义务教育英语课程标准（2011 年版）》提供的是宏观、上位、最终达成目标的内容标准，而学校教学既需要宏观上位的指引，也需要微观、具体、可操作、可测评的及怎样达成这种结果的具体表现性标准。所以只有把宏观、上位的国家课程标准转化为微观、具体、可操作、可测评的校本化课程标准，才能真正实现国家课程标准的落地（见表 3-1）。

表 3-1　国家课程标准与学校实际教学所需标准之异同

国家课程标准	学校课程标准
宏观、有梯度、笼统、最低标准	既需要宏观指引，也需要微观、可操作、可测评的具体标准。
规定年段目标	既需要年段目标，也需要年级学期、单元目标。
内容标准 解决"做什么"的问题	内容标准+表现性标准。 解决"做什么""怎么做""做到什么程度"的问题。
结果性描述 关注目标维度	结果性描述+过程性描述。 既关注目标维度，也需要"程序""方法""工具"等策略支持。

（二）国内外英语课程标准比较的启示

教育部颁布的《义务教育英语课程标准（2011 年版）》英语课程标准已经逐渐改进了很多，但将它们放在国际大环境下与其他标准进行比较，还有待完善之处。对比研究新修订的《普通高中英语课程标准（2017 年版）》《义务教育英语课程标准（2011 年版）》《芬兰基础教育国家核心课程大纲》及《日本第二次教育促进基本计划》（见表 3-2）可以看出，我国《义务教育英语课程标准（2011 年版）》在学段目标陈述上是宏观、有梯度的，但更多的只是结果性描述。它需要进一步界定英语语言能力，以及确认英语语言能力水平等级的理论支撑；[①] 需要关注学生外语学习中的关键能力和重要影响因素，如单词拼读能力等；[②] 需要系统渗透和明确规定不同年级或学段所要培养的学科能力以及所应达到的表现水平；[③] 需要有对文化意识方面形成一体化的设计，因为现有课标对文化意识方面的描述更多的只有文化知识层面的描述，如：知道世界上主要的文娱和体育活动等，但仅有文化知识不足以支撑起国际理解能力和跨文化交流能力，更无法帮助学生理解文化内涵、比较文化异同、吸收文化精华，形成正确的价值观和道德情感，不利于学生文化品格的形成。

表 3-2 国内外英语课程标准之比较

《义务教育英语课程标准（2011 年版）》	语言技能、语言知识、情感态度、学习策略、文化意识
《普通高中英语课程标准（2017 年版）》	语言能力、文化意识、思维品质、学习能力

① 欧阳凤枝. 中国、上海、欧洲与美国的基础教育阶段英语课程标准的比较研究 [D]. 上海：华东师范大学，2012.

② 郭宝仙. 国际视野下我国中小学生外语能力量表的编制 [J]. 全球教育展望，2014（11）.

③ 杨向东. 基础教育学业质量标准的研制 [J]. 全球教育展望，2012（5）.

（续表）

《芬兰基础教育国家核心课程大纲》	语言水平、文化技能、学习策略
《日本第二次教育促进基本计划》	交际能力、异域文化、生存能力

二、小学英语课程标准校本化解析的总体思路

英语是一门语言，语言既是交流的工具，思维的外壳，也是文化的载体。学习英语的过程，既是发展语言能力的过程，也是开阔视野、促进思维发展的过程，更是形成正确的人生观、价值观和良好的人文素养的过程。需要我们一线教师结合国内外课程标准的启示、英语学科核心素养、所用教材以及学情等，从上到下、从下到上及交互式地对《义务教育英语课程标准（2011 年版）》进行科学解读。解读课标是分解课标的前提和基础，是为了指导我们科学分解、细化、提炼、提升课标并使课标落地。

语言的本质特征之一：语言的工具性特点，决定了语言能力是英语学科核心素养之核心和基础；语言的本质特征之二：语言的人文性特点，决定了学习一门外语更是学习该语言所承载的文化，理解并接受异文化的思维方式与准则。所以学习英语的过程，就是在学习英语、汉语两种不同文化、两种不同行为准则和思维方式，在获得文化知识、理解文化内涵、比较文化异同、吸收文化精华的同时，形成正确的价值观和道德情感，自信、自尊、自强，并具备一定的跨文化沟通和传播中华优秀文化的能力，在此期间逐渐形成自己的文化品格，由此可见文化品格的培养是英语学科教学的终极目标。

通过对课标不断地解读、分析、分解、提炼及教学中的反复实践，逐渐形成了"一明一暗"两条主线的课标分解思路，由于

语言能力的可教、可学、可测、可评性，决定了其明线的地位，学习能力、思维品质的形成附带其中，依托课堂实现；由于文化品格的长期性和隐含性决定了其暗线地位，但它却是英语教学的终极目标。在借鉴国内外课程标准的基础上，通过这两条主线及不同策略，把国家课程标准从预期的课程目标有机转化为实际可操作的校本化课程目标。

三、小学英语课程标准分解的基本方法

（一）进一步界定语言能力，以及确认英语语言能力水平等级的理论支撑

《欧洲语言共同参考框架：学习、教学与评估》认为语言能力就是实际运用语言做事情的能力；[①] 王蔷认为，语言能力是在社会情境中借助语言，以听、说、读、看、写等方式理解和表达意义的能力。[②] 那么什么是语言能力，其构成要素是什么？学界对此提出了许多理论。其中，语言能力二维模型和交际语言能力模型对语言教学和测试产生较大影响。笔者从两种模型的构成要素及关注维度等方面对语言能力二维模型与交际语言能力模型进行了比较（见表3-3）。

---

① 刘骏，傅荣. 欧洲语言共同参考框架：学习、教学、评估 ［M］. 北京：外语教学与研究出版社，2008.

② 王蔷. 从综合语言运用能力到英语学科核心素养——高中英语课程改革的新挑战 ［J］. 英语教师，2015（8）.

表 3-3　语言能力二维模型与交际语言能力模型之比较

模型	构成要素	比　较
语言能力 二维模型	语言技能 语言知识	与语言能力二维模型相比，交际语言能力模型关注到语言学习的复杂性，注重语言运用的环境，关注学习者生理、心理因素在语言学习和运用中的作用。
交际语言 能力模型	语言能力 语言行为	交际语言能力面向行动，关注语言能力转化为语言行为的过程。
语言能力二维模型的代表人物：拉多、卡罗尔。 交际语言能力模型的代表人物：海姆斯、巴奇曼。		

　　通过以上对比，可以清晰地感受到，英语培养应以交际语言能力模型为理论基础，突出语言应用，体现语言本质作用，而不应把掌握静态的语言知识和孤立的语言技能作为外语教学的目标。[①] 在交际语言能力模型为理论支撑的基础上，综合以上专家的观点，结合小学生的心理特点，笔者把语言能力划分成四个维度（见图 3-1）。

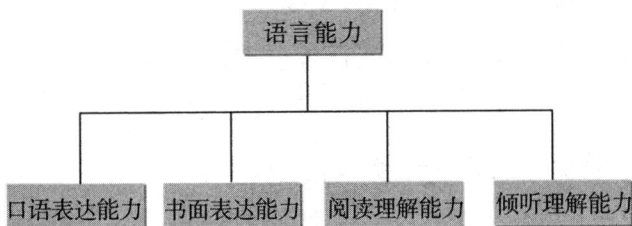

图 3-1　校本化英语语言能力结构图

① 边春霞. 加强小学生英语语言能力的培养［J］. 中小学英语教学与研究，2016（10）.

（二）以语言能力形成为主线，提炼学段核心能力及表现水平，使标准更有针对性和可操作性

《义务教育英语课程标准（2011年版）》虽然在学科总目标中涉及了学科相关能力，但它在本质上属于内容标准，编排体例主要遵循了学科知识体系的逻辑，没有系统渗透和明确规定不同年级和学段基于内容学习所要培养的学科能力以及所应达到的表现水平。

在《义务教育英语课程标准（2011年版）》的九级目标体系中，二级为六年级结束时应达到的基本要求。以一级技能"读"为例，一级读的目标共有三条：能看图识字；能在指认物体的前提下认读所学词语；能在图片的帮助下读懂简单的小故事。我们可以从中清晰地感受到此标准内容是以学科知识单词、词语、语篇为编排体系的，并没有提炼出小学学段阅读理解方面的核心能力，如拼读能力、诵读能力、阅读能力等。

基于此现象，笔者首先结合各专家的经验及观点，比如《中国中小学生英语分级阅读标准》：① 小学阶段的阅读主要包括认读、朗读、背诵、默读；② 阅读能力结构应划分为"字词认知""句子认知""篇章阅读"等。③ 然后对课标一、二级技能读进行分析、提炼、概括，找到隐含在标准后面三至五年级阅读理解的

---

① 范海祥.英语阅读教学范式的变革：《全国中小学生英语分级阅读标准（实验稿）》[J].英语学习（京），2016（11）.

② 何锋.基于课程标准的中小学英语有效阅读教学探讨[J].英语学习（京），2017（3）.

③ 张必隐.阅读心理学（修订版）[M].北京：北京师范大学出版社，2005.

层级能力，如字词认读能力、短文诵读能力、篇章阅读能力等（见表 3-4）。

最后对关键层级能力的表现水平进行开发。以拼读能力为例，拼读法的优势能跨越字母、音标两道障碍，把字形与读音紧密结合为一体，把黑色的文字瞬间转变为动听的声音。拼读能力是阅读必备的技能，但课标二级标准中有关拼读的描述共有两处：一处是语言技能"读"中的描述，能根据拼读的规律，读出简单的单词；另一处是语言知识中的描述，了解简单的拼读规律。拼读能力是小学阶段必须形成的基本能力及关键能力。那么小学生需要了解哪些拼读规律，进行怎样的练习？什么样的行为表明他们已经习得这种能力呢？针对这些问题，《义务教育英语课程标准（2011 年版）》中的描述则显得过于宽泛与笼统。笔者立足本校实际，对此进行了完善，形成了我校拼读能力标准。首先学生要有拼读意识，知道音是拼读出来的；其次能借助元音字母在单词中的长、短音的发音规律，正确、快速拼读出符合规律的单音节单词；再次能借助所学字母组合的发音规律，正确、快速拼读出符合规律的单音节单词；最后能运用所学语音知识和拼读规律，正确、快速拼读出符合规律的多音节单词。以此提升学生拼读能力，从而实现从意识到知识再到运用能力的螺旋上升。在此标准的引领下，笔者构建了自然拼读课程体系，创编了自然拼读教材，开发了自然拼读挂图、学具、网站等，并通过语音专题教学与平时课堂教学中的分散教学有机结合，形成有效的教学模式，充分发挥自然拼读教学法的实效性，切实提高学生见词能读、听音能写的能力，为后续的英语学习做好铺垫。校本化英语课程三至五年级阅读理解能力目标就按照这样的思路逐步落实形成。

表3-4 校本化英语课程三至五年级阅读理解能力目标

校本化英语阅读理解能力目标

层级能力	能力水平及表现性标准
1. 字词认读能力	R-1 能认读所学字母和单词。
	R-1-1 通过综合聆听与朗读活动能正确认读26个字母。
	R-1-1-1 能认识26个字母的印刷体形式。
	R-1-1-2 能正确认读26个字母的印刷体。
	R-1-1-3 能正确辨认出印刷体大小写字母之间对应的关系。
	R-1-2 能借助图片或实物整体认读单词。
	R-1-2-1 能整体认读配图单词（100个左右）。
	R-1-2-2 能借助单词的首字母和图片整体认读单词（150个左右）和短语（20个左右）。
	R-1-2-3 能正确认读歌谣、韵文、故事中经常出现的200个左右的视词（sight words）。
	R-1-3 能利用自然拼读法拼读单词。
	R-1-3-1 具有拼读意识，知道单词的音是拼读出来的，知道字母有拼读音和字母音两种发音情况。
	R-1-3-2 能借助元音字母在单词中长、短音的发音规律，正确、快速拼读出符合规律的单音节单词。
	R-1-3-3 能借助所学字母组合的发音规律，正确、快速拼读出符合规律的单音节单词。
	R-1-3-4 能运用所学语音知识和拼读规律，正确、快速拼读出符合规律的多音节单词。

（续表）

校本化英语阅读理解能力目标

层级能力	能力水平及表现性标准
2. 对话诵读能力	R-2 能正确朗读、诵读所学故事或短文。 R-2-1 能理解课堂中习得的词汇。 R-2-1-1 能正确辨认出课堂中习得的词汇或短语。 R-2-1-2 能正确读出课堂中习得的词汇或短语。 R-2-1-3 能理解课堂中所学词汇和短语的意思。 …… R-2-3-4 能用正确的语音、语调，有感情地朗读课本中简单的对话或故事。 R-2-3-5 能用正确的语音、语调，有感情地诵读或吟唱学过歌谣、歌曲、对话或故事。
3. 篇章阅读能力	R-3 能借助图片读懂简单的故事或小短文。 R-3-1 能意识到阅读的重要性，初步形成阅读习惯。 R-3-2 能读懂课本、课堂、校园、公共场所的常见求见求示与指令。 …… R-3-5 形成良好的阅读习惯，初步建立起课外阅读兴趣。 R-3-5-1 能利用课内所学阅读方法，读懂与课内话题难易程度相当的课外小故事。 R-3-5-2 每周能阅读与所学话题相匹配的1~2册图书（学校提供）。

（三）以语言能力形成为主线，补充能力形成过程及评价维度，使标准更具有可操作性

在我国《义务教育英语课程标准（2011 年版）》的九级目标体系中，二级为六年级结束时应达到的基本要求。在对一、二级书写目标进行分析时，我们发现一、二级之间的能力是呈螺旋式上升的，但缺少能力形成过程和评价抓手，围绕这两点我们进行了修订。以 26 个字母书写能力为例，《义务教育英语课程标准（2011 年版）》对 26 个字母书写能力的描述在一级目标中是这样的：能正确书写字母。教师就需要考虑：能正确书写哪些字母？能正确书写字母的基础是什么？哪些措施才能保证学生正确书写字母？哪些行为表明学生已具备正确书写字母的能力？通过补充能力形成过程及评价维度，我们形成了 26 个字母手写体书写目标：首先是熟悉字母笔顺，然后能正确抄写 26 个字母的大小写形式，其次是能正确、独立书写 26 个字母的大小写形式，最后是在画有四线三格或画有单线的行间，规范、正确、美观地书写 26 个字母的大小写形式。这样的目标融知识、能力、过程、方法与评价维度为一体，站在教师的角度，既有助于教师了解学生书写能力形成过程，也有利于教师开展教与评；站在学生的角度，学生既明确了 26 个字母书写能力形成的阶段及要求，也明白了自己前进的目标；站在家长的角度，能清晰地知道应如何指导孩子。

用这种添加能力形成过程及评价维度的方式，有效地让书写标准转化为实际可操作的校本化英语课程三至六年级书写能力目标（见表 3-5）。

表3-5　校本化英语课程三至六年级书写能力目标

国家课程标准	层级能力	校本化英语书写能力目标
		能力水平及表现性标准
一、二级写 1. 能正确书写字母和单词。	字母书写能力	W-1 能正确书写26个字母的大小写形式（手写体）。 W-1-1 能熟悉字母的笔顺。 W-1-2 能在画有四线三格的行间正确抄写26个英文字母的大小写形式。 W-1-3 能在画有四线三格的行间正确书写26个英文字母的大小写形式。 W-1-4 能在画有四线三格的行间，正确、规范、美观地书写26个字母的大小写形式。 W-1-5 能在画有四线三格的行间，正确、规范、美观地书写26个字母的大小写形式。
2. 能模仿范例写词句。	词汇书写能力	W-2 能书写自己的英文姓名。 W-2-1 能临摹抄写自己的英文名字。 W-2-2 能正确使用英文的格式书写自己的英文姓名。 W-3 能拼写一些基本的常用字词（240个左右）。 ……
3. 能基本正确地使用大小写字母和标点符号。		W-5-1 能利用自然拼读法（phonics）中的基本常用规则，辅助拼写单词。 W-5-2 能独立拼写至少240个基本常用字词（参考附录）。
4. 能写出简单的问候语和祝福语。	句篇书写能力	W-6 能掌握英文书写文正确书写格式。 W-6-1 能理解英文书写格式，如句首字母大写，句尾要加适当标点符号、单词与单词之间保持一格字母距离等。 W-6-2 能在抄写过程中保持一格字母之间的距离等。 W-6-3 能在书写过程中，运用英文书写格式，如句首字母大写，句尾需要加适当标点符号、单词与单词之间保持一格字母的距离等。 ……
5. 能根据图片、词语或例句的提示，写出简短的语句。		W-8 能写出简单的问候语和祝福语。 W-8-1 能依照正确的格式（如写信人和收信人、问候语的位置等）书写简单的贺卡。 W-8-2 能写出内容简要的贺卡、电子邮件等。

（四）以语言能力形成为主线，融知识与能力为一体，搭建好输入与输出之间的桥梁，使标准更具有融合性和可操作性

《义务教育英语课程标准（2011 年版）》分为五部分：语言知识、语言技能、情感态度、学习策略和文化意识。其中语言知识、语言技能是分离的。如在《义务教育英语课程标准（2011 年版）》二级语言技能"说"的第一条：能在口头表达中做到发音清楚，语调基本达意。但关于语调的描述在《义务教育英语课程标准（2011 年版）》中只出现过一次，是在二级语言知识"语音"的第四条：了解英语语音包括连读、节奏、停顿、语调等现象。学生真正语言技能的形成，离不开知识的支撑。那怎样才能保证学生既发音清楚，又语调基本达意呢？这就需要教师考虑两个问题：问题一，怎样才能把语音知识转化为语言技能？问题二，什么样的输入才能保证输出的效果？经过研究、分析与实践，我们认识到首先必须融语言知识与语言技能为一体，然后在输入阶段打好语调、节奏、重音的基础，为输出铺好路，才能保证输出效果。所以为了达成二级关于"能在口头表达中做到发音清楚，语调基本达意"这一条目标，我们在输入听、读能力中都添加了有关语音的小目标（见表3-6），为输入与输出搭建好桥梁。

表3-6　听、说目标中有关语调、节奏、重音的小目标

L-3 能了解语调、节奏、重音等现象，并知道它们的表情达意功能。
L-3-1 能听辨 26 个字母的读音。
L-3-1-1 能听懂、辨别 26 个字母的名称音。
L-3-1-2 能听懂、辨别 26 个字母的本身音。
L-3-2 能听辨句子的语调。
L-3-2-1 能听辨出句子的句尾语调是上扬还是下降。
L-3-3 能听辨句子的节奏。
L-3-3-1 能听辨句子中的字词有强弱之分。
L-3-4 能听辨课堂中所习得的单词、短语及句子的重音。
……
L-3-5-4 能从语调上感受到说话者可能的情绪或态度，如喜、怒、哀、乐、惊讶、恐惧、急躁等。

（五）以文化意识形成为主线，通过添加可教、可学、可表现的知识文化与交际文化，形成一体化的设计，在理解、运用、比较、内省的过程中，实现从兴趣到知识，从知识到运用能力，最终形成文化品格的目的

文化意识指对中外文化的理解和对优秀文化的认同，是学生在全球化背景下表现出的知识素质、人文修养和行为取向。通过本课程的学习，学生能获得文化知识，理解文化内涵，比较文化异同，吸收文化精华，形成正确的价值观念和道德情感，学会自信、自尊、自强，具备一定的跨文化沟通和传播中华优秀文化的能力。这也是我们英语教学的终极目标。

通过分析可以看到，《义务教育英语课程标准（2011 年版）》二级标准有关文化意识的内容大部分是文化知识，比如："知道英语中最简单的称谓语、问候语和告别语；知道世界上主要的文娱和体育活动等"，但是几乎没有涉及交际文化的内容（仅第二条"对一般的赞扬、请求、道歉等作出适当的反应"，属于交际文化的内容）。那么学习这些文化知识目的是什么？学生需要从这些文化知识中感悟出什么？交际行为中有什么表现？行文中没有明确提示，缺失内化于心灵和外化为行为的表现标准。因为了解和理解异国文化并非为了认同，而是为了更好地进行交流沟通，和谐共存。只有在对比中，才能提高文化自省力和文化自信力，没有文化比较和文化自省的文化自信常常是

夜郎自大，没有文化自信的文化则可能导致妄自菲薄。① 所以校本化课程标准对文化这一层面进行了总体规划和布局（见表3-7），以文化品格形成为主线，通过添加可教、可学、可表现的知识文化、交际文化，形成一体化的设计，在理解、运用、比较、内省的过程中，实现从兴趣到知识，从知识到运用能力，最终形成文化品格的目的。

表3-7　校本化英语课程三至五年级文化目标

三年级：引导学生对各种文化背景的生活感兴趣，在学习中能意识到中西方文化的不同，主要借助内容是中西方基本日常礼仪的差异等。

C-1 知道英语中最简单的称谓语、问候语、告别语、打电话用语等。

C-2 了解英语交际中常用的体态语，如手势、表情等。

C-3 了解英语国家中家庭成员之间的称呼习俗。

C-4 对一般的打招呼、赞扬、请求、道歉、致谢、婉拒等作出适当的反应。

C-5 在学习和日常交际中，能初步意识到中外文化的异同。

四年级：聚焦理解英语国家文化与中国文化的异同，在交流中能初步注意到中西方文化的不同，主要借助内容是中西方节假日、饮食文化的差异等。

五年级：尝试理解不同的语言和文化有着同样的价值，在交流中能初步表现出符合英语国家文化习俗的行为，主要借助内容是语篇或故事等（需要开发有关文化阅读的内容）。

四、分解后课程标准的分配

学科核心素养是核心素养在学科课程中的分解和落地，而学科核心素养的真正落地则需要具体化、可测评化的课程目标、学期目标及完善的教学体系。学期目标是打通课程总目标与学科教

---

① 陈力. 简述英语教育中的文化教学 [J]. 小学教学设计, 2017 (9).

学的桥梁，它实现了课程标准的细化、英语教材的深化、英语学科教学内容的明确化，保障英语学科能力螺旋上升。

在已形成的校本化英语课程总目标的基础上，结合教材、学情及教师个人经验，进行了总目标的学期分配工作，形成学期目标。学期目标清晰可见、直指能力；学期目标之间螺旋上升、环环相扣，利于师生有的放矢开展工作。

（一）学情分析

在我国小学开设英语课程十几年来，虽然取得了一些令人瞩目的成就，但我们所希望达到的能听、会说的局面仍远未形成。因为我们对小学生学习英语的特殊规律还缺乏全面系统的把握，比如：重视听说，却不重视基础能力——拼读能力；重视听说，却不重视可持续发展能力——阅读能力等。

以阅读能力为例，拼读能力、朗读能力、阅读能力等都是基本能力，并且环环相扣，但山科版英语教材缺少系统的拼读能力训练，那么阅读能力的提升就缺少拐杖。

拼读能力的核心是建立读音与字母或者字母组合之间的对应关系，教学成功与否的重要标志就是学生能否在字母、常见字母组合与读音之间实现直接、快速的反应，最终达到见词能读、听音能写的双重目标。目前各种主流的小学英语教材中都有关注语音的内容，也体现了自然拼读的理念，但是内容有限、形式有限，很难引起学生的共鸣。我校使用的是山科版三年级起点小学英语教材，本套教材中语音学习出现得比较晚，从三年级下册才刚刚有26个名称音的学习，并且语音内容比较分散、无序、单调。针对此状况，大部分教师直接按书上的顺序，按部就班地带领学生跟读一遍，学生学的没有效果。

为了让阅读教学更具持续性、系统性和实效性，我校结合学生实际情况和使用教材特点，首先对二级语音目标进行了分解，制定了拼读能力目标，并根据目标编制了《自然拼读》教材（图2），浓缩教材形成挂图《晏婴小学英语自然拼读法》（图3），张贴到教室内，寓教于乐研发了拼读教具（图4）。

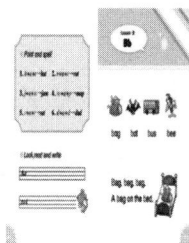
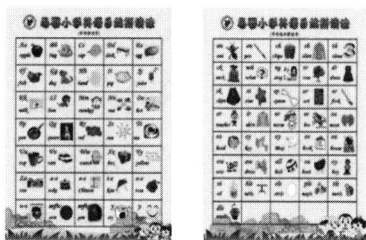

图2   图3   图4

拼读能力是基础，在此基础上，我们又丰富和完善了朗读能力标准和阅读理解能力标准等，并根据标准需要开发了配套阅读材料（见表3-8）。以饮食专题为例，除了教材文本和专题报告内容外，绘本阅读内容包括不同水平的三个故事：What's for Breakfast；The Fat King；I Could Eat a Horse。What's for Breakfast 侧重饮食的合适性，The Fat King 侧重饮食的科学性，I Could Eat a Horse 侧重中西饮食文化的差异性及原因，从而真正提升学生阅读素养。

表3-8 层级阅读目标及书目

年级		阅读主题及书目	能力目标
三年级	上	主题：拼读绘本 Mad, Sad, Glad Hop To The Shop Flop, Flip, Flap……	阅读体验 阅读兴趣 因素意识 拼读能力
	下	主题：拼读绘本 Mice Like Rice Chocolate Where, When, What……	
四年级	上	主题：主题绘本 Brown Bear, what do you say? What's for breakfast? ……	阅读兴趣 阅读习惯 英语思维 综合能力
	下	主题：主题绘本 Can you play with me? A Fat King ……	
五年级	上	主题：文化绘本 I could eat a horse Cats and Dogs……	阅读兴趣 阅读习惯 阅读策略 文化知识
	下	主题：文化绘本 Avanti and Bay It's not my job……	

（二）教材分析

由于语言环境的缺失，小学英语核心素养的落地在于课程内容的选择与重构，其中教材是课程内容的重要载体。但现在使用的中小学英语教材基本上遵循"功能—意念大纲"的途径。从培养学生核心素养的角度看，"功能—意念大纲"的设计范式并不利于发展学生的核心素养，因为"功能—意念大纲"关注的重点是语言，是语言的体系，而不涉及品格问题，也没考虑语言学习对于学生作为人的发展会产生什么作用，也没系统考虑如何培养学生解决问题的能力以及批判性思维能力和创造性思维能力等。① 所以，需要对现用教材进行分析、整合、调整，或者对现用教材进行改编，也可以补充其他教学资源。

例如："Time"是山科教科书三年级下册第六单元的话题内容。本话题与生活息息相关，也是后面学习有关时间或者各种文体活动的基础。所以不论是山科版教材、人教版教材，还是外研版教材等都对时间这个话题给予了高度重视，都拿出了至少一个单元处理本话题。山科版教材的本话题用4个课时进行：第一课时学习时间的询问，第二、三课时学习与时间相匹配的活动，第四课时进行复习。从提升学生语用能力的角度看，本节课的目标语为 What time is it? It's……o'clock，以及 get up、go to school 等词语。通过指导学生朗读、理解文本及应用等活动，便可轻松实现这一目标。然而，我们思考的更多的是，在促进学生习得和使用目标语的同时，如何实现高级思维的训练、文化品格的培养、国际视野的开拓以及英语与生活的密切结合。

所以在分配学期目标时，统筹考虑学情、教材的基础上，聚焦语言能力、文化品格、思维品质、学习能力等因素，融语言活动、思维训练、学生视野及学习能力为一体，从而实现从学科教学转为学科育人的目的。在促进学生习得和使用目标语的同时，

---

① 龚亚夫. 小学英语教学如何实现发展学生核心素养 [J]. 小学教学研究，2017（3）.

实现高级思维的训练、文化品格的培养、国际视野的开拓以及英语与生活的密切结合，真正提升学生核心素养。

五、小学英语校本化课标编码说明

为了便于检索和使用英语校本化课程目标，我们采用了编码形式进行，编码按照字母加数字的形式。第一个字母代表领域能力，如 L—倾听理解能力（简称听），S—口语表达能力（简称说），R—阅读理解能力（简称读），W—书面表达能力（简称写），C—文化意识。第一个数字代表各层级能力，如 R-1 中的 1 代表阅读理解能力中的第一个层级能力字词认读能力。第二个数字代表层级能力的子能力，如 W-2-1 中的 1 代表能临摹抄写自己英文名字的能力。第三个数字则是子能力下的内容标准和表现性标准，如 L-2-5-1 中的 1 是能借助对方脸部表情、肢体动作、声音效果等，听懂对方口头传递的信息并给出适当的反馈，完成简单的交际任务。

六、晏婴小学校本化英语课程目标

表 3-9 校本化课程目标（三上）

关键能力	编码	校本化课程目标
倾听理解能力	L-1	能了解语调、节奏、重音等现象。
	L-1-1	能听辨 26 个字母的读音。
	L-1-1-1	能听懂、辨别 26 个字母的名称音。
	L-1-1-2	能听懂、辨别 26 个字母的本身音。
	L-2	能听懂课堂常用指令和要求并作出适当反应。
	L-2-1	能听懂常用的教室用语及日常生活用语。
	L-2-1-1	能听懂课堂中的常用语，如 Stand up. Sit down. Open（Close）your book. 等。
	L-2-1-2	能听懂日常生活中的常用语，如 Hello（Hi）! Good morning（afternoon）! Thank you. You're welcome. Goodbye. 等。
	L-2-2	能听辨课堂中所习得的词汇。
	L-2-2-1	能听懂课堂中所习得的单词、短语。
	L-2-3	能听懂简单句。
	L-2-3-1	能听懂课堂中所习得的简单句。
	L-2-4	能听懂课堂常用指令并作出反应。
	L-2-4-1	能听懂课堂简短的指令并作出反应，如：指图片、涂颜色、画图、做动作、open your books、turn to page 等。
	L-2-5	能听懂他人的话语并给出恰当反馈，完成交际任务。
	L-2-5-1	能借助对方脸部表情、肢体动作、声音效果等，听懂对方口头传递的信息并给出适当的反馈，完成简单的交际任务。
	L-3	能在图片、图像、手势的帮助下，听懂简单的小故事、话语或录音材料。
	L-3-1	能听懂简单小故事及对话（2-3 话轮、2 个人物）的大致内容。

（续表）

关键能力	编码	校本化课程目标
倾听理解能力	L-3-1-1	能借助试听辅助教材教具，如教师的脸部表情、肢体动作、声音效果、图画、影像、布偶道具等，听懂所学的故事或对话中的关键字词、关键句子。
	L-3-2	能听辨对话、录音材料（2-3 话轮、2 个人物）的情境及主旨。
	L-3-2-1	能够从所听对话中的关键字词、短语中，理解对话或录音材料的主旨。
口头表达能力	S-1	能说出 26 个字母的字母音和拼读音。
	S-1-1	能说出 26 个字母的字母音。
	S-1-1-1	能依序正确说出 26 个字母的字母音。
	S-1-1-2	能正确说出 26 个字母的字母音。
	S-2	能说出课堂中所习得的词汇。
	S-2-1	能正确背诵课堂中所习得的单语与短语。
	S-3	能以正确的语调说出简易句型的句子。
	S-3-1	能以正确的语调背诵所听到的简单句。
	S-4	能使用所习得的教室用语。
	S-4-1	能正确地背诵所习得的教室用语。
	S-5	能使用所习得的日常生活用语。
	S-5-1	能正确背诵所习得的日常生活用语。
	S-5-2	能正确使用所习得的日常生活用语，完成简单的日常交际活动，如：问候、告别、致谢、致歉、介绍自己等。
	S-6	能朗诵和吟唱歌谣韵文。
	S-6-1	能正确背诵所习得的歌谣韵文。
	S-7	能进行简单的角色扮演（role play）。
	S-7-1	能以角色扮演的方式进行简单的对话。
	S-8	能以所习得的英语看图说话。

（续表）

关键 能力	编码	校本化课程目标
口头 表达 能力	S-8-1	能正确说出与图意相符的字词。
	S-9	能简单提问、回答和叙述。
	S-9-1	能运用课堂中习得的字词、短语和句子进行简单的提问、回答和叙述。
	S-10	能以简单的英语围绕熟悉的语境进行交流。
	S-10-1	能以学过的单词、短语和句子简单地介绍自己、家人和朋友。
阅读 理解 能力	R-1	能认读所学字母和单词。
	R-1-1	能正确认读 26 个字母。
	R-1-1-1	通过综合聆听与朗读活动，能认识 26 个字母的印刷体形式。
	R-1-1-2	能正确读出 26 个字母的印刷体。
	R-1-1-3	能正确辨认出印刷体大小写字母之间对应的关系。
	R-1-2	能借助图片或实物整体认读单词。
	R-1-2-1	能整体认读配图单词（60 个左右）。
	R-2	能正确朗读、诵读所学故事或短文。
	R-2-1	能理解课堂中习得的词汇。
	R-2-1-1	能正确辨认出课堂中习得的词汇或短语。
	R-2-2	能读懂简单的句子。
	R-2-2-1	能正确跟读课堂中所习得的简单句。
	R-2-3	能朗读课本中的对话和故事。
	R-2-3-1	能正确跟读课本中的对话和故事。
	R-2-3-2	在跟读时能正确指出所读的字词。
	R-3	能借助图片读懂简单的故事或小短文。
	R-3-1	能意识到阅读的重要性，初步形成阅读习惯。
	R-3-2	能读懂课本、课堂、校园、公共场所的常见要求与指令。

（续表）

关键能力	编码	校本化课程目标
阅读理解能力	R-3-2-1	能读懂教材中简短的要求或指令。
	R-3-3	能借助图画、图片等视觉辅助，阅读并理解简单故事或小短文，阅读速度为每分钟15~20个单词左右。
	R-3-3-1	能通过人物的表情、肢体动作，或借助图画、图片等视觉辅助，辨认简单故事与小短文中的关键字词及句子。
	R-3-3-2	能借助图画、图片等视觉辅助，阅读与理解简单故事及小短文的内容大意。
书面表达能力	W-1	能正确书写26个字母的大小写形式（手写体）。
	W-1-1	能熟悉字母的笔顺。
	W-1-2	能正确抄写26个英文字母的大小写形式。
	W-1-3	能正确书写26个英文字母的大小写形式。
跨文化能力		学生对有各种文化背景的生活感兴趣，主要借助内容为英语国家的基本日常礼仪，在学习中能意识到中外文化的不同等。
	C-1	知道英语中最简单的称谓语、问候语、告别语、打电话用语等。
	C-2	了解英语交际中常用的体态语，如手势、表情等。
	C-3	了解英语国家中家庭成员之间的称呼习俗。
	C-4	对一般的打招呼、赞扬、请求、道歉、致谢、婉拒等作出适当的反应。
	C-5	在学习和日常交际中，能初步意识到中外文化的异同。

表 3-10　校本化课程目标（三下）

层级能力	编码	校本化课程目标
倾听理解能力	L-1	能了解语调、节奏、重音等现象。
	L-1-2	能听辨句子的语调。
	L-1-2-1	能听辨句子的句尾语调是上扬还是下降。
	L-1-3	能听辨句子的节奏。
	L-1-3-1	能听辨句子中的字词有强弱之分。
	L-1-4	能听辨课堂中所习得的单词、短语及句子的重音。
	L-1-4-1	能听辨单词的重音。
	L-1-5	能听辨不同句子语调所表达的情绪和态度。
	L-1-5-1	能理解陈述句表达的是明确意思，句尾通常为下降的语调。
	L-2	能听懂课堂常用指令和要求并作出适当反应。
	L-2-1	能听懂常用的教室用语及日常生活用语。
	L-2-1-1	能听懂课堂中的常用语，如 Stand up. Sit down. Open（Close）your book. 等。
	L-2-1-2	能听懂日常生活中的常用语，如 Hello（Hi）! Good morning（afternoon）! Thank you. You're welcome. Goodbye. 等。
	L-2-2	能听辨课堂中所习得的词汇。
	L-2-2-1	能听懂课堂中所习得的单词、短语。
	L-2-3	能听懂简单句。
	L-2-3-1	能听懂课堂中所习得的简单句。
	L-2-4	能听懂课堂常用指令并作出反应。
	L-2-4-1	能听懂课堂简短的指令并作出反应，如：指图片、涂颜色、画图、做动作、open your books、turn to page 等。
	L-2-5	能听懂他人的话语并给出恰当反馈，完成交际任务。
	L-2-5-1	能借助对方脸部表情、肢体动作、声音效果等，听懂对方口头传递的信息并给出适当的反馈，完成简单的交际任务。

层级 能力	编码	校本化课程目标
倾听 理解 能力	L-3	能在图片、图像、手势的帮助下，听懂简单的小故事、话语或录音材料。
	L-3-1	能听懂简单小故事及对话（2-3话轮、2个人物）的大致内容。
	L-3-1-1	能借助试听辅助教材教具，如教师的脸部表情、肢体动作、声音效果、图画、影像、布偶道具等，听懂所学的故事或对话中的关键字词、关键句子。
	L-3-2	能听辨对话、录音材料（2-3话轮、2个人物）的情境及主旨。
	L-3-2-1	能够从所听对话中的关键字词、短语，理解对话或录音材料的主旨。
口头 表达 能力	S-1	能说出26个字母的字母音和拼读音。
	S-1-2	能说出26个字母的拼读音。
	S-1-2-1	能说出辅音字母的拼读音。
	S-1-2-2	能说出元音字母的拼读音。
	S-2	能说出课堂中所习得的词汇。
	S-2-1	能正确背诵课堂中所习得的单词与短语。
	S-3	能以正确的语调说出简易句型的句子。
	S-3-1	能以正确的语调背诵所听到简单句。
	S-4	能使用所习得的教室用语。
	S-4-1	能正确地背诵所习得的教室用语。
	S-5	能使用所习得的日常生活用语。
	S-5-2	能正确使用所习得的日常生活用语，完成简单的日常交际活动，如：问候、告别、致谢、致歉、介绍自己等。
	S-6	能朗诵和吟唱歌谣韵文。
	S-6-1	能正确背诵所习得的歌谣韵文。
	S-7	能进行简单的角色扮演（role play）。
	S-7-1	能以角色扮演的方式进行简单的对话。

（续表）

层级 能力	编码	校本化课程目标
口头 表达 能力	S-8	能以所习得的英语看图说话。
	S-8-1	能正确说出与图意相符的字词。
	S-9	能简单提问、回答和叙述。
	S-9-1	能运用课堂中习得的字词、短语和句子进行简单的提问、回答和叙述。
	S-10	能以简单的英语围绕熟悉的语境进行交流。
	S-10-1	能以学过的单词、短语和句子简单地介绍自己、家人和朋友。
阅读 理解 能力	R-1	能认读所学字母和单词。
	R-1-3	能利用自然拼读法拼读单词。
	R-1-3-1	具有拼读意识，知道单词的音是拼读出来的，知道字母有拼读音和字母音两种发音情况。
	R-1-3-2	能借助元音字母在单词中长、短音的规律拼读开、闭音节单词。
	R-2	能正确朗读、诵读所学故事或短文。
	R-2-1	能理解课堂中习得的词汇。
	R-1-2-1	能正确辨认出课堂中习得的词汇或短语。
	R-2-2	能读懂简单的句子。
	R-2-2-1	能正确跟读课堂中所习得的简单句。
	R-2-3	能朗读课本中的对话和故事。
	R-2-3-1	能正确跟读课本中的对话和故事。
	R-2-3-2	在跟读时能正确指出所读的字词。
	R-3	能借助图片读懂简单的故事或小短文。
	R-3-1	能意识到阅读的重要性，初步形成阅读习惯。
	R-3-2	能读懂课本、课堂、校园、公共场所的常见要求与指令。
	R-3-2-1	能读懂教材中简短的要求或指令。

（续表）

层级能力	编码	校本化课程目标
阅读理解能力	R-3-3	能借助图画、图片等视觉辅助，阅读并理解简单故事或小短文，阅读速度为每分钟 15~20 个单词左右。
	R-3-3-1	能通过人物的表情、肢体动作，或借助图画、图片等视觉辅助，辨认简单故事与小短文中的关键字词及句子。
	R-3-3-2	能借助图画、图片等视觉辅助，阅读与理解简单故事及小短文的内容大意。
	R-3-4	在阅读过程中能有意识地运用阅读策略，加深对读物的理解。
	R-3-4-1	能借图画、标题、书名等，猜测或推论主题。
	R-3-5	形成良好的阅读习惯，初步建立起课外阅读兴趣。
	R-3-5-1	能利用课内所学阅读方法，读懂与课内话题难易程度相当的课外小故事，能看懂贺卡等所表达的简单信息。
书面表达能力	W-1	能正确书写 26 个字母的大小写形式（手写体）。
	W-1-4	能在画有四线三格的行间规范、正确书写 26 个字母的大小写形式。
	W-1-5	能在画有单线的行间规范、正确书写 26 个字母的大小写形式。
	W-2	能书写自己的姓名。
	W-2-1	能临摹抄写自己的英文名字。
	W-2-2	能书写自己的英文名字，了解首字母大写，例如 Adam、Mary。
	W-2-3	能正确使用英文的格式书写自己的英译中文姓名。
跨文化能力		学生对有各种文化背景的生活感兴趣，主要借助为内容英语国家的基本日常礼仪，在学习中能意识到中外文化的不同等。
	C-1	知道英语中最简单的称谓语、问候语、告别语、打电话用语等。
	C-2	了解英语交际中常用的体态语，如手势、表情等。
	C-3	了解英语国家中家庭成员之间的称呼习俗。
	C-4	对一般的打招呼、赞扬、请求、道歉、致谢、婉拒等作出适当的反应。
	C-5	在学习和日常交际中，能初步意识到中外文化的异同。

表3-11　校本化课程目标（四上）

层级能力	编码	校本化课程目标
倾听理解能力	L-1	能了解语调、节奏、重音等现象。
	L-1-3-1	能听辨句子中的字词有强弱之分。
	L-1-4-2	能听出短语的重音。
	L-1-5-2	能理解用 Yes/No 回答的疑问句一般为上升的语调，其目的是询问。
	L-2	能听懂课堂常用指令和要求并作出适当反应。
	L-2-2-2	能听懂、辨别课堂中所习得的单词、短语。
	L-2-3-1	能听懂课堂中所习得的简单句。
	L-3	能在图片、图像、手势的帮助下，听懂简单的小故事、话语或录音材料。
	L-3-2-2	能够从对话人物的年纪、性别、彼此称呼等中，理解他们之间的关系（如父母子女、师生、同学等）。
口语表达能力	S-1-2	能说出字母或字母组合的拼读音。
	S-1-2-3	能说出字母组合的拼读音。
	S-2	能说出课堂中所习得的词汇。
	S-2-1	能正确背诵课堂中所习得的单词与短语。
	S-3	能以正确的语调说出简易句型的句子。
	S-3-2	能以正确的语调说出陈述句和疑问句。
	S-4	能使用所习得的教室用语。
	S-4-2	能正确地使用所习得的教室用语。
	S-6	能朗诵和吟唱歌谣韵文。
	S-6-2	能正确朗诵和吟唱歌谣韵文。
	S-7	能进行简单的角色扮演（role play）。
	S-7-2	能参与简单的短剧或演出。
	S-8	能以所习得的英语看图说话。
	S-8-2	能运用所习得的单词、短语和句子表达图意。

（续表）

层级能力	编码	校本化课程目标
口语表达能力	S-9	能简单提问、回答和叙述。
	S-9-2	能使用一般疑问句、Wh-引导的特殊疑问句进行提问，并能给出肯定或否定回答。
	S-10	能以简单的英语围绕熟悉的语境进行交流。
	S-10-2	能用学过的单词、短语和句子描述或谈论自己、家庭成员、学校、朋友、常见颜色、数量（20以内）、食品、服装、动物、职业、身体各部分等。与同学交流3个话轮以上，或连续表达3~5句话。
阅读理解能力	R-1	能认读所学字母和单词。
	R-1-2	能借助图片或实物整体认读单词。
	R-1-2-2	能借助单词的首字母和图片整体认读单词（150个左右）和短语（20个左右）。
	R-1-3	能利用自然拼读法拼读单词。
	R-1-3-3	能借助所学字母组合的拼读规律拼读单音节单词。
	R-1-3-4	能运用所学语音知识和拼读规律拼读单词。
	R-2	能正确朗读、诵读所学故事或短文。
	R-2-1	能理解课堂中习得的词汇。
	R-1-2-2	能正确读出课堂中习得的词汇或短语。
	R-2-2	能读懂简单的句子。
	R-2-2-1	能正确跟读课堂中所习得的简单句。
	R-2-3	能朗读课本中的对话和故事。
	R-2-3-3	能朗读时能在适当的地方进行断句。
	R-3	能借助图片读懂简单的故事或小短文。
	R-3-1	能意识到阅读的重要性，初步形成阅读习惯。
	R-3-2	能读懂课本、课堂、校园、公共场所的常见要求与指令。

（续表）

层级能力	编码	校本化课程目标
阅读理解能力	R-3-3	能借助图画、图片等视觉辅助，阅读并理解简单故事或小短文，阅读速度为每分钟 15~20 个单词左右。
	R-3-3-2	能借助图画、图片等视觉辅助，阅读与理解简单故事及小短文的内容大意。
	R-3-4	在阅读过程中能有意识地运用阅读策略，加深对读物的理解。
	R-3-5	形成良好的阅读习惯，初步建立起课外阅读兴趣。
	R-3-5-1	能利用课内所学阅读方法，读懂与课内话题难易程度相当的课外小故事，能看懂贺卡等所表达的简单信息。
书面表达能力	W-3	能临摹、抄写课堂中习得的词汇。
	W-3-1	能临摹课堂中所学的单词。
	W-3-2	能抄写课堂中所学的单词。
	W-5	能拼写一些基本常用字词（至少 240 个）。
	W-5-1	能利用自然拼读法（phonics）中的基本常用规则辅助拼写单词。
跨文化能力		聚焦理解英语国家文化与中国文化的异同，主要借助内容为节假日、饮食差异等，在交流中能初步能注意到中外文化的不同。
	C-9	了解英语国家中重要的节假日，如圣诞节、万圣节、感恩节、复活节等。
	C-10	了解英语国家重要节日的主要习俗，包括庆祝方式、食品、礼物、歌曲等。

表 3-12　校本化课程目标（四下）

层级能力	编码	校本化课程目标
倾听理解能力	L-1	能了解语调、节奏、重音等现象。
	L-1-3-1	能听辨句子中的字词有强弱之分。
	L-1-4-2	能听出短语的重音。
	L-1-5-2	能理解用 Yes/No 回答的疑问句一般为上升的语调，其目的是询问。
	L-2	能听懂课堂常用指令和要求并作出适当反应。
	L-2-3-2	能利用学过的字词理解句意。
	L-2-4-2	能听懂课堂上教师发出的连续性指令和问题，并作出适当反应。
	L-3	能在图片、图像、手势的帮助下，听懂简单的小故事、话语或录音材料。
	L-3-2-2	能够从对话人物的年纪、性别、彼此称呼等中，理解他们之间的关系（如父母子女、师生、同学等）。
口头表达能力	S-1-2	能说出字母或字母组合的拼读音。
	S-1-2-3	能说出字母组合的拼读音。
	S-2	能说出课堂中所习得的词汇。
	S-2-1	能正确背诵课堂中所习得的单词与短语。
	S-3	能以正确的语调说出简易句型的句子。
	S-3-2	能以正确的语调说出陈述句和疑问句。
	S-4	能使用所习得的教室用语。
	S-4-2	能正确地使用所习得的教室用语。
	S-6	能朗诵和吟唱歌谣韵文。
	S-6-2	能正确朗诵和吟唱歌谣韵文。
	S-7	能进行简单的角色扮演（role play）。
	S-7-2	能参与简单的短剧表演或演出。
	S-8	能以所习得的英语看图说话。

（续表）

层级 能力	编码	校本化课程目标
口头 表达 能力	S-8-2	能运用所习得的单词、短语和句子表达图意。
	S-9	能简单提问、回答和叙述。
	S-9-2	能使用一般疑问句、Wh-引导的特殊疑问句进行提问，并能给出肯定或否定回答。
	S-10	能以简单的英语围绕熟悉的语境进行交流。
	S-10-2	能用学过的单词、短语和句子描述或谈论自己、家庭成员、学校、朋友、常见颜色、数量（20以内）、食品、服装、动物、职业、身体各部分等。与同学交流3个话轮以上，或连续表达3~5句话。
阅读 理解 能力	R-1	能认读所学字母和单词。
	R-1-2	能借助图片或实物整体认读单词。
	R-1-2-2	能借助单词的首字母和图片整体认读单词（150个左右）和短语（20个左右）。
	R-1-3	能利用自然拼读法拼读单词。
	R-1-3-3	能借助所学字母组合的拼读规律拼读单音节单词。
	R-1-3-4	能运用所学语音知识和拼读规律拼读单词。
	R-2	能正确朗读、诵读所学故事或短文。
	R-2-1	能理解课堂中习得的词汇。
	R-1-2-2	能正确读出课堂中习得的词汇或短语。
	R-2-2	能读懂简单的句子。
	R-2-2-2	能利用习得的字词理解简单句的意义。
	R-2-3	能朗读课本中的对话和故事。
	R-2-3-4	能正确、流利地朗读课本中简短的对话或故事，达到每分钟8句话的速度（低段、中段、高段）；
	R-3	能借助图片读懂简单的故事或小短文。
	R-3-1	能意识到阅读的重要性，初步形成阅读习惯。
	R-3-2	能读懂课本、课堂、校园、公共场所的常见要求与指令。

（续表）

层级能力	编码	校本化课程目标
阅读理解能力	R-3-3	能借助图画、图片等视觉辅助，阅读并理解简单故事或小短文，阅读速度为每分钟15～20个单词左右。
	R-3-3-2	能借助图画、图片等视觉辅助，阅读与理解简单故事及小短文的内容大意。
	R-3-4	在阅读过程中能有意识地运用阅读策略，加深对读物的理解。
	R-3-4-2	能借图画、标题、书名或上下文，猜测或推论字词的意义。
	R-3-5	形成良好的阅读习惯，初步建立起课外阅读兴趣。
	R-3-5-1	能利用课内所学阅读方法，读懂与课内话题难易程度相当的课外小故事，能看懂贺卡等所表达的简单信息。
	R-3-5-2	能读懂教室及校园内简单的双语标识。
书面表达能力	W-3	能临摹、抄写课堂中习得的词汇。
	W-3-3	能正确、规范、美观地抄写课堂中所学的单词。
	W-4	能临摹、抄写课堂中习得的句子。
	W-4-1	能临摹课堂中习得的简单句（simple sentence）。
	W-4-2	能抄写课堂中习得的简单句（simple sentence）。
	W-4-3	能正确、规范、美观地抄写课堂中习得的简单句（simple sentence）。
	W-5	能拼写一些基本常用字词（至少240个）。
	W-5-1	能利用自然拼读法（phonics）中的基本常用规则辅助拼写单词。
	W-6	能掌握英文正确书写格式。
	W-6-1	能理解英文书写格式，如句首字母大写、句尾需要加适当标点符号、单词与单词之间保持一格字母的距离等。
	W-6-2	能在抄写过程中，注意英文书写格式，如句首字母大写、句尾需要加适当标点符号、单词与单词之间保持一格字母的距离等。
	W-6-3	能在书写过程中，运用英文书写格式，如句首字母大写、句尾需要加适当标点符号、单词与单词之间保持一格字母的距离等。
	W-7	能根据图片、词语或例句的提示，写出简短的语句。
	W-7-1	能模仿所学故事的语言结构，仿写简单的配图故事（一页一句）。

（续表）

层级能力	编码	校本化课程目标
跨文化能力		聚焦理解英语国家文化与中国文化的异同，主要借助内容为节假日、饮食差异等，在交流中能初步能注意到中外文化的不同。
	C-6	知道英语国家中典型的食品和饮料的名称。
	C-7	初步了解英语国家的主要饮食习惯及餐桌礼仪。
	C-8	简单了解中外饮食文化不同的原因并能在不同场景下作出适当反应。
	C-10	了解英语国家重要节日的主要习俗，包括庆祝方式、食品、礼物、歌曲等。
	C-11	简单了解中外节假日文化不同的原因并能在不同场景下作出适当反应。
	C-12	在交流中能初步注意到中外及有典型意义国家（如印度、澳大利亚等）的饮食文化、节假日文化的不同，加深对中国文化的理解。

表 3-13　校本化课程目标（五上）

层级能力	编码	校本化课程目标
倾听理解能力	L-1	能了解语调、节奏、重音等现象。
	L-1-3-1	能听辨句子中的字词有强弱之分。
	L-1-4-3	能听出句子的重音，能听出在句子中所要强调的字词，即为重音所在。
	L-1-5-3	能理解 Wh-引导的疑问句一般为下降的语调，目的在询问 Wh-疑问词所询问的信息。
	L-2	能听懂课堂常用指令和要求并作出适当反应。
	L-2-3-2	能利用学过的字词理解句意。
	L-2-4-3	能听懂较为复杂的活动指令并作出相应的反应。
	L-3	能在图片、图像、手势的帮助下，听懂简单的小故事、话语或录音材料。
	L-3-1-2	能借助试听辅助教材教具，如教师的脸部表情、肢体动作、声音效果、图画、影像、布偶道具等，听懂所学的故事或对话的内容大意。
	L-3-2-3	能从对话中的惯用语，理解对话所发生的时空场所（如车上、商店、家中等）以及所表现的沟通功能。

（续表）

层级 能力	编码	校本化课程目标
口头 表达 能力	S-2	能说出课堂中所习得的词汇。
	S-2-2	能以正确的轻重音说出所习得的单词与短语。
	S-3	能以正确的语调说出简易句型的句子。
	S-4	能使用所习得的教室用语。
	S-4-2	能正确地使用所习得的教室用语。
	S-6	能朗诵和吟唱歌谣韵文。
	S-6-2	能正确朗诵和吟唱歌谣韵文。
	S-7	能进行简单的角色扮演（role play）。
	S-7-2	能参与简单的短剧表演或演出。
	S-8	能以所习得的英语看图说话。
	S-8-3	能运用学过的英语，在有图片、幻灯片、实物或文字等的前提下，描述或讲述简单的小故事（数字约为 30~50 词）。
	S-9	能做到在上述语言活动中，语音、语调基本正确，并开始有意识地利用体态语来辅助意义的传递。能简单提问、回答和叙述。
阅读 理解 能力	R-1	能认读所学字母和单词。
	R-1-2-3	能正确认读歌谣、韵文、故事中经常出现的 200 个左右的视觉词（sight words）。
	R-1-3	能利用自然拼读法拼读单词。
	R-1-3-4	能运用所学语音知识和拼读规律拼读单词。
	R-2	能正确朗读、诵读所学的故事或短文。
	R-2-3	能朗读课本中的对话和故事。
	R-2-3-5	能用正确的语音、语调，有感情地诵读或吟唱学过的歌谣、歌曲、对话或故事。
	R-3	能借助图片读懂简单的故事或小短文。
	R-3-3	能借助图画、图片等视觉辅助，阅读并理解简单的故事或小短文，阅读速度为每分钟 15~20 个单词左右。

（续表）

层级 能力	编码	校本化课程目标
阅读理解能力	R-3-3-2	能借助图画、图片等视觉辅助，阅读与理解简单故事及小短文的内容大意。
	R-3-4	在阅读过程中能有意识地运用阅读策略，加深对读物的理解。
	R-3-4-3	能借图画、标题、书名或上下文，猜测或推论可能的情节发展。
	R-3-5	形成良好的阅读习惯，初步建立起课外阅读兴趣。
	R-3-5-1	能利用课内所学阅读方法，读懂与课内话题难易程度相当的课外小故事，能看懂贺卡等所表达的简单信息。
	R-3-5-2	能每周阅读 1~2 册推荐书目中的图书。
书面表达能力	W-4	能临摹、抄写课堂中习得的句子。
	W-4-3	能正确、规范、美观地抄写课堂中习得的简单句（simple sentence）。
	W-5	能拼写一些基本常用字词（至少 240 个）。
	W-5-1	能利用自然拼读法（phonics）中的基本常用规则辅助拼写单词。
	W-5-2	能独立拼写至少 240 个基本常用字词（参考附录）。
	W-6	能掌握英文的正确书写格式。
	W-6-2	能在抄写过程中，注意英文书写格式，如句首字母大写、句尾需要加适当标点符号、单词与单词之间保持一格字母的距离等。
	W-6-3	能在书写过程中，运用英文书写格式，如句首字母大写、句尾需要加适当标点符号、单词与单词之间保持一格字母的距离等。
	W-7	能根据图片、词语或例句的提示，写出简短的语句。
	W-7-2	能根据图片、词语或例句的提示，以正确的格式写出最少 5~7 句话，表达意义。
	W-8	能写出简单的问候语和祝福语。
	W-8-1	能依正确的格式（如写信人和收信人、问候语的位置等）书写简单的贺卡。
	W-8-2	能写出内容简要的贺卡、电子邮件等。

（续表）

层级 能力	编码	校本化课程目标
跨文化能力		尝试理解不同的语言和文化有着同样的价值，主要借助内容为语篇或故事的阅读等（需要添加有关文化阅读的内容），在交流中初步表现出符合英语国家文化习俗的行为。
	C-13	了解英语国家中主要的文娱和体育活动。
	C-14	能在中外不同文娱、体育活动的比较中，体悟到不同的活动有同样的价值。
	C-15	知道主要英语国家的首都和国旗。
	C-16	了解英语国家的代表性人物形象和建筑特色及其文化意义，如：圣诞老人、山姆大叔、美国西部牛仔、美国印第安人建筑、英国绅士形象、英国城堡等。
	C-17	了解常见动植物、颜色、数字在英语国家中的文化含义及与中国的不同。

表3-14　校本化课程目标（五下）

层级 能力	编码	校本化课程目标
倾听理解能力	L-1	能了解语调、节奏、重音等现象。
	L-1-4-3	能听出句子的重音。能听出在句子中所要强调的字词，即为重音所在。
	L-1-5-3	能理解Wh-引导的疑问句一般为下降的语调，目的在询问Wh-疑问词所询问的信息。
	L-2	能听懂课堂常用指令和要求并作出适当反应。
	L-2-3-2	能利用学过的字词理解句意。
	L-2-4-3	能听懂较为复杂的活动指令并作出相应的反应。
	L-2-5-2	能借助对方的脸部表情、肢体动作、声音效果等，听懂对方口头传递的信息并给出恰当的反馈，完成交际任务。
	L-3	能在图片、图像、手势的帮助下，听懂简单的小故事、话语或录音材料。
	L-3-2-3	能从对话中的惯用语，理解对话所发生的时空场所（如车上、商店、家中等）以及所表现的沟通功能。

（续表）

层级 能力	编码	校本化课程目标
口头表达能力	S-2	能说出课堂中所习得的词汇。
	S-2-2	能以正确的轻重音说出所习得的单词与短语。
	S-3	能以正确的语调说出简易句型的句子。
	S-4	能使用所习得的教室用语。
	S-4-2	能正确地使用所习得的教室用语。
	S-6	能朗诵和吟唱歌谣韵文。
	S-6-2	能正确朗诵和吟唱歌谣韵文。
	S-7	能进行简单的角色扮演（role play）。
	S-7-2	能参与简单的短剧表演或演出。
	S-8	能以所习得的英语看图说话。
	S-8-3	能运用学过的英语，在图片、幻灯片、实物或文字等的提示，描述或讲述简单的小故事（数字约为30~50词）。
	S-9	能在上述语言活动中，语音、语调基本正确，并开始有意识地利用体态来辅助意义的传递。能简单提问、回答和叙述。
	S-9-3	能比较正确、得体、流利地回答他人的简单提问或与人进行简短的交流。
	S-10	能以简单的英语围绕熟悉的语境进行交流。
	S-10-3	能用学过的单词、短语和句子描述或谈论时间、日期、方位、数量（百以内）、动植物、日常活动、职业、个人情感、常见体育运动、主要英语国家、主要节日、庆祝活动等。与学交流5个话轮以上，或连续表达7~9句话。
阅读理解能力	R-1	能认读所学字母和单词。
	R-1-3	能利用自然拼读法拼读单词。
	R-1-3-4	能运用所学语音知识和拼读规律拼读单词。
	R-2	能正确朗读、诵读所学的故事或短文。

（续表）

层级 能力	编码	校本化课程目标
阅读理解能力	R-2-3	能朗读课本中的对话和故事。
	R-2-3-5	能用正确的语音、语调，有感情地诵读或吟唱学过的歌谣、歌曲、对话或故事。
	R-3	能借助图片读懂简单的故事或小短文。
	R-3-1	能意识到阅读的重要性，初步形成阅读习惯。
	R-3-2	能读懂课本、课堂、校园、公共场所的常见要求与指令。
	R-3-3	能借助图画、图片等视觉辅助，阅读并理解简单故事或小短文，阅读速度为每分钟15~20个单词左右。
	R-3-3-2	能借助图画、图片等视觉辅助，阅读与理解简单故事及小短文的内容大意。
	R-3-4	在阅读过程中能有意识地运用阅读策略，加深对读物的理解。
	R-3-4-3	能借图画、标题、书名或上下文，猜测或推论可能的情节发展。
	R-3-5	形成良好的阅读习惯，初步建立起课外阅读兴趣。
	R-3-5-1	能利用课内所学阅读方法，读懂与课内话题难易程度相当的课外小故事，能看懂贺卡等所表达的简单信息。
	R-3-5-2	能每周阅读1~2册推荐书目中的图书。
书面表达能力	W-5	能拼写一些基本常用字词（至少240个）。
	W-5-1	能利用自然拼读法（phonics）中的基本常用规则辅助拼写单词。
	W-5-2	能独立拼写至少240个基本常用字词（参考附录）。
	W-6	能掌握英文的正确书写格式。
	W-6-3	能在书写过程中，运用英文书写格式，如句首字母大写、句尾需要加适当标点符号、单词与单词之间保持一格字母的距离等。
	W-7	能根据图片、词语或例句的提示，写出简短的语句。
	W-7-2	能根据图片、词语或例句的提示，以正确的格式写出最少5~7句话，表达意义。
	W-8	能写出简单的问候语和祝福语。

（续表）

层级 能力	编码	校本化课程目标
书面 表达 能力	W-8-1	能以正确的格式（如写信人和收信人、问候语的位置等）书写简单的贺卡。
	W-8-2	能写出内容简要的贺卡、电子邮件等。
跨文化能力		尝试理解不同的语言和文化有着同样的价值，主要借助内容为语篇或故事的阅读等（需要添加有关文化阅读的内容），在交流中初步表现出符合英语国家文化习俗的行为。
	C-16	了解英语国家的代表性人物形象和建筑特色及其文化意义，如：圣诞老人、山姆大叔、美国西部牛仔、美国印第安人建筑、英国绅士形象、英国城堡等。
	C-17	了解常见动植物、颜色、数字在英语国家中的文化含义及与中国的不同。
	C-18	了解英语中常用的谚语、典故或传说。
	C-19	在阅读及交流中能初步的注意到中外及有典型意义国家（如印度、澳大利亚等）的文体活动、建筑物、常用谚语、动植物等文化含义的不同，加深对中国文化的理解。
	C-20	了解英美及带有典型意义的国家与中国小学教育的不同点及相同点。

第四章
小学音乐国家课程标准的校本化解析

一、对音乐学科核心素养的理解

学科核心素养是学科育人价值的概括性、专业化表述，是知识与能力、过程与方法、情感态度和价值观的整合与提炼，是学生学完本课程后所形成的、在解决真实情境中的问题时表现出来的必备品格和关键能力。《普通高中音乐学科教学指导意见》（2017 年核心素养版课程标准）提出，音乐学科核心素养主要包括审美感知、艺术表现、文化理解三个方面。

审美感知是指对音乐艺术听觉特征、表现形式、表现要素、表现手段及独特美感的体验、感悟、理解和把握。是学生在听、唱、奏、动等音乐活动中，通过直接体验（音乐感知觉直接产生的情绪体验）和间接体验（音乐表象及联想产生的情感体验），用音乐表达与抒发情感，或从音乐中感悟与激发情感，是音乐从音响形式转化为情感本质的关键过程。它是整个音乐学习实践活动的基础，是培养学生音乐审美能力的有效途径。

艺术表现是指通过歌唱、演奏、综合艺术表现和音乐编创等活动，表达音乐艺术美感和情感内涵的实践能力。主要通过艺术表演实践和创造活动，提升学生审美感知和文化理解能力，同时促进学生在集体活动中的人际交往，增进人与人之间的沟通和交流，强化社会责任感。与审美感知和文化理解相比较，艺术表现能真实地看到学生知识和能力的提升，更具外显性。

文化理解是重要的社会人文素养。主要是通过音乐感知和艺术表现等途径，理解不同文化语境中音乐艺术的人文内涵。

通过以上分析我们可以看出，审美感知、艺术表现、文化理解这三个核心素养是一个相互联系、相互渗透、有机融合的整体。音乐审美感知能力的提高，可以丰富音乐的艺术表现，而文化理解也只有在音乐审美感知和表现活动中才能真正得以理解和体现。

二、小学音乐国家课程标准的分解方法

音乐是一门综合性课程，音乐课程的学习是通过聆听、演唱、探究、综合性艺术表演和音乐编创等多种实践形式的实施，发展音乐感受与欣赏能力、表现能力和创造能力，形成基本的音乐素养。我们细化国家课程标准，就要以《义务教育音乐课程标准（2011 年版）》作为重要依据，从核心素养出发，提取出学科领域能力，再通过对各学段标准的解读提取出核心能力，根据各学段的核心能力构建能力目标体系，最终把国家课程标准转化为具体、可操作、可测评的校本化课程目标，让国家课程标准实实在在地落地。

（一） 音乐学科领域能力的确立

音乐课程标准将小学音乐分为"感受与欣赏""表现""创造""音乐与相关"文化四个领域，通过音乐课堂中对这四个领域的学习，可以培养学生不同的音乐素养和能力。

感受与欣赏是整个音乐学习活动的基础，是培养学生音乐审美能力的有效途径。良好的音乐感受能力与欣赏能力的形成，对于丰富学生情感、提高文化素养、增进身心健康具有重要意义。由此可以看出，这一领域的学习主要指向培养感受与欣赏能力，达成音乐的审美感知。

表现是学习音乐的基础性内容，是培养学生音乐审美能力的重要途径。此领域的学习主要培养学生自信地演唱、演奏能力，综合性艺术表演能力，以及在发展音乐听觉基础上的读谱能力。通过音乐实践活动促进学生能够用音乐的形式表达个人的情感并与他人沟通、融洽感情。因此，这一领域指向的是表现能力的培养。

创造是发挥学生想象力和思维潜能的音乐学习疆域，是学生进行音乐创作实践和发掘创造性思维能力的过程和手段。它包括以开发学生潜能为目的的即兴音乐编创活动和运用音乐材料进行的音乐创作尝试与练习，主要指向的是创造能力的培养。由于表现能力和创造能力都属于外在表现性能力，因此，他们两个一起达成了对音乐学科核心素养中艺术表现的提升。

音乐与相关文化是音乐课程人文学科属性的集中体现，是直接增进学生文化素养的学习领域。这一领域的学习可以扩大学生的音乐文化视野，促进学生对音乐的体验与感受，提高学生音乐欣赏、表现、创造以及艺术审美的能力。因此，这一领域的学习主要为了达成音乐学科核心素养中的文化理解，指向的能力则是文化理解与参与能力。

综上所述，结合音乐学科核心素养和对四大领域的分析，提取出四个学科领域能力：感受与欣赏能力、音乐表现能力、音乐创造能力、文化理解与参与能力。

（二）学段核心能力的提取

我们根据课程标准提取出了四大能力，但要把这四大能力进行分解、细化、落实，还需要学段核心能力。下面以音乐表现能力中的演唱能力为例来进行说明。

我们根据不同学段、不同年龄学生的思维方式、学习方式进行了分析。

第一学段的学生以形象思维为主，有好奇、好动、模仿力强的身心特点。教师采用歌、舞、图片、游戏相结合的综合手段，进行直观教学。聆听学唱的乐曲、歌曲不宜过长，要短小有趣，形象鲜明。这时期的学生嗓音处在自然发声期，不需要有过多的技巧性训练，自然的发声就可洪亮动听，因此，在这一学段我们需要激发和培养学生对音乐的兴趣，能够自然地、有表情地演唱，并参与音乐表现、创造活动。

第二学段的学生生活范围和认知领域进一步扩展，体验感受与探索创造的能力增强，演唱能力有了进一步提高，所学歌曲的形式也有了多样性。这一学段的学生开始对音乐有了整体的感受，在教学方式上可以通过丰富教学曲目的体裁、形式，增加演奏及创造活动的分量，以生动活泼的形式吸引学生。因此，这一学段的学生需继续保持对音乐的兴趣，能自信地、有表情地演唱，并乐于参与多形式的音乐表现和创造活动。

不同学段的学生，年龄层次不同、思维方式不同、学习方式不同，因此，达成的能力程度也会有所不同。

音乐课程标准中对第一学段的演唱要求是：（1）学唱儿歌、童谣及其他短小歌曲，参与演唱活动。（2）能够用正确的姿势、自然的声音，有表情地独唱或参与齐唱。（3）能够对指挥动作作出反应。（4）能够采用不同的力度、速度表现歌曲的情绪。（5）每学年能够背唱歌曲4~6首（其中中国民歌1~2首）。这一时期的学生刚刚接受正规的演唱学习，只要能用正确的姿势、自然的声音、准确的音高节奏来参与歌曲的演唱就已经能够达到标准了。因此，我们将该学段的核心能力定位为"自然演唱能力"。

音乐课程标准中对第二学段的演唱要求是：（1）乐于参与各种演唱活动。（2）能够用正确的演唱姿势和呼吸方法唱歌，培养良好的唱歌习惯。（3）能够用自然的声音、准确的节奏和音调，有表情地独唱或参与齐唱、轮唱、合唱，并能对指挥动作作出恰当的反应。（4）了解变声期嗓音保护的知识，初步懂得嗓音保护的方法。（5）能够对自己和他人的演唱做简单评价。（6）每学年应能背唱歌曲4~6首（其中中国民歌1~2首），学唱京剧或地方戏曲唱腔片段。这一学段的学生演唱能力有一定的提高，在准确自然演唱的基础上有了歌唱表情和情感的体现，演唱形式也呈多样性，同时，这一时期的学生开始慢慢进入变声期，所以更需要演唱技巧的协助。因此，我们将该学段的核心能力定位为"技巧演唱能力"。

最终，我们通过解读国家课程标准，分析学生思维、学习方式，运用提取关键能力的方式，确定了小学第一学段演唱的核心能力是自然演唱能力，第二学段是技巧演唱能力。

（三）学段子能力的确定

为了进一步使核心能力落地，再将核心能力进行分解细化，层层落实，进而达到校本化课程目标的实现。还是以第一学段的演唱能力为例。

在第一学段中，《义务教育音乐课程标准（2011年版）》要求："能够用正确的姿势、自然的声音，有表情地独唱或参与齐唱"，"能够采用不同力度、速度表现歌曲的情绪"。通过分析人音版、人教版等不同版本的教材，我们发现从一年级上学期开始对学生演唱方法如姿势、声音、发声练习等就有了具体要求，而一年级下学期在正确演唱的基础上开始加入表情带动情绪演唱，到了二年级则需要学生根据不同的力度和速度有感情地演唱歌曲。通过上述分析，我们把第一学段演唱能力的子能力确定为两个，即学会正确的演唱方法和学会有感情地演唱。

（四）校本化目标的确定

为使校本化目标更具操作性，我们对域外的课程标准进行了分析和研究。其中1994年版的美国《艺术教育国家标准》为学校艺术学科教学提供了详细的目标要求：按幼儿园至四年级、五年级至八年级、九年级至十二年级的顺序，将舞蹈、音乐、戏剧和视觉艺术学科中，学生应达到的具体能力进行了精确的表述；明确区分了"内容标准"和"成就标准"两个概念，前者是学生在艺术学科学习中应该知道和能够做到什么，后者是学生在完成各个年级的学习时，在每门艺术中的各项能力上应该获得的理解和成就水平。而2014年由美国国家核心艺术标准联盟发起并制定的《国家核心艺术课程标准》中又把学生的"成就标准"细分为"熟练"与"高级"两种水平。

参考域外课程标准后，我们认为校本化的课程标准既要有整体的学科能力，又要对学科能力进行分层次水平的细化，还要针对标准的具体内容，提出更细致且实用的能力标准，并且围绕能力标准的内容提出具体的表现性标准。也就是明确在什么情境中，做什么、怎么做、做到什么程度。如演唱能力在第一学段中有一条是这样叙述的："能够参与演唱活动。"运用什么样的方法？如何参与？怎样的表现是达到要求了？在课程标准中没有具体的描述，这就需要我们进一步细化。

我们对一年级学生学情进行了分析：一年级学生，进入小学，好奇心强、模仿能力强，但是自我约束能力差，集体合作意识差，对于演唱表现没有正确的认知。在学习活动中就需要采用唱游、情境创设、教师示范等综合手段，进行直观教学。因此，将此条标准分解细化为：（1）通过创设的良好声音环境、演唱情境，激发起学生主动演唱的兴趣。（2）通过教师对演唱的评价和鼓励，增强学生演唱的自信心和参与意识，愿意参与演唱活动。

三、分解后国家课程标准的分配

为了更好地开展音乐学习实践，就需要我们将分解细化后的课程标准分配到各个学期中，做到层级目标逐步实现。那么针对分解细化后的课程标准，我们要如何分配到不同学段、不同学期呢？

在演唱能力的第二学段中，课程标准有这样一条陈述："能够用自然的声音，准确的节奏和音调，有表情地独唱或参与齐唱、轮唱、合唱。"我们基于教师经验，结合教材、学情和实际情况进行分解细化。

1. 教材分析

当前我校所使用的是人民音乐出版社出版的教材（简称人音版），全册教材贯串审美精神及音乐文化，将人文性与音乐性有机地融合起来。每个单元的教学内容都将音乐学科的四个领域有效地融合，形成一个能让学生在螺旋上升的不同水平上获得完整音乐艺术体验的活动过程，为学生的音乐学习提供展示平台的同时，逐步培养学生的音乐情感与习惯。

一年级上册演唱的歌曲，如《你的名字叫什么》《拉钩钩》《国旗国旗真美丽》等皆为一段体歌曲，旋律简单，朗朗上口，借助这样短小有趣的歌曲学习正确的唱歌姿势，鼓励学生主动参与演唱活动。二年级的《快乐的音乐会》《金孔雀轻轻跳》《卖报歌》《猫虎歌》等歌曲有了简单的力度变化和情绪变化，需要借助不同的表情进行演唱。三年级的《柳树姑娘》《美丽的黄昏》

等歌曲体裁上有了变化，在要求学生正确、自然演唱的基础上有了较为系统的发声训练和二声部的练习，开始进行初步的轮唱或合唱学习。四年级的歌曲中出现了大量的力度记号和表情记号，帮助学生分析歌曲的情绪、情感，以便做到有表情、有感情地演唱歌曲，同时合唱歌曲难度增加，不再局限在个别小节或简单轮唱上。五年级的歌曲多为二段体或三段体，旋律复杂多变，如《雏鹰之歌》《雨花石》等。另外，还出现了具有戏曲色彩的京歌《蝈蝈和蛐蛐》《我是中国人》等。这个年级的学生处在变声期，需要在学习歌曲的同时学会正确用嗓，懂得保护嗓子。

通过各年级的教材分析可以看出，教材对于演唱能力的培养是由浅入深，由易到难，层层递进的。同时，为了帮助学生更为准确、便捷地进行音乐知识的学习和能力的培养，我们将一至五年级的音乐知识与技能进行了梳理，构建了小学阶段的知识和技能体系。通过对音乐知识与技能的整理和分析，让每个学期的目标有了明确的方向，同时让师和生都明确地知道本学期自己会教和学到哪些知识和技能，这些知识和技能对下学期的学习起到了什么作用。

2. 学情分析

通过各年级的教材分析，我们可以看出，每个知识和能力目标都相辅相成形成了一个完整的梯队，然而只有知识和能力层面的目标对于学生达成音乐核心素养来说是不全面的，我们缺失了情感态度层面的界定。那么，就需要我们根据学生的特点进行分析。

表4-1 一至五年级学生音乐知识认知表

单元	一年级 上	一年级 下	二年级 上	二年级 下	三年级 上	三年级 下	四年级 上	四年级 下	五年级 上	五年级 下
1	X 走 XX 跑跑			0（八分休止符）	钢琴 音名：CDEFGAB	合唱 冼星海 延长记号	旋律的进行（上＞行），附点四分音符 聚耳	重音记号	拍号6/8 结合歌曲体会强弱规律，并联系相关拍子。	切分音（一）柳琴 知道切分音的形成，感受民族管弦乐弹拨组了解柳琴的构造与音色。
2				童声 男声 女声	四分音符、八分音符 音名：3、5、6	反复跳跃记号	小提琴	变音记号：#升记号	男低音 二拍子指挥图示 了解人声的分类。结合歌曲练习二拍子指挥图示。设计"我是小指挥家"活动。	切分音（二）知道切分音的几种类型：一拍的、两拍的、跨小节的。
3	0	0		XXXX	乐句 八分音符	顿音 唱名：低音 576 刘天华	拍号2/4	力度记号 中强 mf 中弱 mD		反复记号 D. C. 用图示让学生知道怎样反复。

（续表）

单元	一年级上	一年级下	二年级上	二年级下	三年级上	三年级下	四年级上	四年级下	五年级上	五年级下
第1课	歌唱姿势：站直，要坐正，歌唱要自然。	三角铁　发声练习：放松、清晰地唱。	发声练习：师生合作发声练习。		发声练习"Ⅳ"的发声练习，试着唱一口气完成此练习。			1. 舞曲　2. 小号　3. 柴可夫斯基发声练习：童音要求：记号结实而不要处得僵硬。	发声练习	发声练习
第2课		双相筒		童声发声练习："da da"要唱得有弹性哟！	认识二胡	发声练习"米呀"，均匀吐字，连贯歌唱。	发声练习带附点四分音符的练习曲，要唱得短促而有弹性。	双簧管	学吹竖笛	发声练习　学吹竖笛

一、二年级的学生以形象思维为主，具有自然的嗓音，有很强的模仿能力，且活泼好动，对外界事物充满好奇。因此，在自然发声的基础上，通过对音乐情感的想象和对教师或周边事物的模仿进行学习，从中获得音乐的声音之美，表现之美。从三年级开始，学生的认知能力得到进一步提高，体验感受能力增强，在发声方面有了正规系统的训练，同时有了一定的合作能力。因此，所学歌曲有了力度、速度和情绪的变化，在这个过程中学生体会声音之美，产生身心的愉悦。而合作能力的增强对于学生的二声部合唱、表演唱起到了一定帮助作用，由此培养了学生与他人充分交流、密切合作的能力，学生集体意识增强。

根据上述分析，我们将课程标准中"能够用自然的声音，准确的节奏和音调，有表情地独唱或参与齐唱、轮唱、合唱"，细化分配如表4-2。

表4-2　一至五年级歌唱内容标准表

学期	内容标准
一上	运用生动形象的口诀、儿歌等，掌握演唱姿势、声音等方面的要求。
一上	在演唱活动中，能够关注自身的演唱姿态和声音。
一下	体验评价和鼓励，增强演唱的自信心和参与意识，愿意参与演唱活动，对演唱感兴趣。
二上	通过教师的示范、讲解，自主练习，了解指挥动作和声音表现之间的关系。
二上	通过教师的示范、对歌曲的聆听，能够准确把握歌曲演唱要素：音准、节奏、词曲结合无误。

（续表）

学期	内容标准
二上、下	能够基于正确的作品分析，了解歌曲力度、速度等要求，进而准确表达歌曲的情绪。
二下	通过对歌曲的学习，选取经典、有代表性的歌曲，运用正确的演唱方法进行背唱。
三上	通过教师的教授、自主的练习，掌握正确的演唱方法，能够自信积极地参与演唱活动。
三下	通过在演唱过程中教师对演唱姿势及方法的不断强化要求，形成良好的唱歌习惯。
三下	结合歌曲的学习，通过教师准确的示范和形象的讲解，能够进行模仿和体验，了解发声、呼吸等演唱方法。
四上	进行发声、呼吸等练习，掌握唱歌的基本技能和方法。
四上	通过提高监听的意识和能力，力求能做到音高、节奏、词曲结合无误。
四上	通过正确的作品分析，能对歌曲进行二次处理，并准确表达歌曲的情绪。
四上	能够有步骤、有计划地进行轮唱、合唱练习，有效地提高合唱水平。
四下	通过反复的自主练习、合作练习，能准确、规范地进行指挥。
四下	能够在指挥下进行齐唱、轮唱、合唱。
五上、下	在适当的时期，结合教师的讲解，采用观察、聆听、对比等方式，了解变声期嗓音保护的知识，掌握初步的嗓音保护方法。

四、校本化课程目标的编码说明

为了便于检索和使用音乐校本化课程目标的构建，我们采用了编码形式进行。编码按照字母加数字的形式，第一个字母代表领域能力，如G——感受与鉴赏能力，B——表现能力，C——创造能力，W——文化理解能力，后面第一个数字代表学段，第二个数字代表年级，第三个数字代表所属年级的学期。比如G-1-1-1.，是指感受与鉴赏领域中第一学段一年级上学期的能力目标。

五、校本化课程目标的呈现

表4-3 音乐校本化课程目标（一年级）

领域能力	核心能力	子能力	编码	内容标准	表现性标准
感受与欣赏能力	音乐感受能力	听辨音响与人声	G-1-1-1	感受自然界和生活中的声音，能用自己的声音或打击乐器模仿喜欢的音响。	1. 通过对音响的聆听或对周遭事物的观察，能够感受到自然界和生活中的声音。 2. 在教师指导下，学生能利用身体器官或者打击乐器的音色特点进行声音模拟。
			G-1-1-2	能听辨歌唱中的童声、女声和男声。	通过聆听歌曲和教师的引导，对演唱者的年龄、性别进行分析、比较，从而明确人声分类的依据，知道童声、女声和男声的音色特点。
	音乐欣赏能力	感受音乐情绪	G-1-1-1	聆听不同情绪的音乐，能够用表情或体态，反映对不同音乐情绪的感受。	通过聆听，体验不同的情绪的音乐，自然流露出本能的体态反应。
			G-1-1-2		在教师的引导下，能通过恰当的表情、动作，表达对音乐情绪的感受。
		认识音乐体裁与形式	G-1-1-1	能够随着进行曲、舞曲音乐走步、跳舞。	在教师指导下，知道音乐体裁与形式的特点，能够做出简单的走步动作。
			G-1-1-2		能够根据音乐的体裁、特点，设计适合的音乐活动，感受和体验音乐。
		感受风格	G-1-1-1	能够初步感受不同国家、地区、民族的音乐风格。	通过视频、音频、图片等，了解不同国家、地区、民族的音乐及其相关文化。
			G-1-1-2		能够模唱或背唱不同国家、地区、民族的儿歌、歌谣及小型器乐曲或乐曲中具有典型风格的乐句或片段，为以后相关音乐风格与流派的学习奠定感性基础。

（续表）

领域能力	核心能力	子能力	编码	内容标准	表现性标准
音乐表现能力	自然演唱能力	正确演唱方法	B-1-1-1	能够用正确的姿势、自然的声音，有表情地独唱或参与齐唱。	1. 运用生动形象的口诀、儿歌等，掌握演唱姿势、声音、表情方面的要求。 2. 在演唱活动中，关注自身演唱的姿态和声音。
			B-1-1-2	能够参与演唱活动。	1. 通过良好的声音环境、演唱情境能表现出对演唱的兴趣。 2. 在教师和同伴的鼓励下，能形成积极参与演唱的意识。
	正确演奏能力	初级演奏方法与姿势	B-1-1-1	掌握常见课堂打击乐器的演奏姿势和演奏方法。	1. 通过实物观察、多媒体学习，认识三角铁、双响筒、串铃、响板等课堂打击乐器。 2. 通过教师准确示范课堂打击乐器的演奏姿势和方法，掌握基本的演奏能力。
			B-1-1-2		配合歌（乐）曲的学习，通过自主的模仿、体验，掌握常见课堂打击乐器的演奏姿势与演奏方法。
	综合表演能力	多种形式表演	B-1-1-1	能够参与综合性艺术表演活动。	认识不同的艺术表演形式，能选择喜欢的形式进行表演活动。
			B-1-1-2		体验音乐的情绪、风格，能根据音乐特点，选择表现形式进行表演活动。
	识读乐谱能力	认识音符与节奏	B-1-1-1	认识简单的节奏符号。	能通过聆听、教师示范击打、模仿，认识简单的节奏符号。
			B-1-1-2	能用声音、语言、身体动作表现简单的节奏。	能在教师的引领下用拍手或其他肢体语言准确演奏节奏。

（续表）

领域能力	核心能力	子能力	编码	内容标准	表现性标准
音乐创造能力	音乐编创能力	模仿音响	C-1-1-1	能运用人声、乐器声模仿自然界或生活中的声音。	通过教师引导、自主聆听，能够关注到自然界和生活中的声音。
			C-1-1-2		利用人声、小乐器或其他声音材料，对自然界或生活中的声音进行模仿。
		即兴编创动作	C-1-1-1	能够将儿歌、短句、诗歌用不同的节奏、速度、力度等加以表现。	能对不同节奏、速度、力度的儿歌、短句做出本能的肢体动作。
			C-1-1-2		在示范、模仿下，能借助节奏速度、力度对儿歌、短句、诗词做出即兴动作。
	音乐创造能力	记录感受	C-1-1-1	能够运用线条、色块、图形，记录感受到的音乐。	通过想象、演示等方式，知道线条、色块、图形对记录音乐感受的作用。
			C-1-1-2		通过聆听歌（乐）曲，展开想象；能采用喜欢的记录方式记录对音乐的感受。
文化理解与参与能力	音乐参与能力	音乐与生活	W-1-1-1	能够感受生活中的音乐。	通过聆听、观察，能够感受到生活中的音乐。
			W-1-1-2	能够乐于与他人共同参与音乐活动。	通过创设良好的情境，能乐于与他人共同参与音乐活动。
	综合表现能力	音乐与形体	W-1-1-1	能够运用舞蹈中的简单形体动作配合音乐节奏。	能在音乐的节奏中进行简单的舞蹈律动。
			W-1-1-2		通过示范、模仿等形式，学习简单的形体动作，并能配合音乐的节奏。
	音乐分析能力	音乐与自然	W-1-1-1	能够举例说出声音与日常生活现象及自然现象的联系。	通过聆听，能辨别出生活或自然中的声音。
			W-1-1-2		能列举声音与生活或自然现象的联系。

表4-4　音乐校本化课程目标（二年级）

领域能力	核心能力	子能力	编码	内容标准	表现性标准
感受与欣赏能力	音乐感受能力	打击乐器的表现要素	G-1-2-1	感受乐器的声音，能听辨打击乐器的音色。能用打击乐器奏出强弱、长短不同的音。	1. 通过实物参观、聆听等方式，了解常见打击乐器的外形和音色特点，知道打击乐器的名称。 2. 通过观察、聆听、辨别等方式，将常见的打击乐器的外形、名称和音色进行对应性记忆。 3. 敲击几种打击乐器，能对比感受出各种打击乐器不同的音色特点。 4. 通过对不同事物、同一事物在某一声音属性上特点的比较，以及音乐层面的体验，感受出音的高低、强弱和长短。（例如：对音的强弱的感受和体验，可以通过狮子、小猫的叫声来进行） 5. 根据不同打击乐器的特点，选择出适合的打击乐器表现音的强弱和长短。
			G-1-2-2	能够感受并描述音乐中力度、速度的变化。能对二拍子、三拍子的音乐做出相应的体态反应。	1. 通过在音乐活动中，感受到节拍、速度、力度的特点。 2. 用准确的词语描述音乐中的力度、速度。 3. 能通过拍手、拍肩或体态律动，表现二拍子、三拍子强弱规律。
		体验音乐情绪与情感	G-1-2-1	能够说出音乐情绪的相同与不同。	通过对比聆听不同的音乐，能感受和体验出音乐的不同情绪。
			G-1-2-2		能从音乐的角度，用准确的词语描述音乐情绪。

（续表）

领域能力	核心能力	子能力	编码	内容标准	表现性标准
音乐表现能力	音乐欣赏能力	体验音乐情绪与情感	G-1-2-1	能够说出音乐情绪的相同与不同。	通过对比聆听不同的音乐，能感受和体验出音乐的不同情绪。
			G-1-2-2		能从音乐的角度，用准确的词语描述音乐情绪。
		辨别音乐形式	G-1-2-1	能够区别独唱、独奏、齐唱、齐奏。	通过演唱作品和欣赏作品的聆听，区别出独唱、独奏、齐唱、齐奏。
			G-1-2-2		
		感受音乐风格与流派	G-1-2-1	能够初步感受不同国家、地区、民族的音乐风格。	通过音响、图片、视频等，了解不同国家、地区、民族的音乐及其相关文化。
			G-1-2-2		模唱或背唱不同国家、地区、民族的儿歌、歌谣及小型器乐曲或乐曲中具有典型风格的乐句或片段，为以后相关音乐风格与流派的学习奠定感性基础。
	自然演唱能力	有感情演唱	B-1-2-1	能够对指挥动作作出反应，能够采用不同力度、速度表现歌曲的情绪。	1. 通过示范、讲解、练习，了解指挥动作和声音表现之间的关系。2. 通过教师的示范、对歌曲的聆听，能够准确把握歌曲演唱要素：音准、节奏、词曲结合无误。3. 能够基于正确的作品分析，了解歌曲力度、速度等要求，进而准确表达歌曲的情绪。
			B-1-2-2	能运用所学的演唱基本知识和方法，每学年背唱歌曲4~6首（其中中国民歌2~3首）。	通过对歌曲的学习，选取经典、有代表性的歌曲，运用正确的演唱方法进行背唱。
	正确演奏能力	初级合奏伴奏	B-1-2-1	能够用常见课堂打击乐器与其他声音材料合奏或为歌曲伴奏。	能认识课堂常见打击乐器并知道演奏方法；能从生活中发现其他声音材料。根据对歌曲特点的简单分析，能够选择适合的课堂打击乐器或其他声音材料为歌曲伴奏，丰富音乐作品的表现。
			B-1-2-2		

（续表）

领域能力	核心能力	子能力	编码	内容标准	表现性标准
综合表演能力	初级的综合艺术表演	B-1-2-1	能够配合歌曲、乐曲用身体做动作。能够与他人合作，进行律动、集体舞、音乐游戏、儿童歌舞表演等活动。	通过教师专业的示范、恰当的讲解和有效的指导，能够感受、体验到歌（乐）曲的特点，从而配合歌（乐）曲作出简单的身体律动。
			B-1-2-2		通过小组或小对子的配合，能够进行律动、歌舞表演。
识读乐谱能力	认识、模唱音符	B-1-2-1	能够认识音符的唱名。	通过歌谱识读，认识音符的唱名。
		B-1-2-2	能在钢琴伴奏或教师的示范下，模唱音符。	通过钢琴伴奏和范唱，能够模唱音符。
音乐创造能力	音乐编创能力	探索打击乐	C-1-2-1	能用打击乐器或寻找发声材料探索声音的强弱、长短、高低和音色。	能在教师的指导下，运用合适的打击乐器或寻找到的发声材料探索声音的强弱、长短、高低和音色。
			C-1-2-2		
		即兴编创	C-1-2-1	能够用课堂乐器或其他音源即兴配合音乐故事和音乐游戏。	通过营造良好的声音环境，能够产生动作表现的愿望，并付诸行动。
			C-1-2-2		结合歌（乐）曲教学，根据作品特点，能即兴创编简单的舞蹈动作、设计音乐游戏等。
	音乐创造能力	节奏编创	C-1-2-1	能够运用人声、乐器或其他音源，创作1~2小节节奏。	通过走跑儿歌、节奏游戏，知道什么是节奏。
			C-1-2-2		采用模仿、接龙、填充等方式，能有步骤地进行节奏编创练习。

(续表)

领域 能力	核心 能力	子能力	编码	内容标准	表现性标准
文化理解与参与能力	音乐参与能力	搜集参与	W-1-2-1	能够通过广播、影视、网络、磁带、CD 等传播媒体进行音乐的听赏。	能够利用课余时间，主动地从传播媒体搜集音乐作品，并进行听赏。
			W-1-2-2	能够在社区够参与音乐活动。	通过自己的演唱、演奏或表演，能够积极地在社区参与音乐活动。
	综合表现能力	舞蹈表现	W-1-2-1	能够运用舞蹈或者情境表演中简明的动作表现音乐情绪。	能够用简单的形体动作、面部表情体现音乐的情绪。
			W-1-2-2		能在同伴的配合下，运用情境表演中简明的动作，表现音乐情绪。
	音乐分析能力	音乐与韵律操的配合	W-1-2-1	能用不同节奏、节拍、情绪的音乐配合简单的韵律操动作。	在学会节奏、节拍的基础上，能跟随教师做简单的肢体动作。
			W-1-2-2		能结合不同的节奏、节拍、情绪配合简单的韵律操动作。

表 4-5 音乐校本化课程目标（三年级）

领域 能力	核心 能力	子能力	编码	内容标准	表现性标准
感受与欣赏能力	音乐感受能力	人声音色的辨别	G-2-3-1	能够用自己的声音或乐器模仿喜欢的声音。	能够根据音响的特点用自己的声音或乐器进行模仿。
			G-2-3-2	能够听辨歌唱中不同类型的女声和男声音色，说出人声的分类。	1. 通过聆听歌曲，能对演唱者的性别、音色、音域进行分析、比较，从而明确男声和女声分类的依据及其各自的特点。 2. 对比聆听，加强对女中音音色的听辨能力。

（续表）

领域能力	核心能力	子能力	编码	内容标准	表现性标准
感受与欣赏能力	音乐欣赏能力	听辨音乐情绪与情感	G-2-3-1	能够简要描述所听辨的音乐情绪及音乐情绪的变化。	通过教师的讲解，知道规范的音乐术语，能运用音乐术语对音乐情绪进行语言表达。
			G-2-3-2		通过对比聆听，能够辨别音乐的情绪变化。
		区分歌曲体裁与形式	G-2-3-1	聆听少年儿童歌曲和颂歌、抒情歌曲、叙事歌曲、艺术歌曲、格调健康的流行歌曲等各种体裁和类别的歌曲。	通过聆听、辨别，知道儿童歌曲、颂歌、抒情歌曲、叙事歌曲等体裁和类别。
			G-2-3-2		通过哼唱或默唱等演唱方式，感受体验到各种体裁和类别歌曲的特点，记忆其旋律。
		民族民间音乐风格	G-2-3-1	了解有代表性的地区和民族的民歌、民间歌舞、民间器乐曲和以京剧为代表的中国戏曲及曲艺音乐，体验其不同的风格。	利用课堂和生活中的音乐经验，能够感受到中外民族民间音乐在旋律形态和乐器音色等方面的特点。
			G-2-3-2		通过演唱民歌、京歌或聆听民族民间音乐，了解中国民族民间音乐的不同风格，为以后的相关音乐风格和流派的学习奠定基础。
音乐表现能力	技巧演唱能力	良好的演唱习惯	B-2-3-1	乐于参与各种演唱活动。	通过教师的教授、自主的练习，掌握正确的演唱方法，能够自信地积极参与演唱活动。
			B-2-3-2	能够用正确的演唱姿势和呼吸方法唱歌，培养良好的唱歌习惯。	1. 通过在演唱过程中教师对演唱姿势及方法的不断强化要求，养成良好的唱歌习惯。2. 结合歌曲的学习，通过教师准确的示范和形象的讲解，能够进行模仿和体验，掌握发声、呼吸等演唱方法。

（续表）

领域 能力	核心 能力	子能力	编码	内容标准	表现性标准
音乐 表现 能力	参与 演奏 能力	初步 合奏	B-2-3-1	乐于参与各种演 奏活动。	能通过准确、有表现力的范奏， 感受良好的声音环境。
			B-2-3-2		通过与同伴的合作，能演奏并 主动参与演奏活动。
	综合 表演 能力	综合性 艺术 表演	B-2-3-1	能够主动地参与 综合性艺术表演 活动。	通过教师的鼓励，自信的养成， 能逐步找到适合自己的综合艺术 表演形式，参与到表演活动中。
			B-2-3-2		
	乐谱 视唱 能力	简单 视唱	B-2-3-1	能在钢琴伴奏下， 视唱简单的乐曲。 用已经学会的歌 曲学唱乐谱。	能在钢琴伴奏下视唱简单的 乐曲。
			B-2-3-2		能在钢琴伴奏下视唱学过歌曲 的乐谱。
音乐 创造 能力	音乐 编创 能力	模仿 音效	C-2-3-1	能够运用人声、 乐器声及其他音 源表现自然界或 生活中的声音。	能够运用人声表现自然界或生 活中的声音。
			C-2-3-2		能借助乐器声或其他音源表现 自然界或生活中的声音。
		即兴 编创	C-2-3-1	能够即兴编创同 歌曲情绪一致的 律动或舞蹈，并 参与表演。	在教师引导、同伴合作下，根 据作品特点，即兴编创律动、 舞蹈、音乐故事、音乐游戏等， 逐步丰富作品表现。
			C-2-3-2		
	音乐 创造 能力	图谱 和乐 谱的 实践	C-2-3-1	能够在教师指导 下，尝试运用图 谱或乐谱记录声 音和音乐。	通过加强经典音乐主题聆听和 记忆，在教师的指导下，记录 音乐素材。
			C-2-3-2		通过有计划地进行简单的节奏 和旋律听记、填充与创作练习， 循序渐进地形成简单的音符组 合、旋律发展和终止设计能力。
文化 理解 与参 与能 力	音乐 交流 能力	音乐 交流	W-2-3-1	能够及时关注日 常生活中的 音乐。	通过聆听、搜集等方式，能够 关注到日常生活中的音乐并进 行听赏。
			W-2-3-2	能够初步学会从 传播媒体中收集 音乐材料。	能够在教师、家长、同伴的协 助下，初步学会从传播媒体中 收集音乐，并进行交流。

（续表）

领域能力	核心能力	子能力	编码	内容标准	表现性标准
文化理解与参与能力	综合表现能力	音乐与美术	C-2-3-1	能够运用美术中的色彩或线条表现出对音乐的不同感受。	通过在美术课学习的知识，体会色彩、线条和音乐的联系，内化为自己的感受，在音乐欣赏与表演中充分体验。
			C-2-3-2		
	音乐分析能力	选择配乐	W-2-3-1	能够自主选择合适的背景音乐，为儿歌、童话故事配乐。	通过音乐游戏、表演等方式，了解什么是背景音乐，背景音乐在其他艺术形式中的作用。
			W-2-3-2		能够通过对不同艺术形式表现的内容，进行分析，并从教师推荐的音乐中进行选择。

表4-6　音乐校本化课程目标（四年级）

领域能力	核心能力	子能力	编码	内容标准	表现性标准
感受与欣赏能力	音乐感受能力	学习音乐要素	G-2-4-1	能够认识常见的中国民族乐器和西洋乐器，并能听辨其音色。	1. 通过视听结合、图片、视频、现场演奏等，了解乐器的音色、演奏方式、构造及种类。 2. 对比聆听不同乐器演奏的音乐片段，感受、体验音色特点，提高对相关乐器音色的辨别能力。
			G-2-4-2	能够初步辨别节拍的不同，体验二拍子、三拍子、四拍子的律动感。	通过先确定基本拍、再寻找强弱规律的方法来学习确定音乐的节拍。
	音乐欣赏能力	描述情绪与情感	G-2-4-1	能够简要描述所听辨的音乐情绪及音乐情绪的变化。	能用规范的语言表达音乐的基本情绪。
			G-2-4-2		对比聆听，提高对音乐情绪的辨别能力。

(续表)

领域能力	核心能力	子能力	编码	内容标准	表现性标准
感受与欣赏能力	音乐欣赏能力	体验音乐主题	G-2-4-1	能够随着乐声哼唱短小的音乐主题或主题片段，能够通过律动或打击乐对所听音乐做出反应。	根据不同体裁的小型器乐曲主题的特点，选取哼唱、律动等适合的形式感受、体验音乐的主题或片段。
			G-2-4-2		能通过律动或打击乐对所听音乐做出反应。
		感受外国音乐风格	G-2-4-1	能够感受世界部分国家的民族民间音乐的不同音乐风格。	利用课堂及生活中的音乐经验，感受世界部分国家的民族民间音乐在旋律形态和乐器音色等方面的特点，并能进行简单描述。
			G-2-4-2		通过演唱或演奏世界部分国家的民族民间音乐的旋律片段，感受不同的音乐风格。
音乐表现能力	技巧演唱能力	多形式演唱	B-2-4-1	能够用自然的声音，准确的节奏和音调，有感情地独唱或参与齐唱、轮唱、合唱。	1. 通过分析歌曲特点，选取其中有代表性的旋律片段，进行发声、呼吸等练习，掌握唱歌的基本技能和方法。 2. 通过提高监听的意识和能力，力求能做到音高、节奏、词曲结合无误。 3. 通过正确的作品分析，能对歌曲二次处理，并准确表达歌曲的情绪。 4. 能够有步骤、有计划地进行轮唱、合唱练习，有效地提高合唱水平。
			B-2-4-2	能对指挥动作做出恰当的反应。	1. 通过反复的自主练习、合作练习，能准确、规范地进行指挥。 2. 能够在指挥下进行齐唱、轮唱、合唱。

领域能力	核心能力	子能力	编码	内容标准	表现性标准
音乐表现能力	参与演奏能力	多形式演奏	B-2-4-1	学习竖笛、口风琴或其他课堂乐器的演奏方法，参与歌曲、乐曲的表演。	1. 通过教师示范、讲解，学生模仿、体验的教学方式，能够掌握课堂乐器的正确演奏姿势和方法。 2. 能够关注乐器的声音表现，能及时发现问题，准确判断问题，正确分析问题，巧妙解决问题。
			B-2-4-2		1. 能够将课堂乐器作为伴奏乐器，为歌（乐）曲伴奏，从而丰富作品表现力。 2. 能将课堂乐器作为独立的演奏乐曲，进行独奏、齐奏、合奏。 3. 能够借助课堂乐器作为学具，帮助提高识读乐谱的能力。
	综合表演能力	角色表演	B-2-4-1	能够在有情节的音乐表演活动中（如儿童歌舞剧）担当一个角色。	能够通过对音乐的聆听，说出角色特点。
			B-2-4-2		能小组合作、自主排练，在有情节的音乐表演活动中担当一个角色。
	乐谱视唱能力	正确书写音乐记号	B-2-4-1	认识音名、音符、休止符以及一些常用的音乐记号。	能够将音符、休止符及一些常用音乐记号的形状和名称进行对应性记忆。
			B-2-4-2		了解音符、休止符以及一些常用音乐记号的含义并能正确书写。

（续表）

领域能力	核心能力	子能力	编码	内容标准	表现性标准
音乐创造能力	音乐编创能力	探索自制	C-2-4-1	能够运用人声、乐器声及其他音源表现自然界或生活中的声音。	通过欣赏人声、乐器声模仿的音效和演奏音乐，尝试用人声或自制打击乐器进行模仿。
			C-2-4-2	能够自制简易打击乐器。	在教师的指导下，选取符合作品特点、适合音乐表现的材料，自制简易乐器进行伴奏。
		音乐故事编创	C-2-4-1	能够以各种音源及不同的音乐表现形式，即兴编创音乐故事并参与表演。	能够通过聆听音源，即兴编创音乐故事。
			C-2-4-2		可以通过不同的表现形式进行音乐故事表演。
	音乐创编能力	节奏编创	C-2-4-1	能够利用教师或教材提供的材料和方法，独立地或与他人合作编创2~4小节的节奏。	能运用教师或者教材中提供的材料，在教师的指导下编创1~2小节的节奏。
			C-2-4-2		能在小组合作中，利用所学的音符、节奏知识，编创2~4小节的简单节奏。
文化理解与参与能力	音乐交流能力	主动参与	W-2-4-1	能从广播、影视、网络、磁带、CD等传播媒体中收集音乐材料，并经常听赏。	能借助传播媒体自主地收集音乐作品，并进行听赏或哼唱。
			W-2-4-2	能够主动参加社区音乐活动。	能够利用所学的音乐技能，主动参加社区音乐活动。
	综合表现能力	音乐与舞蹈	W-2-4-1	能够通过戏剧和舞蹈的欣赏，初步认识音乐在其中的作用。	通过欣赏视频、观看展示，能够初步了解音乐在舞蹈中的作用。
			W-2-4-2		通过小组表演，自主尝试，了解音乐与舞蹈之间的联系。
	音乐分析能力	配乐朗诵	W-2-4-1	能够自主选用合适的背景音乐，为诗歌或散文朗诵配乐。	通过诵读文学作品，能够分析作品情感风格，并能自主选择合适的背景音乐。
			W-2-4-2		在分析文学作品情感风格的基础上，选择合适的音乐进行配乐朗诵。

表 4-7　音乐校本化课程目标（五年级）

领域能力	核心能力	子能力	编码	内容标准	表现性标准
感受与欣赏能力	音乐感受能力	音乐旋律的表现要素	G-2-5-1	能够听辨旋律的高低、快慢、强弱。	能聆听音响，演唱、分析谱例，感受出旋律的高低、长短、节奏、节拍、速度、力度等音乐要素的变化。
			G-2-5-2	能够感知音乐主题，区分音乐基本段落，并能够运用体态或线条、色彩做出相应的反应。	1. 聆听音乐，通过对音响和谱例的讨论、分析，能够从情绪、旋律、形象、力度等方面感受到不同乐段特点。 2. 能够基于音乐特点，设计音乐活动。
	音乐欣赏能力	描述音乐情绪变化	G-2-5-1	能够简要描述所听辨的音乐情绪及音乐情绪的变化。	通过对音乐作品的聆听，能用音乐基本情绪的规范语言进行表达。
			G-2-5-2		通过对比聆听，能够辨别不用音乐的情绪变化。
		分辨音乐体裁与形式	G-2-5-1	能够初步分辨小型的音乐体裁与形式。	1. 通过聆听、对比、分析的方式，能分辨歌曲或乐曲主题与其音乐体裁（如叙事歌曲、通俗歌曲、进行曲、摇篮曲、圆舞曲等）。 2. 通过聆听不同演唱形式的歌曲，引导学生能从年龄、声部数量和演唱人数等方面进行比较，从而明确区分不同演唱形式的依据，了解童声独唱、童声合唱、女声独唱、男声独唱、混声合唱等演唱形式的特点。 3. 通过聆听不同演奏形式的乐曲，引导学生能从声部数量和演奏人数等方面进行比较，区分出不同演奏形式，了解独奏、齐奏、合奏形式的特点。 4. 通过对比聆听不同音乐形式的音乐片段，提高学生对不同音乐形式的听辨能力。
			G-2-5-2	能够根据音乐主题，说出作品标题。	通过乐曲聆听，能将歌曲或乐曲主题与其作品标题进行对应性记忆。

（续表）

领域能力	核心能力	子能力	编码	内容标准	表现性标准
感受与欣赏能力	音乐欣赏能力	分析作品	G-2-5-1	能说出教材中影视歌曲的出处。	熟练演唱歌曲，能将教材中影视歌曲的音响和歌曲出处进行对应性记忆。
			G-2-5-2	能够说出教材中经典音乐作品的标题、作者（姓名和国籍）以及出处。	通过对作品的聆听、教师的介绍，能将教材中经典音乐作品的音响和标题、作曲家简介以及出处进行对应性记忆。
音乐表现能力	技巧演唱能力	演唱评价	B-2-5-1	了解变声期嗓音保护的知识，初步懂得嗓音保护的方法。	在适当的时期，结合教师的讲解，采用观察、聆听、对比等方式，了解变声期嗓音保护的知识，掌握初步的嗓音保护方法。
			B-2-5-2	能够对自己和他人的演唱进行简单评价。每学年能背唱歌曲4~6首（其中中国民歌2~3首）。	1. 观察教师的示范、评价，能从音准、音色、节奏、咬字吐字、表情等方面进行演唱评价。 2. 能够选取经典、有代表性的歌曲进行背唱。
	参与演奏能力	演奏评价	B-2-5-1	能够对自己和他人的演奏做出简单评价；每学年能够演奏乐曲1~2首。	能够从音准、节奏、演奏方法、表情等方面进行演奏评价。
			B-2-5-2		根据个人的演奏能力，选择合适的乐器，演奏至少一首乐曲，并能进行自评、互评。
	综合表演能力	表演评价	B-2-5-1	能够对自己和他人的表演进行简单评价。	能够从演唱（奏）、表情、动作、语言等角度对自己和他人的表演进行简单的评价。
			B-2-5-2		能够从演唱（奏）、表情、动作、语言等角度对自己和他人的表演进行具有音乐素养的评价。

（续表）

领域能力	核心能力	子能力	编码	内容标准	表现性标准
	乐谱视唱能力	识谱视唱	B-2-5-1	能够跟随琴声视唱简单乐谱，具有初步的识谱能力。	借助之前听唱为主、视唱为辅的学唱方式，逐步向视唱为主、听唱为辅的方式进行过渡，掌握初步的识谱视唱能力。
			B-2-5-2		能够将课堂乐器作为学具，掌握识读乐谱、视唱的方法。
音乐创造能力	音乐编创能力	自制乐器	C-2-5-1	能够自制简易打击乐器。	能选择适合的材料自制打击乐器，掌握制作方法。
			C-2-5-2		能选取符合音乐作品特点、适合音乐表现的材料，自制简易乐器。
		编创表演	C-2-5-1	能够用各种音源及不同的音乐表现形式，即兴编创音乐故事并参与表演。	在教师引导和同伴合作下，根据作品特点，即兴编创律动、舞蹈、音乐故事、音乐游戏等，丰富作品表现形式。
			C-2-5-2		
	音乐创造能力	编创旋律	C-2-5-1	能够独立地或与他人合作编创 2~4 小节的节奏或旋律。	能结合所学音乐知识，与他人合作编创2~4小节旋律，并能进行哼唱、展示。
			C-2-5-2		能结合所学音乐知识，独立地编创2~4小节旋律，并能进行哼唱、展示。

（续表）

领域能力	核心能力	子能力	编码	内容标准	表现性标准
文化理解与参与能力	音乐交流能力	交流评价	W-2-5-1	能与他人针对音乐活动进行音乐交流。	通过参与集体的音乐活动，能针对音乐活动中的表演同他人进行音乐交流。
			W-2-5-2	能对音乐活动做出简单的音乐评价。	参与音乐与实践活动的交流，并能结合生活对音乐活动做出简单的音乐评价。
	综合表现能力	影视音乐作品	C-2-5-1	能够结合自己所熟悉的影视作品，初步了解音乐在影视作品中的作用。	能对熟悉的影视作品中的歌曲或主题音乐进行哼唱。
			C-2-5-2		通过对影视作品音乐或歌曲的哼唱，能感受到它们在影视剧中起到的作用，并能说出自己的感受。
	音乐分析能力	音乐与艺术之外的其他学科	C-2-5-1	能够说出某些不同历史时期、不同地域和国家的代表性音乐作品。	通过上网搜集、分享交流，认识不同时期、地域、国家的音乐作品。
			C-2-5-2		通过查阅资料或自主学习，说出不同历史时期、不同地域和国家的代表性音乐作品。

第五章
小学体育与健康国家课程标准的校本化解析

一、对体育与健康学科核心素养的理解

学科核心素养是学科育人价值的集中体现，是学生通过学科学习而逐步形成的正确价值观念、必备品格和关键能力。[①] 体育与健康学科核心素养的提出，将体育课程由传统的偏重知识技能的课程结构向重视学科育人的课程结构转变，即学科核心素养引领课程目标、课程内容、教学与评价方式等，换言之，课程目标、课程内容、课程评价等都要紧紧围绕学科核心素养进行设计和实施。

《普通高中体育与健康课程标准（2017 年版）》中提出，体育与健康学科核心素养为运动能力、健康行为和体育品德三个方面。运动能力是体能、技战术能力和心理能力等在身体活动中的综合表现，是人类身体活动的基础。运动能力分为基本运动能力

----

① 中华人民共和国教育部. 普通高中体育与健康课程标准（2017 年版）[S]. 北京：北京师范大学出版社，2017.

和专项运动能力，反映的是学生在运动中的综合表现，包括体能、技战术能力和心理能力，只有协调发展，才能有良好的运动表现。健康行为是增进身心健康和积极适应外部环境的综合表现，是改善健康状况并逐渐形成良好生活方式的关键。在体育与健康教学中，不仅要重视学生体能和运动技能的学练，还要重视健康教育的教学，促进学生健康行为的形成。体育品德是指在体育运动中应当遵循的行为规范以及形成的价值追求和精神风貌，对维护社会规范、促进社会风尚具有积极作用，包括体育精神、体育道德和体育品德三个方面。要充分发挥体育课程的健身育人功能，体育教学不仅要重视学生体能和运动技能的提高、健康行为的形成，还要重视通过体育运动培养学生的体育精神和品格。

运动能力、健康行为和体育品德三个学科核心素养，联系密切，相互影响，相互促进，相互补充。运动能力是形成健康行为和体育品德的基础，健康行为是发展运动能力和体育品德的保障，体育品德是提高运动能力和促进健康行为的根本。这三个方面各有侧重又相互联系，共同组成了学科核心素养的整体。[①]

二、小学国家课程标准的分解方法

体育与健康学科与其他课程不同，它属于实践类技能性的课程。体育与健康课程学习的结果主要不是体现在认知性知识的积累和深化上，而是表现在体能的增强、技能的掌握及行为和态度

---

① 季浏. 培养学科核心素养是体育与健康课程的出发点和落脚点 [J]. 中国学校体育，2018（4）.

等方面的改变，主要是为了发展学生的运动认知和运动实践。[①]因此，在国家课程标准校本化的过程当中，本着忠于课程标准的原则，从学科核心素养开始，提取核心能力，构建能力指标体系，最终形成校本化的课程目标。

（一）确定学科核心能力与关键能力

体育与健康学科核心素养为运动能力、健康行为和体育品德三个方面。体育与健康学科性质是以身体练习为主要手段，以学习体育与健康知识、技能和方法为主要内容的课程。因此，运动能力是形成健康行为和体育品德的基础，是学科的核心能力。

运动能力为体育与健康学科最顶层的能力，为了达成该能力，笔者将学科核心素养与《义务教育体育与健康课程标准（2011年版）》中的四个学习方面建立连接，寻找达成核心能力的关键能力。课程标准分为四个学习方面，分别为：运动参与、运动技能、身体健康、心理健康与社会适应。

运动参与是指学生参与体育学习和锻炼的态度及行为表现，是学生习得体育知识、技能和方法，锻炼身体和提高健康水平，形成积极的体育行为和乐观开朗人生态度的实践要求和重要途径。"参与体育学习和锻炼的态度及行为表现"是运动参与的过程，"习得体育知识、技能和方法，锻炼身体和提高健康水平，是运动参与可观测的结果"，"积极的体育行为和乐观开朗人生态度"是运动参与的终极目标。因此，运动参与这一学习方面指向的关键能力为积极的运动参与能力。

---

① 北京教育科学研究院基础教育教学研究中心.学科能力标准与教学指南：中小学体育与健康［M］.北京：北京师范大学出版社，2015.

运动技能是指学生在体育学习和锻炼中完成运动动作的能力，反映了体育与健康课程以身体练习为主要手段的基本特征，是课程学习的重要内容和实现其他学习方面目标的主要途径。因此，运动技能这一学习方面指向的关键能力为掌握运动技能的能力。

身体健康是指人的体能良好、机能正常和精力充沛的状态，与体育锻炼、营养状况和行为习惯密切相关。该学习方面强调学生形成关注自身健康的意识和行为。因此，身体健康这一学习方面指向的关键能力为关注并保持身体健康的能力。

心理健康与社会适应是指个体自我感觉良好以及与社会和谐相处的状态与过程，与体育学习和锻炼、身体健康密切相关。该学习方面包括两点：自身的心理健康和与社会和谐相处的能力，概括起来说是一种对自身和外界的适应。因此，该学习方面指向的关键能力为心理适应能力。

综合以上分析，在学科核心素养的引领下，通过对课程标准四个学习方面内涵的解读，确定了体育与健康学科的核心能力为运动能力，达成运动能力的关键能力为：积极的运动参与能力、掌握运动技能的能力、关注并保持身体健康的能力、心理适应能力。运动能力为达成学科核心素养最顶层的核心能力，只有夯实运动能力，才能促进其他学科素养的协调发展。四个关键能力相辅相成，共同为达成核心能力奠定基础。通过以上分析，建立了学科核心素养、课程标准中的四个方面以及关键能力之间的联系。（见表5-1）

表 5-1　体育与健康学科核心素养、关键能力与课程标准四个学习方面对照表

核心素养	课程标准四个学习方面	关键能力
运动能力	运动参与　运动技能 身体健康	积极的运动参与能力 掌握运动技能的能力 关注并保持身体健康的能力
健康行为	身体健康 心理健康与社会适应	关注并保持身体健康的能力 心理适应能力
体育品德	运动参与 心理健康与社会适应	积极的运动参与能力 心理适应能力

（二）提取阶段能力

关键能力的形成，往往需要较长的时间，并需要其他相应关键能力的支撑。为了促进学生关键能力的形成，有必要在不同的学习阶段学习相应的阶段性能力。只有合理设置阶段性能力，才能有的放矢，适合学生身心发展的特点，实现事半而功倍的学习效果。在进行国家课程标准的分解中，我们对此充分重视，并进行了长期而认真的、反复的研究。下面以掌握运动技能的能力为例来进行分解说明。

我们首先对不同学生的身心发展特点进行了分析。

一至二年级的学生属于水平一阶段，该阶段的学生在柔韧性、灵敏性和平衡能力发展上处于敏感期，兴趣尚不固定，对什么体育项目都感兴趣，但又不会持续很长时间，也不能挑战难度较大的动作或游戏。生理上处于平稳发展时期，肌肉发育尚不完全，关节韧带较为松弛，易发生脱臼，不宜进行剧烈运动。神经系统调节心脏活动的功能已发展完成，血液循环比较快，心跳较快，不能胜任心脏负担过重和体力过度的活动。心理水平还停留在不随意性和具体形象阶段，心理活动的随意性和目的性虽有所发展，

但仍以不随意性为主。参加集体活动时的集体意识比较模糊。还不具备自我评价能力，但喜欢听表扬的话。

三至四年级的学生属于水平二阶段，该阶段的学生在柔韧性、灵敏性、速度和力量的发展上处于敏感期，身体发育相对稳定，骨骼易发生变形、脱臼和损伤，要特别注意正确身体姿势的培养。开始出现抽象逻辑思维，认知活动的随意性、目的性有所增长，练习时容易被新颖的内容所吸引，兴趣十分广泛。

五年级的学生属于水平三阶段，该阶段的学生在灵敏性、力量、速度和心肺耐力发展上处于敏感期，身体发育进入增长高峰期，学习、掌握技术动作较快，智力有很大发展，逻辑思维开始占优势，注意力分配能力显著提高，在注意手上动作的同时还能注意到腿上或脚上动作，也能注意到动作的变化，并完成动作间的转换。

综上所述，不难看出，不同学段的学生，年龄层次不同，决定了他们的身体发育和学习方式是不同的，所能达到的能力程度也是不同的，且能力是由低到高的。

关于运动技能领域的学习目标，体育与健康国家课程标准是这样规定的：一至二年级的学生（水平一）能够学习不同的体育活动方法，初步学会常见的球类游戏，在游戏中初步感知技能。三至四年级的学生（水平二）初步掌握多种体育活动方法，初步掌握几类球类活动的基本方法，如篮球运球、传球等。该阶段是对技术动作的初步学习和掌握阶段。五年级的学生（水平三）能够基本掌握运动项目的技术动作组合，如小足球运球、射门技术动作组合等。

通过对学生身心特点的分析及课程标准中关键能力的描述，我们确定了小学阶段运动技能的阶段性能力为：第一学段是技能感知能力，第二学段是技能掌握能力，第三学段是技能组合运用能力。

（三）细化能力表现

方法一：细化能力搭建小阶梯。

确定了学段核心能力，要想将国家课程标准落实到校本化，还需搭建一个阶梯。经分析发现，体育与健康课程标准各个水平目标之间具有宏观的梯度性，但是却没有体现具体落实的梯度。我们需要搭建梯度之间的小阶梯，以促进学生达到课标中的梯度。下图为在分析体育与健康课程标准时所建立的目标梯度模型。这就是为什么国家课程标准实施建议中指出：教师应结合实际将课程目标具体化，提高目标的可操作性，有计划、有步骤地促进学习目标的达成。而学习目标是由水平目标、学期目标、单元目标、课时目标组成的完整体系。

图 5-1 所示为运动参与领域目标。水平一要求能够参加体育课、课外体育运动；水平二要求能够乐于参与多种体育活动；水平三要求学会、感受体育活动和比赛。由此模型我们可以清楚地看出，运动参与领域每个水平段之间内容与行为动词都具备一定的梯度性，随着水平的提高逐渐提升。

图 5-2 所示为运动技能领域目标。水平一要求能够作出身体基本活动方法，水平二要求完成体育活动方法，水平三要求能够掌握技术动作组合。由此模型我们可以清楚地看出运动技能领域每个水平段之间内容与行为动词也都具备一定的梯度性。

图 5-3 和图 5-4 分别说明了身体健康领域各个水平之间内容与行为动词的梯度性。

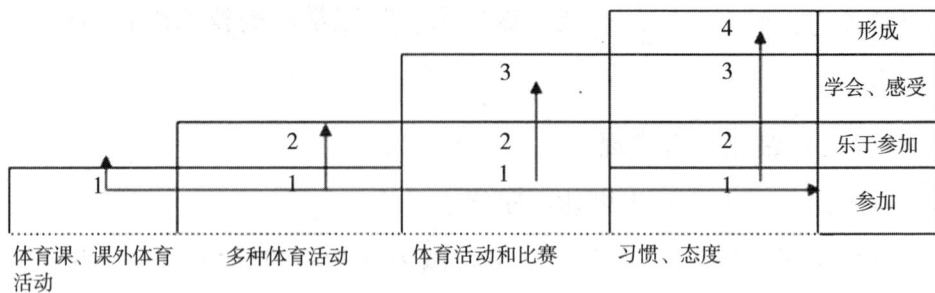

图 5-1

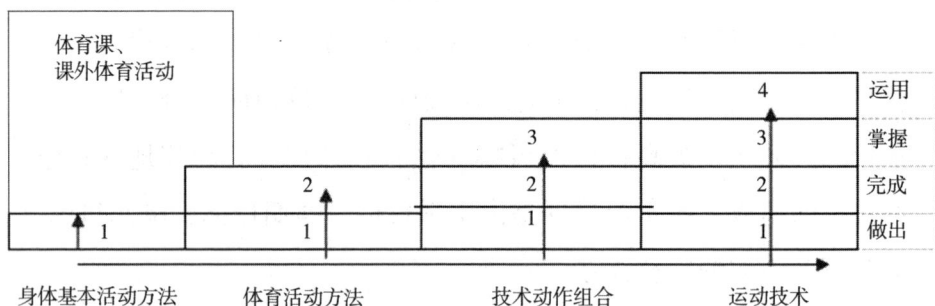

图 5-2

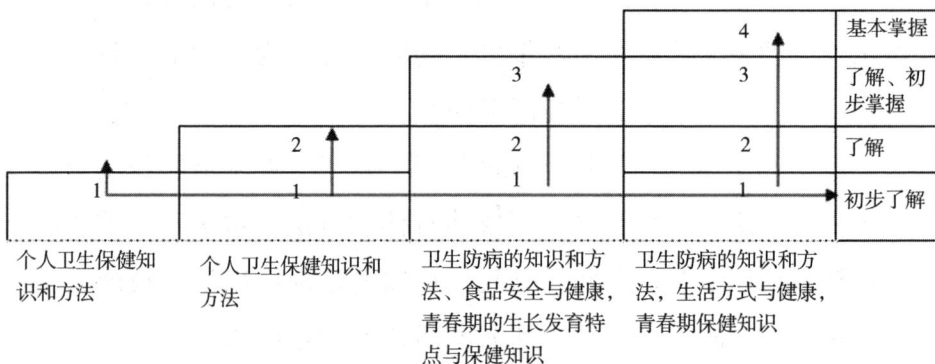

图 5-3

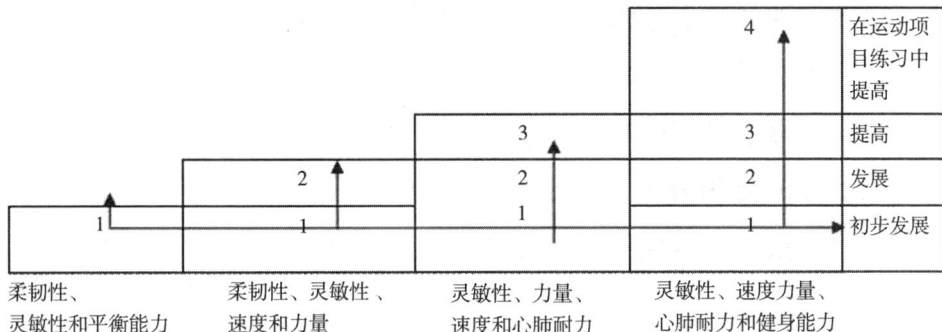

图 5-4

    关于小阶梯的搭建，现举例予以说明。还是以上述掌握运动技能的能力为例，我们对三个阶段的国家课程标准先进行了编码：S-3-1-1：学习基本的身体活动方法和体育游戏。S-3-2-1：提高基本身体活动和完成体育游戏的能力。S-3-3-1：掌握有一定难度的基本身体活动方法。从国标中的这三条进行分析，可见国家课程标准具有明显的宏观的目标梯度，但没有具体落实的描述，需要搭建梯度之间的小阶梯。笔者利用拆解方法对上述课程标准进行细化，以"学习基本身体活动方法"为例说明。

1. 拆解

    从句型结构来看，本条目标属于"内容型目标"，其中，核心概念为"基本身体活动方法"，行为动词为"学习"。接下来依次拆解。

    按照难易程度，"基本身体活动方法"由易到难包括"走、跑、跳、爬、钻、投、抛、接、挥击、攀、滚动、支撑"等。其中，走、跑、跳、爬、钻等属于较易掌握的基本身体活动方法，为第一学期学习内容；投、抛、接、挥击、攀、滚动、支撑等属于较难掌握的基本身体活动方法，为第二学期学习内容。

学习，是指通过阅读、听讲、研究、观察、理解、探索、实验、实践等手段获得知识或技能的过程，是一种使个体可以得到持续变化的行为方式。依据体育与健康学科特点，根据走、跑、跳、爬、钻等基本身体活动的性质，行为动词"学习"拆解为模仿和练习。

2. 学情分析

心理方面，一年级上学期学生刚从幼儿园进入小学，好奇心强，自我约束能力差，模仿能力较强。因此，在学习活动中应以游戏为主，采用多种实施策略，设置易于示范和模仿的学习内容。如 S-3-1-1-1：能在体育游戏活动中模仿作出走、跑、跳、爬、钻等基本身体活动动作。自我意识强，集体意识较差，因此，在学习过程中，以独立练习为主，逐步渗透合作练习。如 S-3-1-1-2：能根据要求单独练习走、跑、跳、爬、钻等基本身体活动动作。

生理方面，肌肉发育尚不完全，关节的伸展性活动范围较大，牢固性较差，容易发生脱臼。因此在体育活动和锻炼时不易进行剧烈运动。心跳较快，应防止心脏负担过重和活动过度。

综合以上分析，学习基本的身体活动方法分解细化到学期，形成了校本化的课程目标，如表 5-2 所示。

表 5-2

S-3-1-1 学习基本的 身体活动方法	S-3-1-1-1	能在体育游戏活动中模仿作出走、跑、跳、爬、钻等基本身体活动动作。
	S-3-1-1-2	能根据要求单独练习走、跑、跳、爬、钻等基本身体活动动作。

（续表）

S-3-1-1 学习基本的 身体活动方法	S-3-1-1-3	能够自主尝试投、抛、接、挥击、攀、滚动、支撑等基本身体活动动作。
	S-3-1-1-4	能在体育游戏活动中作出走接跑、爬接钻、跑接跳等连续的基本身体活动动作。
	S-3-1-1-5	能在体育游戏活动中灵活地运用走、跑、跳、爬、钻等基本身体活动动作。
	S-3-1-1-6	能在体育游戏活动中根据场地器材的安排自行作出走、跑、跳、爬、钻等基本身体活动动作。
	S-3-1-1-7	能在体育游戏活动中作出投、抛、接、挥击、攀、滚动、支撑等基本身体活动动作。
	S-3-1-1-8	能在体育游戏活动中灵活地运用走、跑、跳、爬、钻、投、抛、接、挥击、攀、滚动、支撑等基本身体活动动作。
	S-3-1-1-9	能在体育游戏活动中根据场地器材的安排自行作出走、跑、跳、爬、钻、投、抛、接、挥击、攀、滚动、支撑等基本身体活动动作。
	S-3-1-1-10	能在体育游戏活动中作出爬接攀、走接投、滚动接支撑等连续的基本身体活动动作。

方法二：分解课程标准

体育与健康课程标准实施建议指出：细化本标准提出的课程目标，教师应结合实际将课程目标具体化，提高目标的可操作性，有计划、有步骤地促进学习目标的达成。[①] 为此，我们根据学习目标叙写规范，力求所叙写出来的学习目标包括以下几个要素：（1）"条件"（在什么情景中）；（2）"行为"（做什么和怎么做）；（3）"标准"（做到什么程度）。为了细化目标，在制定学

① 中华人民共和国教育部. 义务教育体育与健康课程标准（2011 年版）[S]. 北京：北京师范大学出版社，2012.

习目标时应使用能够体现不同层次意义的行为动词。

第一步：分析陈述方式、句型结构和关键词。陈述方式："结果性目标"；句型结构："基本结构二：行为表现+表现程度"；行为动词："掌握"；核心概念："球类活动的基本方法"，如表5-3所示。

表5-3

行为表现		行为条件	表现程度
核心概念	行为动词		
球类活动的基本方法	掌握		初步掌握

第二步：分析行为表现，扩展或剖析核心概念和行为动词。核心概念为"球类活动的基本方法"，依据其特点，球类活动的基本方法主要包括：球类知识、球类活动技能、球类练习方法。行为动词为"掌握"，与扩展后的核心概念一一对应，分别为：说出、作出、指认、辨别，如表5-4所示。

表5-4

行为表现	
核心概念	行为动词
球类活动的基本方法	掌握
球类知识	说出
球类活动技能	作出
球类练习方法	指认
	辨别

第三步：确定行为条件。依据知识的不同类型，球类知识属于事实性知识，主要通过查阅资料、倾听等策略获得；球类活动技能和练习方法属于程序性知识，主要通过尝试、体验、练习、讨论等策略获得，如表5-5所示。

表 5-5

行为表现		行为条件
核心概念	行为动词	
球类活动的基本方法 球类知识 球类活动技能 球类练习方法	掌握 说出 作出 指认 辨别	通过查阅资料、倾听 通过练习、体验 通过讨论、尝试

　　第四步：确定行为表现程度。确定表现程度主要的依据为学情。通过"球类活动知多少"的问卷调查发现：90%以上的学生能说出至少三种球类；80%以上的学生体验过三种以上的球类。通过课堂测试发现：76%以上的学生能完成简单的持球游戏；绝大多数学生不能做出较规范的球类技术动作；仅有 2 名学生能说出简单的练习方法。因此，核心概念"球类知识"的表现程度确定为准确的；"球类活动技能"的表现程度为独立、较熟练；"球类练习方法"的表现程度为在教师的提示下，至少确定一种，如表 5-6 所示。

表 5-6

行为表现		行为条件	表现程度
核心概念	行为动词		
球类活动的基本方法 球类知识 球类活动技能 球类练习方法	掌握 说出 作出 指认 辨别	通过查阅资料、倾听 通过练习、体验 通过观察、分析 通过讨论、尝试	初步掌握 准确的 较熟练、独立 在提示下说出至少一种

第五步：综合上述思考，写出细化后目标。（1）通过查阅资料、倾听，准确地说出所学球类知识。（2）通过体验和练习，较熟练地独立作出球类活动技能。（3）通过观察、分析、讨论和尝试，在教师的提示下指认至少一种球类练习方法。

通过以上分析，再利用替代的细化方法进行进一步细化。如，"通过查阅资料、倾听准确地说出所学球类知识"。可用"篮球知识"替代"球类知识"。

三、体育与健康国家课程标准分解后的分配

学科核心素养的落地则需要具体化、可测评的课程总目标、学段目标、年级目标、学期目标及完善的教学体系。年级目标和学期目标是打通课程目标与学科教学的桥梁，它实现了课程标准的细化，迈出了课程标准落地的第一步，更促进了体育与健康学科教学内容的明确化，保障学生的体育与健康学科核心素养螺旋上升。要将分解细化后的课程标准分配到各个学期中，更多的是基于教师经验，结合学情和学校实际情况寻找关键内容。以运动技能领域，掌握运动技能的能力中学习不同的体育活动方法为例。该条目是水平一，一至二年级内容标准中的一条，通过细化将其分为了以下几条。

S-2-1-1-1 能根据要求完成小篮球、小足球、乒乓球、软排球等常见的球类持球游戏。

S-2-1-1-2 能做出立正、稍息、踏步、齐步走、看齐、仰卧、俯卧、纵叉、横叉等基本体操动作。

S-2-1-1-3 能完成包含所学基本体操动作的游戏。

S-2-1-1-4 能做出单个韵律动作。

S-2-1-1-5 能做出基本手型、抱拳、马步、蹬腿、冲拳等简

单的武术基本动作。

S-2-1-1-6 能完成包含所学武术基本动作的游戏。

S-2-1-1-7 能做出跳皮筋、单人双脚跳绳、跳房子等简单的民族民间传统体育活动项目的基本动作。

S-2-1-1-8 能根据要求完成小篮球、小足球、乒乓球、软排球等常见的球类拍球、传递球游戏。

S-2-1-1-9 能做出转法、蹲立基本体操动作。

S-2-1-1-10 能做出棍、球、绳等轻器械体操动作。

S-2-1-1-11 能做出多种韵律动作，能完成简单的韵律操。

S-2-1-1-12 能完成 3~5 个武术简单动作组成的动作组合。

S-2-1-1-13 能做出踢毽子等简单的民族民间传统体育活动项目的基本动作。

S-2-1-1-14 能自主学习其他简单的民族民间传统体育活动项目。

一、二年级的学生心率、血压、肺活量及其他生理指标都不稳定，且与成年人的指标有较大差距，骨骼易弯曲，肌肉力量较小，大肌肉动作的协调性比幼儿期有很大的发展，但小肌肉动作的协调性还较差。脑功能发育处于"飞跃"发展的阶段，大脑神经活动的兴奋性水平提高，既爱说又爱动。注意力不持久，一般只有 20~30 分钟。形象思维仍占主导，逻辑思维很不发达，很难理解抽象的概念。独立性和自觉性较差，在生活、学习、活动等各个方面都需要成人的监护和具体指导。其中一年级上学期初入小学，学生需要进行生理和心理的过渡，因此将较为简单的内容、与幼儿园具有衔接性的内容分配到一年级第一学期，后面每一学期都以第一学期为基础进行分配。因此根据学情，基于教师经验，将 S-2-1-1-1、S-2-1-1-2 两条分配到一年级上学期；S-2-1-1

–3、S-2-1-1-4、S-2-1-1-5、S-2-1-1-6、S-2-1-1-7 分配到一年级下学期；S-2-1-1-8、S-2-1-1-9 分配到二年级上学期；S-2-1-1-10、S-2-1-1-11、S-2-1-1-12、S-2-1-1-13、S-2-1-1-14 分配到二年级下学期。

下面列举一年级上学期运动技能领域，掌握运动技能的能力中"学习不同的体育活动方法"的课程目标，如表5-7所示。

表 5-7

领域	能力	所指向核心素养	国标（根据能力对顺序进行调整）	编码	校本化课程目标	学期划分
运动技能 S	掌握运动技能的能力（技能）S-2	运动能力	S-2-1-1 学习不同的体育活动方法	S-2-1-1-1	能根据要求完成小篮球、小足球、乒乓球、软排球等常见的球类持球游戏。	1 上
				S-2-1-1-2	能做出立正、稍息、踏步、齐步走、看齐、仰卧、俯卧、纵叉、横叉等基本体操动作。	1 上

表 5-8 为晏婴小学一至五年级体育与健康学期教学目标。

表 5-8

学期	教学目标
1	通过游戏和基本身体活动的学练，初步发展柔韧性和灵敏性；掌握简单的队列队形知识，能用正确的方式走路，会轻松地慢跑，能完成单双脚的跳跃；会用小足球和小篮球进行游戏。积极参加体育课和课外体育活动，并在活动中注意安全，保持稳定的情绪；初步了解饮食卫生常识；能按照游戏规则进行游戏，自觉和同学配合，包容同学的错误，接受输的结果。

（续表）

学期	教学目标
2	能够完成简单的走、跑、跳跃、投掷、抛、接、攀、爬、钻、滚动等动作，并知道基本活动方法；会用小篮球和小足球进行与之特点一致的游戏；能用民族民间的小游戏和项目进行娱乐；了解用眼卫生，知道正确的身体姿态，初步形成安全从事体育活动的意识；能够克服一定的困难完成学习任务；遵守游戏规则，能正确地对待比赛结果；能在活动中表现出对同学的关心和爱护，为需要帮助的同学提供帮助。
3	发展速度、灵敏性和平衡素质，进行各种距离的奔跑活动，用合理的跳绳动作活动；能用合理的技巧爬越障碍，安全滚翻；会用小足球和小篮球进行与之特点一致的游戏活动；能用民族民间小游戏进行娱乐；积极参加体育锻炼，了解口腔卫生知识，在体育活动中注意保持正确的身体姿态；在活动中保持积极的情绪，主动和同学交流，有共同解决问题的愿望，主动提醒同学按照游戏规则游戏，能正确地对待比赛结果。
4	积极参加体育活动和体育锻炼，在活动中保持积极的情绪，能主动克服困难完成学习任务；进一步发展速度素质、初步灵敏性和平衡素质；能直线快速跑，选择合理的方法跳绳、攀爬跨越障碍；能用小篮球和小足球完成游戏；掌握拳术的基本手型和步伐，能用民族民间活动进行游戏；能正确对待比赛结果，带领同学遵守规则进行游戏或比赛。
5	能够安全地在场地上进行各种路线的快速奔跑，理解并运用规则进行小竞赛，能够单脚起跳，用规范动作抛掷轻物，用一定的技巧滚翻跨越；会用小足球和小篮球进行与其技能特点相一致的游戏；能用民族民间的小游戏进行锻炼；知道奥林匹克相关知识，知道疾病预防和卫生保健；能重视安全运动，在活动中尊重他人，能接受分工并负责完成任务。
6	能积极地参与体育活动，知道如何进行锻炼，掌握一定的健康知识并有意识地保持健康；发展柔韧性、力量和灵敏性；能尝试规范的垫上动作；进一步提高快速跑、跳跃一定高度和向远处跳跃的能力，能够抛投轻物到一定远度和高度；与音乐节奏配合完成韵律操，能合作进行多种接力游戏，会用小篮球和小足球的基本方法如运球、传球等进行游戏；遵守规则，挑战自我，敢于展示自己，能在合作中胜任分配或选择的角色，完成任务并在同学需要帮助时提供帮助。

（续表）

学期	教学目标
7	能积极参与到体育活动中，乐观开朗地进行学习，发展灵敏性、速度、协调性和力量素质；学会简单的武术套路并能展示自己；能在游戏中灵活地单双脚起跳和落地；基本完成上下肢协调地将轻物投掷一定距离；能用正确的方法和部位踢球、运球并进行小足球游戏，能用正确的方法运球、投篮并进行小篮球游戏；在活动中遵守规则，能坚持完成有困难的活动和任务；敢于承担，能与同学一起分工负责，完成活动任务；能知道如何健康地锻炼，能和同学一起情绪稳定地进行体育活动；能正确地应对自然环境的变化。
8	能积极参加体育活动，发展灵敏性、柔韧性、速度和力量素质，并能用至少一项发展以上各类体能的方法进行自主锻炼，并能适应恶劣天气环境，坚持锻炼；能了解疾病的危害和预防，能有自我保护的意识，主动规避危险；掌握小篮球的各种运球、传接球、投篮技能，掌握小足球的运球、传接球、射门，并能进行简单的比赛；能跟着音乐节奏完成韵律操；能用最快的速度完成30~50米跑，并完成多人接力；能安全地完成连续滚翻动作，尝试抛投实心球；能够完成急行跳高和跳远的动作；能挑战自我，积极进取，胜任角色和任务并帮助同学共同完成任务。
9	积极参加锻炼，愿意与他人分享学习成果，能主动帮助他人，重视安全，知道做准备活动和放松活动的必要性；能完整地完成1~2套韵律操，并能进行简单的编排；能完成急行跳远动作并知道要领，能用正确的呼吸和方法进行长距离跑步练习；能用上下肢协调投掷轻物；能用合理的方法完成越过山羊或跳箱活动；掌握垫上滚翻、倒立动作；能用小篮球、小足球技术进行游戏和比赛；能用排球进行具有排球特征的游戏；能完成一套武术动作；能知道多种发展体能的方法；进一步了解所学项目的知识，如名称、健身价值等；知道常见简单运动损伤的预防和应急处理方法；在团队活动中有负责任的态度，能自觉遵守规则，尊重他人，建立公平竞争的意识。
10	能积极参加锻炼，敢于挑战自己、展示自己；发展灵敏性、速度、力量素质，并能用多种方式增强身体素质；能完成一套垫上简单组合动作；能跟随音乐节奏完成几个舞蹈动作；能完成快速跑、耐久跑、跳远、跳高、投掷轻物和实心球及多种组合接力练习；完成一套武术动作；掌握足球颠球、运球、传接球、射门及其组合动作；掌握简单的篮球、足球规则，能利用已掌握的技术进行比赛；掌握科学锻炼的方法，知道怎么做准备活动和放松活动并实践；能遵守规则，建立公平竞争的意识，有克服困难的举动和行为。

四、体育与健康国家课程标准编码说明

为了便于检索和使用，我们采用了编码形式。编码按照字母加数字的形式：P（领域）–1（能力）–1（学段）–1（序号），其中第一个字母代表了领域，如：P代表运动参与、S代表运动技能、H代表身体健康、A代表心理健康与社会适应。后面第一个数字代表关键能力，比如P–1代表运动参与领域，积极的运动参与能力。

五、校本化课程目标的呈现

表5-9　体育与健康校本化课程目标（一上）

领域	能力	所指向核心素养	国标（根据能力对顺序进行调整）	编码	校本化课程目标
运动参与P	积极的运动参与能力P-1	运动能力健康行为体育品德	P-1-1-1 上好体育与健康课并积极参加课外体育活动。	P-1-1-1-1	能够按时上课。
运动技能S	掌握运动技能的能力（知识）S-1	运动能力	S-1-1-1 获得运动的基本知识和体验。	S-1-1-1-1	能说出所学情景类、竞技类体育游戏的名称。
				S-1-1-1-2	能理解所学体育游戏中的情景。
				S-1-1-1-3	能说出游戏所用器材的名称。
				S-1-1-1-4	能说出所学情景类、竞技类体育游戏动作术语。
				S-1-1-1-5	能根据指令指出游戏中出现的动作。

（续表）

领域	能力	所指向核心素养	国标（根据能力对顺序进行调整）	编码	校本化课程目标
运动技能 S	掌握运动技能的能力（技能）S-2		S-2-1-1 学习不同的体育活动方法。	S-2-1-1-1	能根据要求完成小篮球、小足球、乒乓球、软排球等常见的球类持球游戏。
				S-2-1-1-2	能做出立正、稍息、踏步、齐步走、看齐、仰卧、俯卧、纵叉、横叉等基本体操动作。
	掌握运动技能的能力（方法）S-3		S-3-1-1 学习基本的身体活动方法和体育游戏。	S-3-1-1-1	能在体育游戏活动中做出走、跑、跳、爬、钻等基本身体活动动作。
				S-3-1-1-2	能根据要求单独练习走、跑、跳、爬、钻等基本身体活动动作。
				S-3-1-1-3	能够自主尝试投、抛、接、挥击、攀、滚动、支撑等基本身体活动动作。
			S-3-1-2 初步了解安全运动以及日常生活中有关安全避险的知识和方法。	S-3-1-2-1	能做到穿运动服、运动鞋参加体育课和体育活动。
				S-3-1-2-2	能做到不带坚硬的饰品参加体育课和体育活动。
				S-3-1-2-3	能做到不带坚硬的物品参加体育课和体育活动。
				S-3-1-2-7	能做到上下楼梯靠右走。
				S-3-1-2-8	能做到按秩序进出教室，上下楼不推挤。能在体育课上教师规定的场地内活动。

（续表）

领域	能力	所指向核心素养	国标（根据能力对顺序进行调整）	编码	校本化课程目标
身体健康 H	关注并保持身体健康的能力（知识）H-1	健康行为运动能力	H-1-1-1 初步了解个人卫生保健知识和方法。	H-1-1-1-1	按时进餐，不挑食、不偏食，饭前洗手
				H-1-1-1-2	知道牛奶、豆类等食物的作用。
				H-1-1-1-3	按要求做眼保健操。
				H-1-1-1-4	知道正确的刷牙方法，并按时刷牙。
身体健康 H	关注并保持身体健康的能力（生理）H-2		H-2-1-1 注意保持正确的身体姿态。	H-2-1-1-1	能说出正确的身体姿态，指认不正确的身体姿态。
				H-2-1-1-2	能注意保持正确的坐立行姿态和读写姿势。
			H-2-1-2 初步发展柔韧性灵敏性和平衡能力。	H-2-1-2-1	能完成横叉、纵叉、仰卧推起成桥、坐位体前屈等柔韧性练习。
				H-2-1-2-2	能完成 8 字跑、绕赶跑等灵敏性练习。
			H-2-1-3 发展户外运动能力。	H-2-1-3-1	能够和家人一起在假期中进行户外运动。
心理健康与社会适应 A	心理适应能力 A-1	体育品德	A-1-1-1 努力完成当前的学习任务。	A-1-1-1-1	按要求完成体育课堂上布置的体育与健康学习任务。
			A-1-1-2 体验体育活动对情绪的积极影响。	A-1-1-2-1	能说出体育课游戏活动前后情绪的变化。
			A-1-1-3 在体育活动中适应新的合作环境。	A-1-1-3-1	能够在新的合作环境中进行体育活动和体育游戏。

表 5-10　体育与健康校本化课程目标（一下）

领域	能力	所指向核心素养	国标（根据能力对顺序进行调整）	编码	校本化课程目标
运动参与 P	积极的运动参与能力 P-1	运动能力健康行为体育品德	P-1-1-1 上好体育与健康课并积极参加课外体育活动。	P-1-1-1-2	能够说出课堂常规并按照常规要求上课。
运动技能 S	掌握运动技能的能力（知识）S-1	运动能力	S-1-1-1 获得运动的基本知识和体验。	S-1-1-1-6	能说出走、跑、跳、爬等身体活动名称。
				S-1-1-1-7	能在游戏中根据术语指出别人所做的身体活动。
				S-1-1-1-8	能说出常见的学过或还未学过的运动项目名称。
				S-1-1-1-9	见到常见的运动项目能够指认。
	掌握运动技能的能力（技能）S-2		S-2-1-1 学习不同的体育活动方法。	S-2-1-1-3	能完成包含所学基本体操动作的游戏。
				S-2-1-1-4	能做出单个韵律动作。
				S-2-1-1-5	能摆出基本手型，做出抱拳、马步、蹬腿、冲拳等简单的武术基本动作。
				S-2-1-1-6	能完成包含所学武术基本动作的游戏。
				S-2-1-1-7	能做出跳皮筋、单人双脚跳绳、跳房子等简单的民族民间传统体育活动项目的基本动作。

（续表）

领域	能力	所指向核心素养	国标（根据能力对顺序进行调整）	编码	校本化课程目标
运动技能 S	掌握运动技能的能力（方法）s-3		S-3-1-1 学习基本的身体活动方法和体育游戏。	S-3-1-1-4	能在体育游戏活动中做出走接跑、爬接钻、跑接跳等连续的基本身体活动动作。
				S-3-1-1-5	能在体育游戏活动中灵活地运用走、跑、跳、爬、钻等基本身体活动动作。
			S-3-1-2 初步了解安全运动以及日常生活中有关安全避险的知识和方法。	S-3-1-2-4	能认真跟着老师做运动前的准备活动。
				S-3-1-2-5	能按照要求合理、正确地使用体育器材。
				S-3-1-2-6	能按要求归还器材。
				S-3-1-2-9	能知道不在危险的场地游戏。
				S-3-1-2-10	能知道并遵守基本的交通规则，能看明白交通信号灯，不闯红灯。
				S-3-1-2-11	知道并走斑马线。
身体健康 H	关注并保持身体健康的能力（知识）H-1	健康行为运动能力	H-1-1-1 初步了解个人卫生保健知识和方法。	H-1-1-1-5	能做到按时就寝。
				H-1-1-1-6	不乱扔果皮纸屑，不随地吐痰。
				H-1-1-1-7	饭前便后洗手，勤洗澡，勤换衣。
				H-1-1-1-8	文明如厕。

（续表）

领域	能力	所指向核心素养	国标（根据能力对顺序进行调整）	编码	校本化课程目标
身体健康 H	关注并保持身体健康的能力（生理）H-2		H-2-1-1 注意保持正确的身体姿态。	H-2-1-1-3	能在运动中努力保持正确的身体姿态。
			H-2-1-2 初步发展柔韧性、灵敏性和平衡能力。	H-2-1-2-3	能完成体操等平衡动作等平衡练习。
			H-2-1-3 发展户外运动能力。	H-2-1-3-2	能够主动外出参加户外运动。
心理健康与社会适应 A	心理适应能力 A-1	体育品德	A-1-1-1 努力完成当前的学习任务。	A-1-1-1-2	按要求努力完成课堂、课外体育活动任务。
			A-1-1-2 体验体育活动对情绪的积极影响。	A-1-1-2-2	能够说出参与课内、课外体育活动前后情绪的变化。
			A-1-1-3 在体育活动中适应新的合作环境。	A-1-1-3-2	能够主动参与新的合作环境并进行体育活动和体育游戏。

表 5-11　体育与健康校本化课程目标（二上）

领域	能力	所指向核心素养	国标（根据能力对顺序进行调整）	编码	校本化课程目标
运动参与 P	积极的运动参与能力 P-1	运动能力健康行为体育品德	P-1-1-1 上好体育与健康课并积极参加课外体育活动。	P-1-1-1-3	能够积极地参加课外体育活动，无特殊情况不请假。
运动技能 S	掌握运动技能的能力（知识）S-1	运动能力	S-1-1-1 获得运动的基本知识和体验。	S-1-1-1-10	能说出球类、体操类运动器材的名称。
				S-1-1-1-11	能说出游戏中所学球类、体操类、基本身体活动类、武术类运动项目的动作术语。
				S-1-1-1-12	能根据动作术语指出所学动作。
				S-1-1-1-13	能说出游戏中所学球类、体操类、基本身体活动类、武术类运动项目的名称。
				S-1-1-1-14	能说出球类、体操类运动器材的名称。
				S-1-1-1-15	能说出游戏中所学球类、体操类、基本身体活动类、武术类运动项目的动作术语。
				S-1-1-1-16	能根据动作术语指出所学动作。
	掌握运动技能的能力（技能）S-2		S-2-1-1 学习不同的体育活动方法。	S-2-1-1-8	能根据要求完成小篮球、小足球、乒乓球、软排球等常见的球类拍球、传递球游戏。
				S-2-1-1-9	能做出转法、蹲立等基本体操动作。

（续表）

领域	能力	所指向核心素养	国标（根据能力对顺序进行调整）	编码	校本化课程目标
运动技能S	掌握运动技能的能力（方法）S-3		S-3-1-1 学习基本的身体活动方法和体育游戏。	S-3-1-1-6	能在体育游戏活动中根据场地器材的安排自行做出走、跑、跳、爬、钻等基本身体活动动作。
				S-3-1-1-7	能在体育游戏活动中做出投、抛、接、挥击、攀、滚动、支撑等基本身体活动动作。
				S-3-1-1-8	能在体育游戏活动中灵活地运用走、跑、跳、爬、钻、投、抛、接、挥击、攀、滚动、支撑等基本身体活动动作。
运动技能S	掌握运动技能的能力（方法）S-3		S-3-1-2 初步了解安全运动以及日常生活中有关安全避险的知识和方法。	S-3-1-2-12	能知道110、119、120等求助电话，知道在什么情况下拨打相应的求助电话。
				S-3-1-2-13	能在游戏出现意外时及时报告。
				S-3-1-2-14	能做到站好队，有序上下楼梯，前后左右冲齐。
				S-3-1-2-15	能知道运动前必须要做好准备活动。
				S-3-1-2-16	能在带领下认真做准备活动。
				S-3-1-2-21	能知道并且在乘车时系好安全带。
				S-3-1-2-22	能知道乘车时不将头、手等伸出窗外。
				S-3-1-2-23	能知道上、下车排队，要有秩序。

（续表）

领域	能力	所指向核心素养	国标（根据能力对顺序进行调整）	编码	校本化课程目标
身体健康 H	关注并保持身体健康的能力（知识）H-1	健康行为运动能力	H-1-1-1 初步了解个人卫生保健知识和方法。	H-1-1-1-9	能说出正确的龋齿预防方法。
				H-1-1-1-10	自觉维护厕所卫生。
	关注并保持身体健康的能力（生理）H-2		H-2-1-1 注意保持正确的身体姿态。	H-2-1-1-4	能够区别正确与不正确的身体姿态。
			H-2-1-2 初步发展柔韧性、灵敏性和平衡能力。	H-2-1-2-4	能完成握杆转肩、跪坐后躺、立位体前屈握脚踝等柔韧性练习。
				H-2-1-2-5	能够完成有速度要求的8字跑、绕赶跑等灵敏性练习。
心理健康与社会适应 A	心理适应能力 A-1	体育品德	A-1-1-3 在体育活动中适应新的合作环境。	A-1-1-3-3	能够在新的合作环境中和同学友好相处。
			A-1-1-4 在体育活动中爱护和帮助同学。	A-1-1-4-1	能够在体育活动中团结互助。

表 5-12　体育与健康校本化课程目标（二下）

领域	能力	所指向核心素养	国标（根据能力对顺序进行调整）	编码	校本化课程目标
运动参与 P	积极的运动参与能力 P-1	运动能力健康行为体育品德	P-1-1-1 上好体育与健康课并积极参加课外体育活动。	P-1-1-1-4	能够按要求参加体育与健康课，遵守请假制度。
				P-1-1-1-5	能够按照要求参加课外体育活动。
运动技能 S	掌握运动技能的能力（知识）S-1	运动能力	S-1-1-1 获得运动的基本知识和体验。	S-1-1-1-17	能用专业术语说出走、跑、跳、投、攀、爬、平衡等身体活动及变化的多种方式。
				S-1-1-1-18	能在游戏和练习过程中指认不同的身体活动及其变化。
				S-1-1-1-19	能够通过多种方式认识并说出常见的动作术语。
				S-1-1-1-20	能根据指令在媒体上指认常见运动项目和动作。
	掌握运动技能的能力（技能）S-2		S-2-1-1 学习不同的体育活动方法。	S-2-1-1-10	能做出棍、球、绳等轻器械体操动作。
				S-2-1-1-11	能做出多种韵律动作，能完成简单的韵律操。
				S-2-1-1-12	能完成 3~5 个武术简单动作组成的动作组合。
				S-2-1-1-13	能做出踢毽子等简单的民族民间传统体育活动项目的基本动作。
				S-2-1-1-14	能自主学习其他简单的民族民间传统体育活动项目。

（续表）

领域	能力	所指向核心素养	国标（根据能力对顺序进行调整）	编码	校本化课程目标
运动技能 S	掌握运动技能的能力（方法）S-3		S-3-1-1 学习基本的身体活动方法和体育游戏。	S-3-1-1-9	能在体育游戏活动中根据场地器材的安排自行做出走、跑、跳、爬、钻、投、抛、接、挥击、攀、滚动、支撑等基本身体活动动作。
				S-3-1-1-10	能在体育游戏活动中做出爬接攀、走接投、滚动接支撑等连续的基本身体活动动作。
	掌握运动技能的能力（方法）S-3		S-3-1-2 初步了解安全运动以及日常生活中有关安全避险的知识和方法。	S-3-1-2-17	能在自主活动时做简单的准备活动。
				S-3-1-2-18	能知道爱护体育器材。
				S-3-1-2-19	能按正确的要求收放和使用器材。
				S-3-1-2-20	能知道在篮球场打篮球，在乒乓球场地打乒乓球等在专用场地内做相应的活动。
				S-3-1-2-24	能知道并熟练说出拨打求助电话的注意事项。
身体健康 H	关注并保持身体健康的能力（知识）H-1	健康行为运动能力	H-1-1-1 初步了解个人卫生保健知识和方法。	H-1-1-1-11	知道蚊子、苍蝇、老鼠等会传播疾病。
				H-1-1-1-12	了解接种疫苗可以预防一些传染病。
	关注并保持身体健康的能力（生理）H-2		H-2-1-1 注意保持正确的身体姿态。	H-2-1-1-5	能够在各种场合注意身体姿态，提醒同学注意姿态正确。
				H-2-1-1-6	能够在运动中点评自己和同学的身体姿态。
			H-2-1-2 初步发展柔韧性、灵敏性和平衡能力。	H-2-1-2-6	能够完成有速度要求或持物的体操等平衡练习。

（续表）

领域	能力	所指向核心素养	国标（根据能力对顺序进行调整）	编码	校本化课程目标
	心理适应能力 A-1		A-1-1-3 在体育活动中适应新的合作环境。	A-1-1-3-4	能够在新的合作环境中主动和同学友好相处。
			A-1-1-4 在体育活动中爱护和帮助同学。	A-1-1-4-2	能够在体育活动中主动帮助有困难或需要保护的同学。

表5-13 体育与健康校本化课程目标（三上）

领域	能力	所指向核心素养	国标（根据能力对顺序进行调整）	编码	校本化课程目标
运动参与 P	积极的运动参与能力 P-1	运动能力健康行为体育品德	P-1-2-1 积极参加多种体育活动。	P-1-2-1-1	能说出自己喜欢的情景类体育游戏和体育活动；能够尽量融入情景，体验情景。
				P-1-2-1-2	能够说出自己喜欢的角色扮演类体育游戏和体育活动；扮演好自己的角色，喜爱自己所扮演的角色。
运动技能 S	掌握运动技能的能力（知识）S-1	运动能力	S-1-2-1 学习奥林匹克运动相关知识。	S-1-2-1-1	能够通过讲解，记住并简单叙述奥林匹克运动的历史故事。
				S-1-2-1-2	能够说出奥林匹克运动会中常见的几个项目名称。
			S-1-2-2 体验运动过程并了解动作名称的含义。	S-1-2-2-1	能在教师的引导下初步体验速度、节奏、力量、方向变化等运动过程。

（续表）

领域	能力	所指向核心素养	国标（根据能力对顺序进行调整）	编码	校本化课程目标
运动技能S	掌握运动技能的能力（技能）S-2	运动能力	S-2-2-1 初步掌握多种体育活动方法。	S-2-2-1-1	能够初步掌握小篮球的基本活动方法，如球性练习方法、运球、传球、投篮。
				S-2-2-1-2	能够在游戏中尝试运用所学的小篮球基本活动方法。
				S-2-2-1-3	能够初步掌握小足球的基本活动方法，如球性练习方法、运球、传球、射门、颠球。
				S-2-2-1-4	能够在游戏中尝试运用所学的小足球基本活动方法。
				S-2-2-1-5	能够初步掌握乒乓球的基本活动方法，如颠球、发球、推挡等动作。
				S-2-2-1-8	能够初步完成有队形的跑步走、齐步走变跑步走、各种队列队形变换等体操基本动作。
	掌握运动技能的能力（方法）S-3	运动能力	S-3-2-1 提高完成基本身体活动和体育游戏的能力。	S-3-2-1-1	能够完成曲线跑、合作跑、持物跑、单双脚连续向高向远跳跃、单双手的投掷和抛物及一定速度要求的攀、爬、钻等动作。
				S-3-2-1-2	能够快速地听懂游戏的要求规则，并按要求和规则完成游戏。
			S-3-2-2 重视体育活动和日常生活中的安全问题。	S-3-2-2-1	初步掌握体育活动、比赛中的安全常识。
				S-3-2-2-2	能够说出并做出体育活动中自我保护和相互保护的方法。
				S-3-2-2-3	能够说出遵守规则和方法要求的重要性。
				S-3-2-2-4	能够识别中暑的基本表现，能够说出如何预防。
				S-3-2-2-5	能够根据天气状况适当添减衣物。

（续表）

领域	能力	所指向核心素养	国标（根据能力对顺序进行调整）	编码	校本化课程目标
身体健康 H	关注并保持身体健康的能力（知识）H-1	健康行为 运动能力	H-1-2-1 了解个人卫生保健知识和方法。	H-1-2-1-1	学会合理用眼，注意用眼卫生，定期检查视力。
			H-1-2-2 初步了解疾病预防知识。	H-1-2-2-1	能说出常见呼吸道传染病的症状及预防措施。
	关注并保持身体健康的能力（生理）H-2		H-2-2-1 改善体型和身体姿态。	H-2-2-1-1	能够说出体重、身高的合理范围及其重要性。
			H-2-2-2 发展柔韧性、灵敏性、速度和力量。	H-2-2-2-1	能说出心肺耐力、力量、速度、柔韧、灵敏等体能的组成部分。
				H-2-2-2-2	能够说出身体主要成分。
				H-2-2-2-3	能够自主地通过横叉、纵叉、仰卧推起成桥、握杆转肩、跪坐后躺下、立位体前屈握脚踝等练习发展柔韧性。
				H-2-2-2-4	能够说出所学发展柔韧性的练习活动的名称。
				H-2-2-2-5	能够通过完成十字相线跳、绕赶跑等活动，发展灵敏性。
				H-2-2-2-6	能够说出所学发展灵敏性的练习活动的名称。

（续表）

领域	能力	所指向核心素养	国标（根据能力对顺序进行调整）	编码	校本化课程目标
心理健康与社会适应A	心理适应能力A-1	体育品德	A-1-2-1坚持完成有一定困难的体育活动。	A-1-2-1-1	能够坚持完成体育学习和锻炼中有一定困难的任务。
			A-1-2-2在体育活动中保持积极稳定的情绪。	A-1-2-2-1	能说出什么是高昂的情绪。
				A-1-2-2-2	能保持高昂的情绪。
				A-1-2-2-3	能说出什么是稳定的情绪。
				A-1-2-2-4	能够保持稳定的情绪。
			A-1-2-3在体育活动中交流和合作。	A-1-2-3-1	在体育活动中主动与同伴进行交流

表5-14　体育与健康校本化课程目标（三下）

领域	能力	所指向核心素养	国标（根据能力对顺序进行调整）	编码	校本化课程目标
运动参与P	积极的运动参与能力P-1	运动能力健康行为体育品德	P-1-2-1积极参加多种体育活动。	P-1-2-1-3	能够说出自己喜欢的竞技类体育游戏和体育活动；能够在活动中积极地竞争。
				P-1-2-1-4	能自主完成学过的、自己喜欢的情景类体育游戏和体育活动。
				P-1-2-1-5	能够自己想象情景。

（续表）

领域	能力	所指向核心素养	国标（根据能力对顺序进行调整）	编码	校本化课程目标
运动技能 S	掌握运动技能的能力（知识）S-1	运动能力	S-1-2-1 学习奥林匹克运动的相关知识。	S-1-2-1-3	能够说出几个参加奥林匹克运动会的优秀运动员。
				S-1-2-1-4	能够说出几届有代表性的奥运会，并简单进行讲述。
			S-1-2-2 体验运动过程并了解动作名称的含义。	S-1-2-2-2	能初步说出速度快慢、方向变化等运动现象。
				S-1-2-2-3	能指出看到的运动现象。
	掌握运动技能的能力（技能）S-2		S-2-2-1 初步掌握多种体育活动方法。	S-2-2-1-6	能够初步掌握软式排球的基本活动方法，如垫球、拍球、传球等动作。
				S-2-2-1-7	能够初步掌握羽毛球的基本活动方法，如发球、高远球等。
				S-2-2-1-9	能够初步掌握爬绳、爬杆等体操基本动作；掌握单杠、山羊等运动器械。
				S-2-2-1-10	能够初步掌握棒、绳、球操。
				S-2-2-1-11	能够做出健美操、韵律操的基本动作。
				S-2-2-1-12	能够初步掌握武术的基本动作和礼仪。
				S-2-2-1-13	能够初步掌握由 6~8 个简单动作组成的武术套路。
				S-2-2-1-14	能够初步掌握跳绳的双脚跳绳、单脚跳绳等基本动作。
				S-2-2-1-16	能够尝试跳皮筋动作。

（续表）

领域	能力	所指向核心素养	国标（根据能力对顺序进行调整）	编码	校本化课程目标
运动技能 S	掌握运动技能的能力（方法）S-3		S-3-2-1 提高完成基本身体活动和体育游戏的能力。	S-3-2-1-3	能够更加快速和灵敏地完成游戏。
				S-3-2-1-4	能够快速准确地根据指令完成有一定难度要求的走跑跳投攀爬等动作。
			S-3-2-2 重视体育活动和日常生活中的安全问题。	S-3-2-2-6	能够说出地震、火灾的避险方法，知晓逃生路线。
				S-3-2-2-7	能够掌握鼻出血的简单处理方法。
				S-3-2-2-8	能够遵守活动的规则和要求。
				S-3-2-2-9	能够自主地注意观察场地的安全。
				S-3-2-2-10	能够在练习中观察安全情况。
				S-3-2-2-11	能够说出消除体育活动前和过程中安全隐患的方法。
身体健康 H	关注并保持身体健康的能力（知识）H-1	健康行为运动能力	H-1-2-1 了解个人卫生保健知识和方法。	H-1-2-1-2	初步树立食品安全意识，不吃不洁、腐败变质、超过保质期的食品。
			H-1-2-2 初步了解疾病预防知识。	H-1-2-2-2	能明确地说出接种疫苗可以预防的疾病。

（续表）

领域	能力	所指向核心素养	国标（根据能力对顺序进行调整）	编码	校本化课程目标
身体健康领域 H	关注并保持身体健康的能力（生理）H-2		H-2-2-1 改善体型和身体姿态。	H-2-2-1-2	能够说出合理膳食和体育锻炼对改善体型的作用。
			H-2-2-2 发展柔韧性、灵敏性、速度和力量。	H-2-2-2-7	通过完成 50 米跑、15 秒快速跳绳等练习发展速度。
				H-2-2-2-8	能够说出所学发展速度的练习的名称。
				H-2-2-2-9	能够通过完成立卧撑、纵跳摸高、斜身引体等练习发展力量。
				H-2-2-2-10	能够说出所学发展力量的练习的名称。
心理健康与社会适应 A	心理适应能力 A-1	体育品德	A-1-2-1 坚持完成有一定困难的体育活动。	A-1-2-1-2	能够在体育学习和锻炼中不怕苦累，坚持完成任务。
			A-1-2-2 在体育活动中保持积极稳定的情绪。	A-1-2-2-5	能说出什么是积极的情绪。
				A-1-2-2-6	能够保持积极的情绪。
			A-1-2-3 在体育活动中交流和合作。	A-1-2-3-2	在体育活动中能积极完成教师分配的任务。
			A-1-2-4 遵守运动规则并初步自我规范体育行为。	A-1-2-4-1	能够举例说出游戏或体育活动的规则。

表 5-15　体育与健康校本化课程目标（四上）

领域	能力	所指向核心素养	国标（根据能力对顺序进行调整）	编码	校本化课程目标
运动参与 P	积极的运动参与能力 P-1	运动能力 健康行为 体育品德	P-1-2-1 积极参加多种体育活动。	P-1-2-1-6	能自主完成学过的、自己喜欢的角色扮演类体育游戏和体育活动。
运动技能 S	掌握运动技能的能力（知识）S-1	运动能力	S-1-2-1 学习奥林匹克运动相关知识。	S-1-2-1-5	能够通过多种方式认识并说出多种奥林匹克运动会项目。
			S-1-2-2 体验运动过程并了解动作名称的含义。	S-1-2-2-4	能根据指令体验速度、节奏、力量、方向变化等运动过程。
				S-1-2-2-5	能说出体验到的速度快慢、方向变化等运动现象。
	掌握运动技能的能力（技能）S-2		S-2-2-1 初步掌握多种体育活动方法。	S-2-2-1-17	能够提高小篮球运、传、投的基本方法的运用能力，加快速度，提高准确率。
				S-2-2-1-18	能够在游戏中灵活、熟练地运用所学小篮球基本活动方法。
				S-2-2-1-19	能够提高小足球的基本运球、传球、射门、颠球等基本活动方法的运用能力，加快速度和提高准确率。
				S-2-2-1-20	能够在游戏中灵活、熟练地运用所学小足球基本活动方法。
				S-2-2-1-21	能够提高乒乓球颠球、发球、推挡等基本活动方法的运用能力，提高熟练程度。

（续表）

领域	能力	所指向核心素养	国标（根据能力对顺序进行调整）	编码	校本化课程目标
运动技能S	掌握运动技能的能力（方法）S-3		S-3-2-1 提高完成基本身体活动和体育游戏的能力。	S-3-2-1-5	能够自主根据目标设计和做出有一定难度的基本身体活动方法。
			S-3-2-2 重视体育活动和日常生活中的安全问题。	S-3-2-2-12	能够说出简便的止血方法，并进行简单的模拟处理。
				S-3-2-2-13	能够知道同学出现中暑症状后如何处理，并模拟操作。
身体健康H	关注并保持身体健康的能力（知识）H-1	健康行为运动能力	H-1-2-1 了解个人卫生保健知识和方法。	H-1-2-1-3	能够主动关注用眼卫生，能提醒家人或同学注意用眼卫生。
				H-1-2-1-4	能够评价自己和他人的用眼情况。
			H-1-2-2 初步了解疾病预防知识。	H-1-2-2-3	能举例说明什么情况下需要注射疫苗。
	关注并保持身体健康的能力（生理）H-2		H-2-2-1 改善体型和身体姿态。	H-2-2-1-3	能在提醒下矫正不正确的身体姿态。
			H-2-2-2 发展柔韧性、灵敏性、速度和力量。	H-2-2-2-11	能够正确举例指出哪种活动方法可以发展哪种体能。
				H-2-2-2-12	能够通过多种途径和方式发展柔韧性。
				H-2-2-2-13	能够列举出多种发展柔韧性的方式并展示。
				H-2-2-2-14	能够通过有速度和难度要求的十字象限跳、绕杆跑等发展灵敏性。

（续表）

领域	能力	所指向核心素养	国标（根据能力对顺序进行调整）	编码	校本化课程目标
心理健康与社会适应 A	心理适应能力 A-1	体育品德	A-1-2-2 在体育活动中保持积极稳定的情绪。	A-1-2-2-7	能够长时间地保持高昂的情绪去参加体育活动。
			A-1-2-3 在体育活动中交流和合作。	A-1-2-3-3	能主动帮助同学完成任务。
			A-1-2-4 遵守运动规则并初步自我规范体育行为。	A-1-2-4-2	能说出自己了解到的体育道德。

表 5-16　体育与健康校本化课程目标（四下）

领域	能力	所指向核心素养	国标（根据能力对顺序进行调整）	编码	校本化课程目标
运动参与 P	积极的运动参与能力 P-1	运动能力健康行为体育品德	P-1-2-1 积极参加多种体育活动。	P-1-2-1-7	能够根据活动设计角色故事。
				P-1-2-1-8	能够积极竞争，合作竞争。
				P-1-2-1-9	能在竞争得利时互相庆祝，在失利时互相鼓励。

领域	能力	所指向核心素养	国标（根据能力对顺序进行调整）	编码	校本化课程目标
运动技能 S	掌握运动技能的能力（知识）S-1	运动能力	S-1-2-1 学习奥林匹克运动相关知识。	S-1-2-1-5	能够通过多种途径认识更多的国内外优秀的运动员，并能讲述其简单的运动事迹。
			S-1-2-2 体验运动过程并了解动作名称的含义。	S-1-2-2-6	能初步说出节奏、力量大小等运动现象。
				S-1-2-2-7	能指出看到的运动现象。
				S-1-2-2-8	能说出体验到的节奏、力量大小等运动现象。
	掌握运动技能的能力（技能）S-2		S-2-2-1 初步掌握多种体育活动方法。	S-2-2-1-22	能够提高软式排球垫球、拍球、传球等动作方法的掌握能力，提高熟练程度。
				S-2-2-1-23	能够提高羽毛球发球、高远球等基本活动方法的熟练程度。
				S-2-2-1-24	能够根据要求自主、合作完成有队形的走、跑，能够在指挥下准确地变换所学队列队形。
				S-2-2-1-25	能够按要求，安全地完成爬绳、爬杆等动作，上单杠、跳山羊等体操基本动作和保护方法。
				S-2-2-1-26	能够做出棒、绳、球操简单的 4~8 个八拍的连续动作。
				S-2-2-1-27	能够有节奏、协调地用正确美观的身体姿态完成健美操、韵律操 4~8 个八拍的连续动作。
				S-2-2-1-28	能够根据指令完成基本礼仪和动作。

（续表）

领域	能力	所指向核心素养	国标（根据能力对顺序进行调整）	编码	校本化课程目标
运动技能 S	掌握运动技能的能力（技能）S-2		S-2-2-1 初步掌握多种体育活动方法。	S-2-2-1-29	能够协调、连贯地完成所学武术套路。
				S-2-2-1-30	能够尝试评价其他人的动作完成程度。
				S-2-2-1-31	能够提高双脚跳绳、单脚跳绳的协调性、提升速度，并增加数量。
				S-2-2-1-32	能够初步尝试反向跳绳、双摇跳绳和合作跳大绳。
				S-2-2-1-33	能够提高踢毽子的质量，增加单次和规定时间内完成的个数。
				S-2-2-1-34	能够根据儿歌完整地完成跳皮筋连续动作。
				S-2-2-1-35	尝试根据动作要领评价同学的动作，尝试自主练习和测试。
	掌握运动技能的能力（方法）S-3		S-3-2-1 提高完成基本身体活动和体育游戏的能力。	S-3-2-1-6	能够说出提高基本身体活动能力的方法。
				S-3-2-1-7	能够说出所做体育游戏能够提高哪些基本身体活动方法。
			S-3-2-2 重视体育活动和日常生活中的安全问题。	S-3-2-2-16	能够在活动或练习中做出自我保护和相互保护的正确动作。
				S-3-2-2-17	能够做出安全宣传海报等宣传方式。

（续表）

领域	能力	所指向核心素养	国标（根据能力对顺序进行调整）	编码	校本化课程目标
身体健康 H	关注并保持身体健康的能力（知识）H-1	健康行为运动能力	H-1-2-1 了解个人卫生保健知识和方法。	H-1-2-1-5	能够在购买食品时注意观察保质期、食品成分等。
				H-1-2-1-6	能够说出人体所需的几种主要营养元素。
				H-1-2-1-7	能够说出营养素对人体的作用。
				H-1-2-1-8	能够关注食品的营养，减少垃圾食品的摄入。
				H-1-2-1-5	能够在购买食品时注意观察保质期、食品成分等。
			H-1-2-2 初步了解疾病预防知识。	H-1-2-2-4	能够说出营养不良和肥胖对健康的危害，并能说出如何预防。
	关注并保持身体健康的能力（生理）H-2		H-2-2-1 改善体型和身体姿态。	H-2-2-1-4	能自主地矫正不良身体姿态。
				H-2-2-1-5	能够督促同学矫正不正确的身体姿态。
			H-2-2-2 发展柔韧性、灵敏性、速度和力量。	H-2-2-2-17	能够通过多种途径和方式发展速度素质。
				H-2-2-2-18	能够列举出多种发展速度的方式并展示。
				H-2-2-2-19	能够通过多种途径和方式发展力量。
				H-2-2-2-20	能够列举出多种发展力量的方式并展示。
				H-2-2-2-17	能够通过多种途径和方式发展速度素质。
				H-2-2-2-18	能够列举出多种发展速度的方式并展示。
			H-2-2-3 增强适应气候变化的能力。	H2-2-3-1	能够在夏天、冬天或气候变化时坚持参加体育活动。
				H2-2-3-2	能够在坚持体育活动时注意天气的变化，及时变换服装和练习方式。

（续表）

领域	能力	所指向核心素养	国标（根据能力对顺序进行调整）	编码	校本化课程目标
心理健康与社会适应 A	心理适应能力 A-1	体育品德	A-1-2-2 在体育活动中保持积极稳定的情绪。	A-1-2-2-8	能够在体育活动中保持长时间的稳定情绪。
				A-1-2-2-9	能够在体育活动中保持长时间的积极情绪。
			A-1-2-3 在体育活动中交流和合作。	A-1-2-3-4	能够在体育活动中承担自己的责任。
			A-1-2-4 遵守运动规则并初步自我规范体育行为。	A-1-2-4-3	能够主动遵守并提醒同学遵守体育规则。
				A-1-2-4-4	注意用自己了解的体育道德和规范去规范自己的体育行为。

表 5-17 体育与健康校本化课程目标（五上）

领域	能力	所指向核心素养	国标（根据能力对顺序进行调整）	编码	校本化课程目标
运动参与 P	积极的运动参与能力 P-1	运动能力健康行为体育品德	P-1-3-1 学会通过体育活动进行积极性休息。	P-1-3-1-1	能说出什么是体育运动。
				P-1-3-1-2	能知道体育运动的作用和好处。
				P-1-3-2-3	能说出什么情况下可以利用体育活动来进行休息。
			P-1-3-2 感受多种体育活动和比赛的乐趣。	P-1-3-2-1	能够积极地参加体育活动和比赛，或给参加的同学加油。
				P-1-3-2-2	能够说出参加或观看体育活动和比赛的乐趣。
				P-1-3-2-3	能够在自己的进步中体验成功。
				P-1-3-2-4	能够在取得活动和比赛胜利中体验成功。

（续表）

领域	能力	所指向核心素养	国标（根据能力对顺序进行调整）	编码	校本化课程目标
运动技能 S	掌握运动技能的能力（知识）S-1	运动能力	S-1-3-1 丰富奥林匹克运动的知识。	S-1-3-1-1	能够说出奥运会的发展历程。
				S-1-3-1-2	能够说出奥运会上中国羽毛球的发展。
				S-1-3-1-3	能够举例说出中国在奥运会中取得的主要成绩。
			S-1-3-3 学会体育学习和锻炼。	S-1-3-3-1	能够自主合作、探究学习和练习。
				S-1-3-3-2	能够自主合作、探究、运用已有知识和技能进行改编、创编。
				S-1-3-3-3	能够进行互相评价。
				S-1-3-3-4	能够选择适宜的锻炼时间、场地、服装、方法。
	掌握运动技能的能力（技能）S-2		S-2-3-1 基本掌握运动项目的技术动作组合。	S-2-3-1-1	做出小篮球运球投篮、传球投篮、运球接传球等动作组合。
				S-2-3-1-2	做出小足球运球射门、传球射门、运球接传球等动作组合。
				S-2-3-1-3	做出乒乓球发球、连续推挡动作。
				S-2-3-1-4	做出软排球传垫球、传拍球动作组合。
				S-2-3-1-5	做出羽毛球发球、连续高远球动作。
				S-2-3-1-6	能够根据指令进行一定难度的队形变换、做出队列动作。

（续表）

领域	能力	所指向核心素养	国标（根据能力对顺序进行调整）	编码	校本化课程目标
运动技能 S	掌握运动技能的能力（方法）S-3		S-3-3-1 掌握有一定难度的基本身体活动方法。	S-3-3-1-1	做出后蹬跑、连续纵跳摸高、急行跳远、各种方式的投掷动作。
				S-3-3-1-2	做出有一定速度要求的滑步、攀、爬、钻、滚、滚翻等动作。
			S-3-3-2 初步掌握运动损伤及常见意外伤害的预防与简易处理办法。	S-3-3-2-1	能够说出运动中自我保护和相互保护的基本方法。
				S-3-3-2-2	能够说出常见的运动损伤及其预防措施。
身体健康 H	关注并保持身体健康的能力（知识）H-1	健康行为运动能力	H-1-3-1 初步了解人体运动系统。	H-1-3-1-1	能够说出肌肉、骨骼、关节等简单知识。
			H-1-3-2 了解防病的知识和方法。	H-1-3-2-1	能说出贫血对健康的危害及其预防措施。
			H-1-3-3 了解食品安全和健康的关系。	H-1-3-3-1	能在购买包装食品时注意检查生产日期、保质期等信息。
				H-1-3-3-2	能做到不购买无证摊贩的食品。
	关注并保持身体健康的能力（生理）H-2		H-2-3-1 保持良好的身体姿态。	H-2-3-1-1	能够区别不同身体姿态所表达的尊重、谦让、亲近、傲慢、粗野等含义。
				H-2-3-1-2	能在不同场合保持良好的、适宜的身体姿态。

（续表）

领域	能力	所指向核心素养	国标（根据能力对顺序进行调整）	编码	校本化课程目标
身体健康H	关注并保持身体健康的能力（生理）H-2		H-2-3-2 提高灵敏性、力量、速度和心肺耐力。	H-2-3-2-1	通过十字相线跳、8字跑、三点移动、绕赶跑等练习提高灵敏性。
				H-2-3-2-2	能够说出所学的提高灵敏性的练习方式。
				H-2-3-2-3	能够通过俯卧撑、立卧撑、双杠支撑臂屈伸、单杠斜身引体、纵跳摸高、举哑铃等练习提高力量水平。
				H-2-3-2-4	能够说出发展各部位力量的练习方式。
				H-2-3-2-5	能够通过50米跑、快速仰卧起坐、15秒快速跳绳等练习提高速度水平。
				H-2-3-2-6	能够说出所学的提高速度水平的练习方式。
心理健康与社会适应A	心理适应能力A-1	体育品德	A-1-3-1 在体育活动中表现出克服困难的意志品质。	A-1-3-1-1	能够在练习或比赛遭遇挫折时继续努力。
				A-1-3-1-2	能够在遇到挫折时表现出稳定的情绪并有自信坚持。
			A-1-3-2 正确认识和对待身体条件和运动能力的差异。	A-1-3-2-1	能够对自己的身体条件和运动能力定位。
			A-1-3-3 在体育活动中注意调节自己的情绪。	A-1-3-3-1	能够表达出正确的情绪。
				A-1-3-3-2	能够尝试控制不良情绪。

（续表）

领域	能力	所指向核心素养	国标（根据能力对顺序进行调整）	编码	校本化课程目标
心理健康与社会适应 A	心理适应能力 A-1	体育品德	A-1-3-4 在团队体育活动中能较好地履行自己的职责。	A-1-3-4-1	在团队体育活动中乐于合作并完成自己的任务。
			A-1-3-5 形成良好的体育道德意识。	A-1-3-5-1	能够表现出胜不骄，败不馁的道德品质。
			A-1-3-6 在体育活动中尊重相对较弱者。	A-1-3-6-1	在体育活动中不歧视比自己差或有缺陷的同学。

表 5-18　体育与健康校本化课程目标（五下）

领域	能力	所指向核心素养	国标（根据能力对顺序进行调整）	编码	校本化课程目标
运动参与 P	积极的运动参与能力 P-1	运动能力健康行为体育品德	P-1-3-1 学会通过体育活动进行积极性休息。	P-1-3-1-4	能知道适当的体育活动才能起到休息的作用，过度运动不利于身体健康。
				P-1-3-1-5	能在可以利用体育活动进行休息时利用适当的体育活动来进行休息，特别是脑力疲劳时。
			P-1-3-2 感受多种体育活动和比赛的乐趣。	P-1-3-2-5	能列举成功的体验。
				P-1-3-2-6	能够分享成功的体验。
				P-1-3-2-7	能够在自己的进步中体验成功并表达出进步时的心情。

（续表）

领域	能力	所指向核心素养	国标（根据能力对顺序进行调整）	编码	校本化课程目标
运动参与P	积极的运动参与能力P-1	运动能力健康行为体育品德	S-1-3-2 了解运动项目知识。	S-1-3-2-1	能够通过多种途径了解并说出田径运动、球类运动、体操运动、民间传统体育活动及新兴运动项目中一些项目的名称。
				S-1-3-2-2	能够简单描述所了解运动项目的健身价值。
			S-1-3-3 学会体育学习和锻炼。	S-1-3-3-5	能够根据自身情况选择锻炼的强度和时间。
			S-1-3-4 观看体育比赛。	S-1-3-4-1	能观看自己感兴趣的体育比赛。
				S-1-3-4-2	能够说出观看的方式、项目并简单描述感受。
	掌握运动技能的能力（知识）S-1		S-2-3-1 基本掌握运动项目的技术动作组合。	S-2-3-1-7	能够做出上单杠、跳山羊、使用轻器械的简单技术动作组合。
				S-2-3-1-8	能做出健美操、啦啦操等韵律活动的简单成套动作。
				S-2-3-1-9	能正确做出少年拳动作。
				S-2-3-1-10	能做出9～10个简单动作组成的武术动作。
				S-2-3-1-11	做出花样跳绳动作。
				S-2-3-1-12	配合做出跳大绳花样动作。
				S-2-3-1-13	做出踢花键的动作。
				S-2-3-1-14	能够评价同学的动作质量。

（续表）

领域	能力	所指向核心素养	国标（根据能力对顺序进行调整）	编码	校本化课程目标
运动参与P	掌握运动技能的能力（技能）S-2		S-3-3-1 掌握有一定难度的基本身体活动方法。	S-3-3-1-3	按照要求做出有变化的基本身体活动动作。
			S-3-3-2 初步掌握运动损伤及常见意外伤害的预防与简易处理办法。	S-3-3-2-3	能够识别常见的扭伤、挫伤、擦伤等运动损伤，并能够简单处理。
				S-3-3-2-4	在情景中能够做出模拟处理。
				S-3-3-2-5	能够知道如何避免或处理轻微的烫烧伤。
				S-3-3-2-6	能够识别常见的危险标识。
				S-3-3-2-7	能够说出煤气中毒、触电、雷击等情况的发生原因和预防措施，以及紧急处理方式。
身体健康H	掌握运动技能的能力（方法）S-3	健康行为运动能力	H-1-3-1 初步了解人体运动系统。	H-1-3-1-2	能用简单的语言举例说明动作和肌肉关节的关系。
			H-1-3-2 了解防病的知识和方法。	H-1-3-2-2	能知道常见的肠道传染病及其预防措施。
				H-1-3-2-3	能说出吸烟和被动吸烟的危害。
			H-1-3-3 了解食品安全和健康的关系。	H-1-3-3	能明确不采摘、不食用不认识的野果、野菜和蘑菇。
			H-1-3-4 初步掌握青春期的生长发育特点与保健知识。	H-1-3-4-1	能知道男女青少年青春发育期是有差异的。
				H-1-3-4-2	能说出本性别青春期发育的身体特征和机能变化。
				H-1-3-4-3	能够说出体育锻炼对发育的影响，及特殊时期的注意事项。

（续表）

领域	能力	所指向核心素养	国标（根据能力对顺序进行调整）	编码	校本化课程目标
身体健康 H	关注并保持身体健康的能力（知识）H-1		H-2-3-1 保持良好的身体姿态。	H-2-3-1-3	能够互相评价身体姿态的保持和适宜程度。
			H-2-3-2 提高灵敏性、力量、速度和心肺耐力。	H-2-3-2-7	能够通过50×8往返跑、定时有氧跑、校园定向越野比赛等练习发展心肺耐力。
				H-2-3-2-8	能够说出发展心肺耐力的练习方式。
心理健康与社会适应 A	关注并保持身体健康的能力（生理）H-2	体育品德	A-1-3-1 在体育活动中表现出克服困难的意志品质。	A-1-3-1-3	能够在困难条件下不断努力。
				A-1-3-1-4	能够在遇到困难后有继续的勇气。
			A-1-3-2 正确认识和对待身体条件和运动能力的差异。	A-1-3-2-2	能够明确超越自己的目标。
			A-1-3-3 在体育活动中注意调节自己的情绪。	A-1-3-3-3	能在比赛或活动中失利时控制自己的不良情绪。
				A-1-3-3-4	能够利用自我激励等方法控制焦虑、烦躁等不良情绪。
			A-1-3-5 形成良好的体育道德意识和行为。	A-1-3-5-2	能够有尊重同学，尊重对手，尊重裁判等道德行为。
			A-1-3-6 在体育活动中尊重相对较弱者。	A-1-3-6-2	在体育活动中能够帮助比自己运动技能水平差的人或其他弱势群体。

第六章

小学美术国家课程标准的校本化解析

一、对美术学科核心素养的理解

《普通高中美术课程标准（2017 年版）》中提出了美术学科的五大核心素养——图像识读、美术表现、审美判断、创意实践和文化理解，并对素养的内涵及能力目标有详细解读。五大核心素养不仅指向高中学段，它贯通义务教育各阶段的学习。因此，对义务教育阶段课程标准的校本化研究以此素养展开。

图像识读指对美术作品、图形、影像及其他视觉符号的观看、识别和解读。美术表现指运用传统与现代媒体、技术和美术语言创造视觉形象。审美判断指对美术作品和现实中的审美对象进行感知、评价、判断和表达。创意实践指在美术活动中形成创新意识，运用创意思维和创造方法。文化理解指从文化的角度观察和理解美术作品、美术现象和美术观念。五大核心素养之间的关系可以用奥运五环图加以说明。下面两个环分别是图像识读和美术表现，这是美术学科的"本位"，其他学科不会也不可能将此作为自己的核心素养。上面的三个环分别是审美判断、创意实践和文化理解。这三个核心素养，并非美术学科之专擅，而是覆盖其他学科。五大学科核心素养之间的关系并非是割裂的，而是综合蕴含在具体的教学行为之中。①

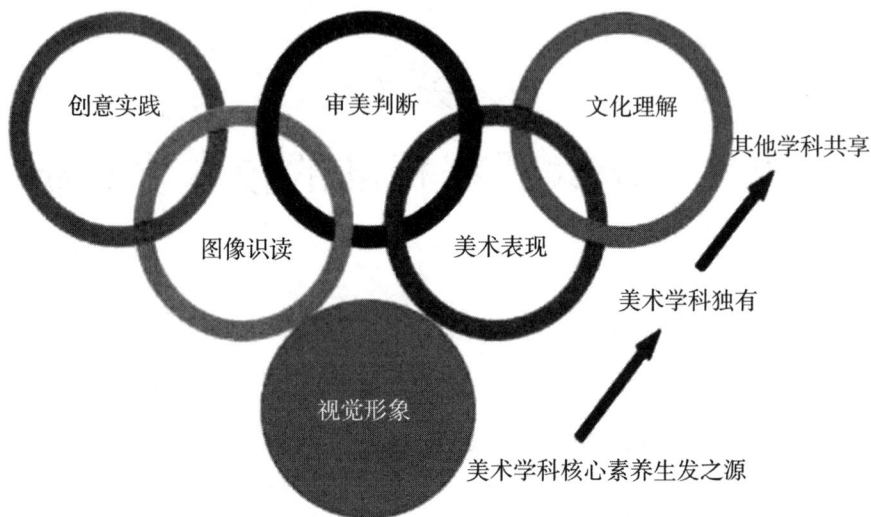

图 6-1　五大美术核心素养及关系图（国家高中课标组）

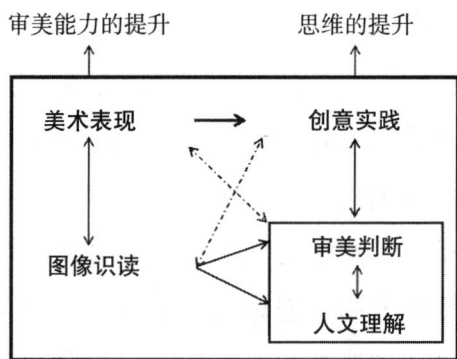

图 6-2　美术学科核心素养关系图（校本化）

---

① 尹少淳. 普通高中美术课程改革述要之二：美术学科核心素养 [J]. 中国美术教育，2016（4）.

　　进一步分析五大核心素养之间的相互关系发现：（1）图像识读和美术表现是整个核心素养体系的核心，它们构成了美术学科的欣赏和创作两大活动形式。美术表现素养的获得过程需要欣赏、汲取优秀艺术家或艺术作品的精髓，图像识读素养的获取过程也需要体验、临摹艺术家的表现形式或表现方法，感悟艺术家及作品表达的情感或情绪。因此，图像识读和美术表现素养之间相互促进、相互提高。（2）在两大学科本位核心素养的获得过程中，其余三个跨学科素养也随之提升。其中，图像识读素养获得过程中，审美判断和文化理解作为主要伴随达成的跨学科素养也随之提升；美术表现素养获得过程中，创意实践作为主要伴随达成的跨学科素养也随之提升。（3）审美判断素养需要对艺术家及艺术作品等的理解作为铺垫；审美判断是对艺术家及艺术作品理解后的独特观点，所以，审美判断和人文理解素养间也是相互提升、相互促进的关系。（4）艺术作品和语言都是思维的呈现。审美判断和创意实践素养都指向了主体的创意思维，两者相互促进、共同提升。

　　基于对五大核心素养关系的理解，对国家课程标准的校本化研究首先从图像识读和美术表现两大学科本位核心素养开始，通过探究各素养的目标体系、寻找素养间的关联，共同构建起美术学科本位核心素养体系。其次，跨学科素养体系构建依托学科本位核心素养体系，并在落地过程中凸显、强化形成。

二、小学美术国家课程标准校本化解析的缘起

（一）课程标准的性质决定了其综合性、概括性，很难直接应用于教学

为制订学期计划，笔者又一次阅读课程标准。但当用课程标准指导课堂教学时，遇到了困难，因为找不到一句话或是一个词语能对课堂起指导作用。如人民美术出版社出版的《美术》二年级上学期第二课《雄伟的塔》，在制定本课学习目标时，从课程标准中可以找到的依据少之又少。造型·表现领域第一学段的目标是尝试不同工具，用纸以及容易找到的各种媒材，通过看看、画画、做做等方法大胆、自由地表现所见所闻、所感所想，体验造型活动的乐趣。本目标中未提及线条的要求，仅在"学习活动建议"中提到"尝试用线条、形状和色彩进行绘画表现活动"。但在本学段，甚至本学期、本课将要学习线条的哪些内容、学习的过程及将要达成的标准是怎样的，在目标以及活动建议中都未提及。课程标准的概括性决定了教师不能直接拿来用于指导课堂教学。一线教师制定单元或课时目标时更多的是依据教材、教参和教学经验等，这就导致了在课堂教学时，课程标准就成为虽看得见，但摸不着的"摆设"。

（二）课程标准仅作为内容标准，很难评价教师的教和学生的学

笔者在执教人民美术出版社出版的《美术》四年级下学期第十七课《画家凡·高》时，也遇到了问题。本课属于欣赏·评述领域。在课程标准中寻找到的目标为：欣赏中外优秀美术作品，

了解有代表性的美术家。通过描述、分析与讨论，用简单的美术术语对美术作品的内容与形式进行分析，表达对美术作品的感受与理解。在本句目标中，对本课的具体要求为"了解有代表性的艺术家"，何为了解？了解指向理解的哪种层次？怎么了解？了解的具体标准是什么？怎么评价学生已经了解了？这一系列问题在课程标准中都无具体阐述，所以课程标准仅仅作为内容标准，很难指导、评价教师的教和学生的学。

（三）构建指向核心素养的课程标准，以符合当下及未来教育背景

2011年版的课程标准中课程价值采用三维目标的形式呈现，导致目标过于分散、核心育人目标不清晰、未体现跨学科育人价值等问题。目前美术课程、社会教育环境、学生等都发生了很大变化，它已不能完全担负起实现核心素养的责任。上海师范大学王大根教授在《双基、三维目标与核心素养之异同》中指出：课程标准等文件不够完善。一是未说明何为"三维目标"，以及该如何实施；二是偏离了美术本质观；三是并未制定具体细则。[①]

新修订的课程标准应站在10年后学生将要面对的社会和个人的长远眼光来制定。北京师范大学林崇德教授指出：现行课程标准存在着对素养缺乏明确界定、系统阐述，对跨学科素养相对忽视，论述的核心素养与课程内容相脱离等问题。现有课程标准虽然在总目标中提及类似学科核心素养的目标，但没有以学科核心

---

① 本观点引自上海师范大学王大根教授《双基、三维目标与核心素养之异同》的报告.

素养为纲，没有将学科核心素养一以贯之地落实到课程标准的各个方面。修订指向核心素养的课程标准已迫在眉睫。①

三、小学美术国家课程标准校本化解析的基本思路

（一）我国的美术五大核心素养已与先进国家教育水平相近

2014 年 3 月，美国《国家核心艺术标准》（以下简称 2014 美国《艺术标准》）修订完成正式公布。为了培养具有艺术素养的人，2014 美国《艺术标准》确立了一套哲学基础和终身学习目标，作为阐明艺术素养的理论基础和目标：作为交流的艺术；作为实现个人创意的艺术；作为文化、历史和连接物的艺术；作为幸福手段的艺术；作为社区参与的艺术。对比我国的美术五大核心素养发现："作为交流的艺术"对接我国的"图像识读""审美判断"和"美术表现"，"作为实现个人创意的艺术"对接我国的"美术表现""创意实践"，"作为幸福手段的艺术"对接我国的"美术表现""创意实践"和"审美判断"，以上三部分共同体现了艺术是一种交流、沟通和表达的手段，凸显了美术的学科本质。"作为文化、历史和连接物的艺术"对接我国的"文化理解"，它们共同体现了艺术能连接文化、历史、社会等，成为相互链接的桥梁。通过比较分析发现：五大美术核心素养已经与世界先进国家水平相近。相比美国，我国的核心素养更凸显学科本质和学科育人价值，较少凸显社会价值，这体现在 2014 美国《艺术标准》中的"作为社区参与的艺

① 林崇德. 中国学生核心素养研究 [EB/OL]. http：//www. sohu. com/a/209872820_ 387114. 2017. 12. 12.

术"。这与国情有着密切的关系，美国的社区学院已经成为美国教育体系中不可或缺的一部分。

（二）借鉴世界先进国家和地区的课标，取长补短，优化校本化课程标准

2014 美国《艺术标准》强调利用"大概念"将学科知识按照某种逻辑进行组织，避免知识的碎片化。澳大利亚新南威尔士州高中视觉艺术课程标准总结了学生需要发展的七种能力。我国台湾地区九年一贯《艺术与人文》新课程标准提出学科培养的十大基本能力，同时将分阶段能力与十大基本能力链接，形成基本能力的培养体系。总结以上国家和地区的课程标准，可以发现：课程标准要以能力、概念引领，同时形成能力和概念的纵向体系，才能清晰地指向核心素养背景下学生所必需的必备品格和关键能力。我国刚公布的《普通高中美术课程标准（2017 年版）》已经提出了各学习模块需持续理解的基本观点，但未提炼出学科培养的核心能力，这成为课程标准校本化过程中需完善的一个方面。

2014 美国《艺术标准》提出了"基石性评估模式"，[①] 并列出了详细的评估重点和表现性的评估检查表，同时将具体的评估落实到课堂的教与学的过程中，实现了教—学—评的一致性设计。以二年级学段视觉艺术为例，其主题为《自画像》，针对"采用合作、头脑风暴等多种方法来解决艺术或设计方面的问题"这一条业绩标准，列出了四条表现性标准，分别是：没有证据（没有

---

① 胡知凡. 全球视野下的中小学美术教育［M］. 上海：上海教育出版社，2015.

提供任何方法来解决涉及个人感兴趣的艺术问题）、有限的证据（提供一种方法来解决涉及个人感兴趣的艺术问题）、充足的证据（提供一种以上方法来解决涉及个人感兴趣的艺术问题）、有力的证据（提供多种方法来解决涉及个人感兴趣的艺术问题，并选择其中的一种方法来创作艺术作品）。不论是教师、学生还是家长，拿到这样的评估标准，都可以对该条业绩进行评估。加拿大安大略省高中媒体艺术课程标准中的成就标准也按照水平层次划分了四个层级。如"运用艺术的语言与符号"一条划分了水平一（很少精确而有效地运用艺术的语言与符号）、水平二（较少精确而有效地运用艺术的语言与符号）、水平三（较精确而有效地运用艺术的语言与符号）和水平四（相当精确而有效地运用艺术的语言与符号）。表现性标准能科学地评估教师的教学，有助于教师评估教学达到的水平，以便随时调整教学；有助于学生展开自我评价，知晓自我的学习已经达成的水平或层级；有助于教育行政部门按照标准科学地衡量教师或学校的教学，避免盲目的、一刀切式的评价方式。基于以上课程标准实际应用过程中遇到的问题、当下教育背景和国内外先进国家和地区的经验，结合师生实际，我校美术教师决定对《义务教育美术课程标准（2011年版）》进行校本化。国家课程标准校本化是在遵循现行课程标准的基础上，构建朝向核心素养的、基于学科核心能力的可操作、可测评的课程标准；是在遵循现行课程标准学段目标体系的基础上，分解细化到学期、单元甚至课时，成为拿来可用的课程标准；是在遵循现行课程标准编排方式的基础上，增加编码、序号，成为可检索的课程标准。校本化的过程采用"学科核心能力引领，跨学科能力贯穿其中，有意识渗透大概念"的思路展开，集中表现在：以核心素养为纲，构建能力指标体系；以能力体系引领，统整学科内容，构建内容体系；通过细化分解，将课程标准内容下移至每一个学期、单元，甚至课时；通过添加表现性标准，将课程标准真正成为可测、可评的标准。用学科核心素养引领课程标准的校本化，链接核心素养、课程标准、课堂教学，实现一致性构建，使课程标准不再是"高高在上"的标准、文件，使核心素养真正落地。

四、美术学科核心能力指标体系构建

（一）美术学科核心能力指标体系构建

1. 学科核心素养与核心能力

《普通高中美术课程标准（2017年版）》修订组提炼出美术学科的五大核心素养，即图像识读、美术表现、审美判断、创意实践和文化理解。图像识读指对美术作品、图形、影像及其他视觉符号的观看、识别和解读。其中，"美术作品、图形、影像及其他视觉符号"是图像识读的对象，"观看、识别和解读"是图像识读的过程，能"解读"是图像识读素养的最后一个过程和最高要求，所以图像解读能力是指向图像识读素养的核心能力。通过解读、分析五大核心素养内涵，确定五大核心能力：图像解读能力、图像创造能力、健康的图像判断能力、创意思维实践能力和文化尊重认同能力。

五大核心能力与五大核心素养一一对应。图像解读能力是通过观察、对比、搜集资料等，能结合背景因素，从作品内容、美术语言、形式特征等方面描述、分析作品，表达对图像理解的能力。图像创造能力是运用美术语言、选择适合的工具媒材及一定的表现形式，创作记录或表达思想作品的能力。创意思维实践能力是通过积极参与美术作品解读与创作活动，能发展出一些与众不同的想法，并通过动手操作付诸行动的能力。健康的图像判断能力是运用健康的审美观念对图像进行批判性、有根据判断的能力。文化尊重认同能力是能抱着发扬、继承的心态欣赏中国优秀美术文化，抱着尊重、包容的心态欣赏其他国家、地区的优秀美术文化的能力。

五个核心能力间的关系相同地借用五环图（图6-3）加以说明。没有视觉形象就没有美术，视觉形象作为美术学科的立科之本，有两种分类：一种是对视觉形象的识读，它培养的是图像解读能力；另一种是对图像的表达，它培养的是图像创造能力。这是学科本位素养指向的核心能力。上面的三个环分别是健康的图像判断能力、创意思维实践能力和文化尊重认同能力。这三个能力并非美术学科之专擅，而是覆盖其他学科的跨学科能力，如语文、英语、音乐等学科也会培养学生的文化尊重认同能力。

图6-3 五大核心能力及关系图

2. 核心能力与学习领域的对应

核心能力是较上位的能力，它的达成需构建能力指标体系。通过将核心素养、核心能力与课程标准中的学习领域相对接，概括形成核心能力下的领域能力。以图像识读素养为例，图像识读指对美术作品、图形、影像及其他视觉符号的观看、识别和解读。课程标准指出：欣赏·评述领域是指学生通过对自然美、美术作品和美术现象等进行观察、描述和分析，逐步形成审美趣味和美术欣赏能力的学习领域。两者比对发现在欣赏对象、欣赏过程等方面存在诸多相似之处，所以欣赏·评述领域是达成图像识读素养、提高图像解读能力的重要途径。按照此种方法将五大核心素养与四个学习领域联结起来，便形成核心素养、核心能力与学习领域的对应关系（表6-1）。

表6-1　核心素养、核心能力、学习领域对应表

核心素养	核心能力	重点指向的学习领域
图像识读	图像解读能力	欣赏·评述领域为主
美术表现	图像创造能力	造型·表现、设计·应用、综合·探索领域为主
审美判断	健康的图像判断能力	欣赏·评述领域为主
创意实践	创意思维实践能力	造型·表现、设计·应用、综合·探索领域为主
文化理解	文化尊重认同能力	所有领域

学习领域是达成核心素养、提升核心能力的重要途径。各领域学习活动方式不同，所以在提升核心能力过程中，各领域也指向了不同能力的培养。如造型·表现、设计·应用和综合·探索三个领域都指向图像创造能力的培养，但造型·表现领域是运用多种媒材和手段，表达情感和思想，体验造型乐趣，逐步形成基本造型能力的学习领域，它重点指向的是造型能力的培养；设计·应用领域是运用一定的物质材料和手段，围绕一定的目的和用途进行设计与制作，传递与交流信息，改善环境与生活，逐步形

成设计意识和实践能力的学习领域，它重点指向的是设计能力的培养；综合·探索领域是通过综合性的美术活动，引导学生主动探索、研究、创造以及综合解决问题的学习领域，它重点指向的是综合创作能力的培养。根据以上分析造型能力、设计能力和综合创作能力成为核心能力图像创造能力的三个领域能力，因此形成了核心能力与领域能力的一对多的链接关系。

3. 学习领域与子能力

子能力的确定采取拆解学习目标、确定维度的策略，按照层层递进、螺旋上升的原则展开。以造型能力的子能力确定为例说明。

课程标准中造型·表现学习领域目标：

第一学段：尝试不同工具，用纸以及容易找到的各种媒材，通过看看、画画、做做等方法大胆、自由地表现所见所闻、所感所想，体验造型活动的乐趣。

第二学段：初步认识线条、形状、色彩与肌理等造型元素，学习使用各种工具，体验不同媒材的效果，通过观察、绘画、制作等方法表现所见所闻、所感所想，激发丰富的想象，唤起创造的欲望。

第三学段：运用线条、形状、色彩、肌理和空间等造型元素，描绘立体造型，选择合适的工具、媒材，记录与表现所见所闻、所感所想，发展美术构思与创作的能力，表达思想与情感。[①]

纵向分析三个学段目标发现：目标围绕着美术语言、工具媒

---

① 中华人民共和国教育部. 义务教育美术课程标准（2011 年版）［S］. 北京：北京师范大学出版社，2012.

材和创作过程等几个维度层层递进，因此，这几个维度所培养的能力就担负了达成造型能力的子能力，即：美术语言的运用能力、工具媒材的掌握能力和图像表现能力。通过"纵向分析课程标准中各领域学段目标—提炼内容维度—逆向思考目标达成能力"的方法，笔者继续分析了欣赏·评述、设计·应用和综合·探索等领域的学段目标，最终形成了图像解读能力和图像创造能力的指标体系（图6-4）。

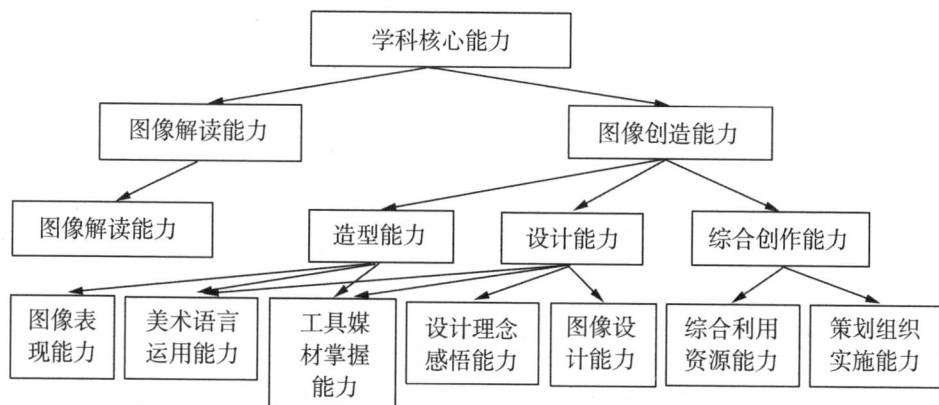

图6-4　学科本位核心能力指标体系

　　基于以上对核心素养、学习领域及学习目标的分析解读，构建起了指向核心素养的学科本位核心能力指标体系（图6-4），即最上位的、对应核心素养的两大学科本位核心能力；与学习领域相关联、达成核心能力重要途径的领域能力；较下位、指向具体内容的子能力。各层次能力之间是纵向连贯、横向相互影响、螺旋上升的整体，能力之间并非割裂的，而是综合地蕴含在具体的教学行为之中，只是在不同的教学行为中重点指向不同而已。

（二）指向核心能力体系的国家课程标准的分解、分配

基于核心素养，结合课程标准构建学科本位核心能力指标体系后，还要对课程标准进行分解、分配，也就是将国家课程标准沿着能力达成路径分配到各个学期中。分配的步骤采用自下而上的方式，从最下位的、指向性较具体的子能力开始，结合国内外相关理论、学科逻辑体系、学情、教材等确定学习目标，然后综合形成学期目标。接下来以造型能力和设计能力下的美术语言运用能力为例展开。

1. 解读子能力，寻找关键内容

美术语言运用能力是指学生在美术作品欣赏、创作过程中学习、运用美术语言的能力。显然，"美术语言"是达成该能力的关键内容。

2. 界定关键内容，确定内容维度

语言是人们交流的手段。美术语言是美术独特的表现方式和表现手段。《义务教育美术课程标准（2011年版）解读》中指出：美术语言是学习、了解美术最核心的知识，同时又是创作、分析美术作品最基本的方法和手段。那么，美术语言主要包含哪些内容？搜集中国、中国香港地区、美国、新加坡等的相关文件发现：美术语言在不同国家地区、不同书籍资料中的表述皆不一致。通过整理试图找到其中的相似性（表6-2）。

通过比对发现：（1）美术语言大都包含两部分内容。因为按照语言的使用规则，都遵循"基础符号+组织规则"的表达规律。如汉语的使用也是由基本的汉字、语法和表现手法等表达规律组成。（2）两部分内容的名称不相同。通过对比发现虽名称不同，但内容含义相同。内容一指向基本的语言元素，内容二指向语言

的使用规则。（3）美术语言包含的内容也存在略微不同。如美国、我国香港地区的课标中都将形体作为美术语言的一种，而中国内地、新加坡没有。

表6-2　"美术语言"在不同国家和地区的表述

国家 地区	内容一		内容二	
	名称	内容	名称	内容
中国 内地	造型元素	线条　形状　色彩　空间　肌理　明暗	形式原理	均衡　节奏　变化　统一　对称　对比　重复等
中国 香港	视觉元素	线条　形状　空间　质感　明暗　形体等	组织原理	均衡　节奏　统一　对比　重复　比例　重点　动势等
美国	艺术元素	线条　形状　色彩　空间　肌理　明暗　形体	设计原则	平衡　节奏　变化　统一　比例　强调图形等
新加坡	视觉元素	线　形状　色彩　色调　肌理　空间　点　形式等	设计原理	均衡　节奏　变化　对称　和谐　对比　重复　比例　强调图形等

综合以上分析，在遵循我国课程标准的基础上，确定美术语言包含造型元素和形式原理两部分内容，其中造型元素包含线条、形状、色彩、空间、明暗、肌理等内容维度，形式原理包含对称、均衡、重复、节奏、对比、变化、统一等内容维度。

3. 确定内容维度下的子内容（以造型元素中的线条为例）

首都师范大学美术学院杨景芝指出：线条的学习内容主要包含认识工具材料、线的认识与运用、线和形的装饰与构成、线描写生等。[①] 美国《艺术元素与设计原则考核标准》中指出，线条的学习内容包括识别并能说出不同种类的线条，如曲线、直线、

---

① 杨景芝. 中国当代儿童绘画解析与教程 [M]. 北京：科学普及出版社，2007.

粗线、细线、波浪形线、锯齿形线、虚线等；运用各种媒介物或工具来画各种线条；认识水平线、垂直线和对角线；认识生活中的各种线条；运用线条来创造各种形状和形式；运用线条来创造各种图形和肌理；运用线条来创造动感；运用线条来表达思想与情感；了解线条是艺术元素之一等内容。[①] 比对两者间存在的诸多联系（图6-5），综合国内外相关内容，总结关于线条的子内容包含：线条的种类、线条的装饰与创作、线描写生创作、线条的情感表达。

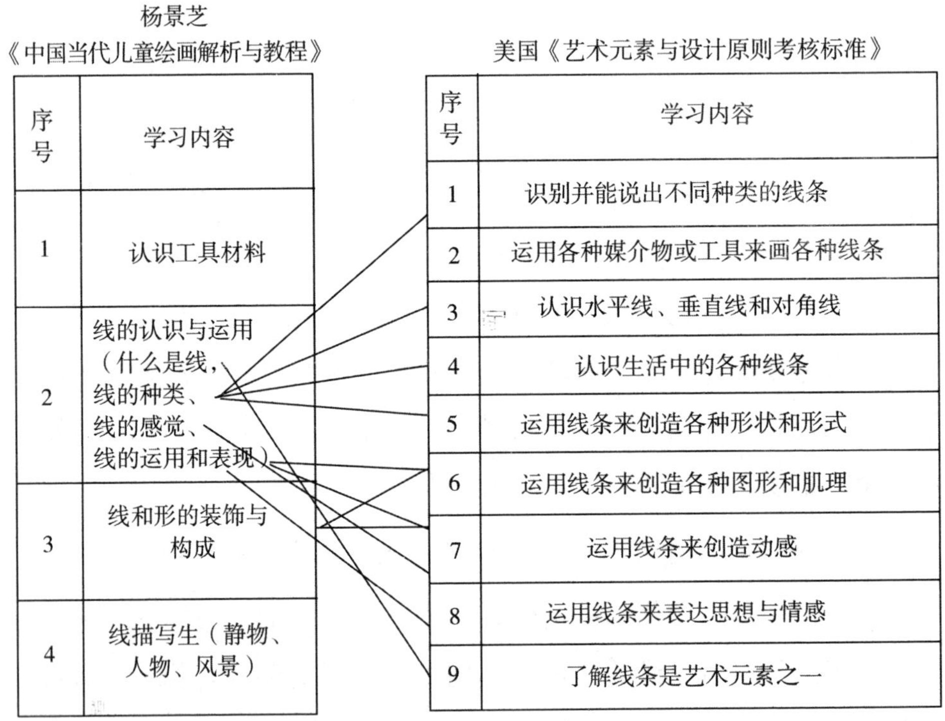

图6-5 杨景芝与美国《艺术元素与设计原则考核标准》
对线条包含内容的比对图

---

① 胡知凡. 全球视野下的中小学美术教育［M］. 上海：上海教育出版社，2015.

　　为了验证形成的子内容是否准确、科学，笔者又将子内容与人民美术出版社和人民教育出版社的美术教材进行比对验证（图6-6、图6-7）。以人民美术出版社为例，一年级下册的《我们身边的线条》指向的是"线条的种类"子内容；二年级上册《会变的线条》《雄伟的塔》指向的是"线条的装饰"；三年级下册《画中的线条》《会动的线条》《我们的社区》，四年级上册的《飞天一》《飞天二》指向的是子内容"线条的创作"；四年级上册的《猜猜我是谁》、四年级下册的《植物写生》、五年级上册的《肖像艺术》和五年级下册的《精细的描写》共同指向的子内容是"线描写生创作"；五年级下册的《奇思妙想》以及包括前面所有的线条学习都共同指向的子内容"线条的情感表达"。通过这样的比对验证了美术语言的子内容与教材是吻合的，因此确定

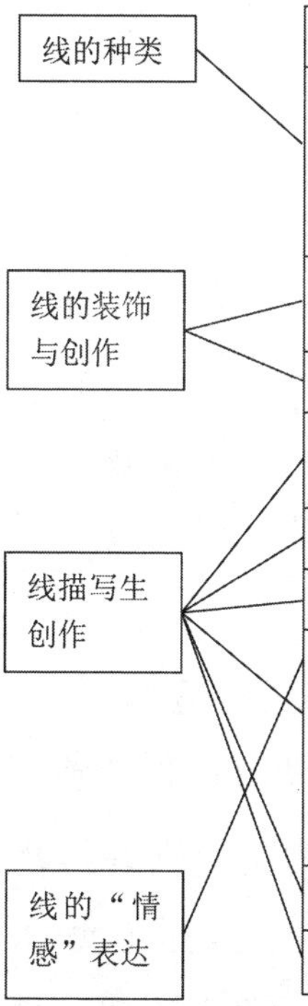

	序号		学习内容
线的种类	一上	《大家都来做》《下雨啦》	认识不同的线条，并进行造型排列、组合练习。 用不同长短、粗细、疏密的线条，表现不同种类的雨。
线的装饰与创作	一下	《生活中的趣事》《雄伟的塔》	记忆画；学习运用有疏密变化的线条表现物体。
	二上	《变幻无穷的线条》	线条的排列。
	二下	《点线面》《叶上的"小血管"》	点线面是基本的美术语言；观察叶子的叶脉，然后画叶脉。
线描写生创作	三上	《校园里的花》	单线的形式写生各种植物。
	三下	《我的同学》	写生站立的人。
	四上	《线条的动与静》《写生窗外的景色》	了解曲线与直线给人的不同感觉，知道曲线与直线能分别表达动与静的感觉；利用直线或曲线完成一幅主题创作。 写生窗外景色。
线的"情感"表达	四下	《那一刻的我》	学习运动中人物连续动作的画法。
	五上	《风景写生》	初步学习用线条进行人物动态写生。

图6-6　线条子内容与人民教育出版社教材比对图

了美术语言的子内容是线条的种类、线条的装饰与创作、线描写生创作、线条的情感表达四项内容。

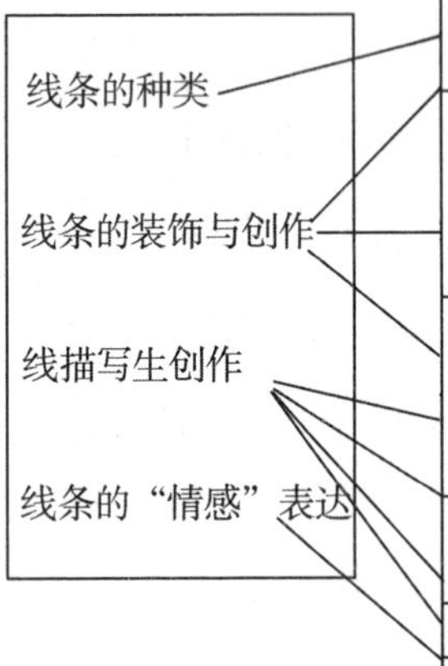

序号		学习内容
一下	《我们身边的线条》	找到不同种类的线条，说出名称。
二上	《会变的线条》《雄伟的塔》	学习运用有疏密变化的线条表现物体。
三下	《画中的线条》《会动的线条》《我们的社区》	欣赏体会不同质感的线条表达不同感受。感受不同种类的线条带给人的不同感受。学会运用曲线表现动感画面。学习运用线条表现所见所闻。
四上	《飞天（一）（二）》《猜猜我是谁》	观察欣赏作品，学会运用流畅的曲线表现动感画面。学习用线条表现局部物体，抓住局部特征描绘，初步学习线描画。
四下	植物写生	继续学习线描画，做到线条有疏密、穿插、遮挡等变化。
五上	肖像艺术	初步学习用线条进行人物动态写生。
五下	《精细的描写》《奇思妙想》	仔细观察，线描画写生，做到有细节描绘创意线描。

线条的种类

线条的装饰与创作

线描写生创作

线条的"情感"表达

人民美术出版社 美术教材

图 6-7 线条子内容与人民美术出版社教材比对图

4. 添加实施过程，明晰学习程序

知识内容的学习需经历一定过程，接下来就需要结合国家课程标准，参考部分国外相关资料提取关键行为动词，确定各子内容的学习过程，明晰学习程序。以"线条"中的子内容"线条的种类"为例说明。

课程标准中规定：观察、认识与理解线条等基本造型元素。其中观察、认识、理解是一个连贯、由浅入深的学习过程。美国《艺术元素与设计原则考核标准》中对此的描述为：识别并说出不同种类的线条；运用各种媒介物或工具来画各种线条；认识水平线、垂直线和对角线；认识生活中的各种线条。综上所述，提取相关的行为动词：识别、说出、运用。将此实施过程与人民美术出版社、人民教育出版社的教材学习顺序比对（图6-8），发现四者关于线条的学习程序是相同的。通过这样的比对，最终确定"线条种类"的学习程序：找到不同种类的线条、说出线条的不同种类、画出不同种类的线条、感受不同种类的线条、用不同种类的线条表现。

课程标准	美国《艺术元素与设计原则考核标准》	人民教育出版社《美术》教材	人民美术出版社《美术》教材

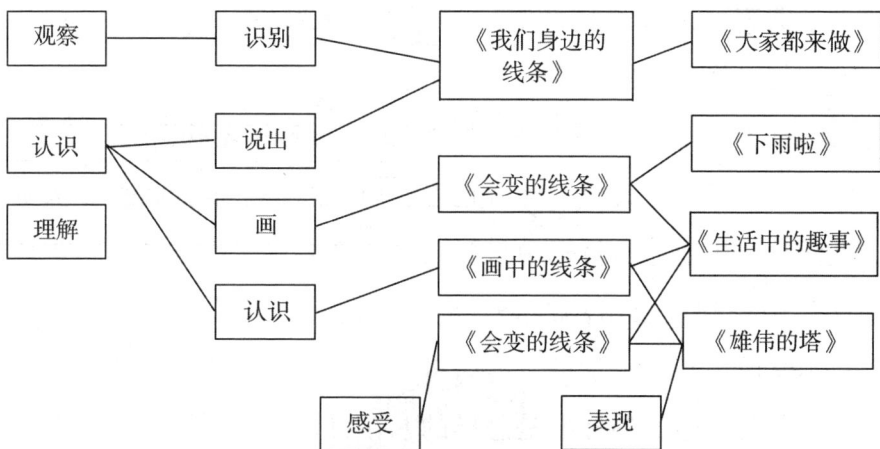

图6-8　各标准及教材对"线条的种类"学习程序比对图

5. 添加实施策略、表现程度，使标准可操作、可评价（以"线条"维度中"线条的种类"子内容为例）

（1）添加实施策略（图6-9），使标准可操作

好的实施策略能有效地达成学习目标。实施策略的制定主要依据学生的心理年龄特点、美术心理发展特点和知识的类型等确定。小学低年级学生大脑神经活动兴奋，表现为既爱说又爱动，注意力不持久，自制力较差，因此，教学应尽可能有趣味性，宜以活动和游戏为主。艺术发展水平处于"画其所知的写实期"，

也就是画自己所知而不是所见的实物。依据知识或概念的类型，如："找到线条"需要较开放的实施策略；"画出线条"等事实性知识更多采用学习、认识、观察、感受等策略；"用线条表现"等程序性知识更多采用体验、探究、表现、创作等策略。

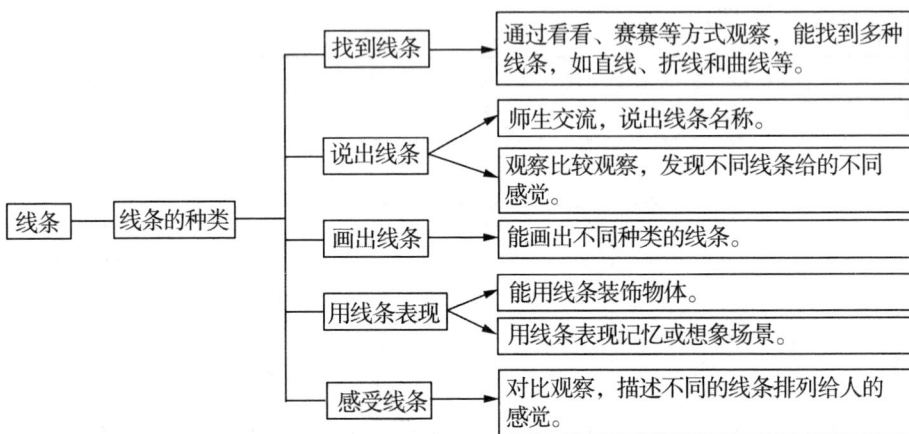

图6-9 添加实施策略后的子内容

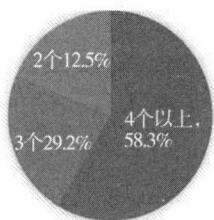

一年级下学期学生对线条种类认知情况调查

图6-10 学生对线条种类认识情况调查表

（2）添加表现程度（图6-11），使标准可评价

表现程度的制定依据更多的来自学生的学情（图6-10）。以"线条的种类"为例，小学低年级是形成自信心的关键期，情绪不稳定容易冲动，自控力不强，所以在这个阶段要多鼓励、多肯定，帮助他们形成积极、大胆等品质。

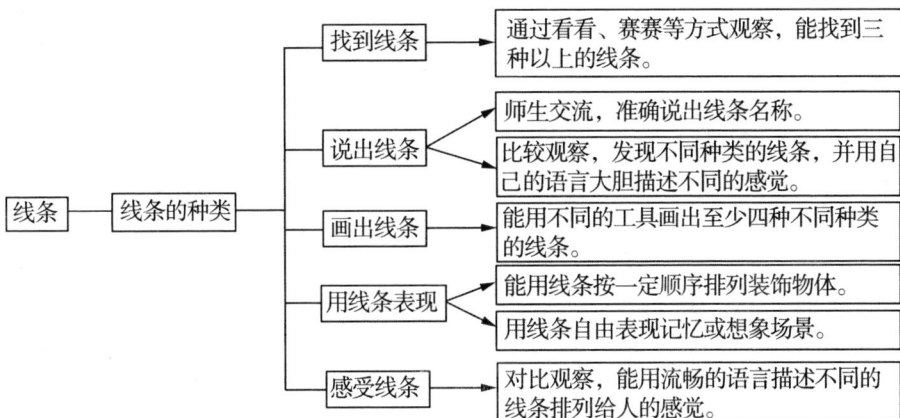

图 6-11 添加表现程度后的子内容

通过解读子能力，寻找关键内容——界定关键内容，确定内容维度——确定内容维度下的子内容——添加实施过程，明晰学习程序——添加实施策略、表现程度，使标准可操作、可评价五步骤构建起指向子能力的课程目标体系，这些目标通过内容的层层拆解已经分配到了学期，甚至有的已经到了单元。因此，通过这样的分解和分配，校本化课程目标呈现了指向核心素养、达成核心能力的纵向有梯度的课程目标体系（以"美术语言运用能力"为例，表6-3）。

表6-3 美术语言运用能力达成的校本化课程目标体系

核心素养	校本化课程目标					
	核心能力	领域能力	子能力	编码	课程目标	学期
美术表现	图像创造能力（C）	造型能力（C-1）	美术语言运用能力（C-1-1）	C-1-1-39	通过看看、赛赛等方式观察，能找到三种以上的线条。	一下
				C-1-1-40	师生交流，准确说出线条名称。	一下
				C-1-1-41	比较观察，发现不同种类的线条，并用自己的语言大胆描述不同的感觉。	一下

（续表）

核心素养	校本化课程目标					
	核心能力	领域能力	子能力	编码	课程目标	学期
美术表现	图像创造能力（C）	造型能力（C-1）	美术语言运用能力（C-1-1）	C-1-1-42	能用不同的工具画出至少四种不同种类的线条。	二上
				C-1-1-43	对比观察，能用流畅的语言描述不同的线条排列给人的感觉。	二上
				C-1-1-44	能选择不同种类的线条按疏密、粗细等变化装饰物体。	二上
				C-1-1-45	用不同种类的线条自由表现记忆或想象场景。	二下
				C-1-1-46	通过体悟、对比观察，能用简单词语表达曲线给人的感受。	三下
				C-1-1-47	在教师指导下，能用曲线初步表达富于动感的画面。	三下
				C-1-1-48	能选择不同弧度的曲线表现富有动感的形象，做到主题鲜明、线条流畅。	四上
				C-1-1-49	通过仔细观察，初步学习用线描描绘物体的局部特征。	四上
				C-1-1-50	通过仔细观察，用线描创作植物写生作品，做到线条有疏密、长短、曲直、穿插等变化。	四下
				C-1-1-51	通过教师示范、临摹等，用线描创作正面人像写生，做到特征明显、线条流畅。	五上
				C-1-1-52	通过教师示范、临摹等，用线描创作静物写生作品，做到观察仔细、特征明显、细节描写精细、线条疏密变化有序。	五下
				C-1-1-53	通过想象和联想，能用线描创作描绘心中想象或回忆的作品。	五下

四、跨学科素养体系构建

在美术核心素养五环图（图6-1）中，居于上面的三环为跨学科素养，这些素养如何实现呢？依据对五大核心素养的关系解读，可以分析出跨学科素养是伴随着学科本位核心素养的达成而共同实现的。所以，跨学科素养的实现需构建跨学科能力体系，并与分配好的课程标准建立连接，实现跨学科能力的落地。跨学科能力层级的划分，可以参考《普通高中美术课程标准（2017年版）》对素养水平的划分，提取涉及的维度，依据校本化的课程目标，形成跨学科能力在各年级的表现指标。

（一）分析高中课程标准中跨学科素养水平层级（表6-4），提取内容维度（以"创意实践"素养为例）

表6-4　创意实践素养在高中阶段的水平表现

素养4：创意实践	
水平1	能用各种方式搜集资料和信息，运用发散性思维，进行联想和想象，生成和构想创作意图，并利用传统的和现代的材料、工具与方法进行有创意的创作。
水平2	能用各种方式搜集资料和信息，运用发散性思维，进行联想和想象，并根据特定的主题或内容，将生成和构想的创作意图用文字、草图或模型等方式进行呈现，用传统的和现代的材料、工具与方法进行有创意的创作。
水平3	能用各种方式搜集资料和信息，运用发散性思维，进行联想和想象，并能借鉴艺术家或设计师的创意想法和创作手段，通过吸收和变通完善自己的创作意图，用传统的和现代的材料、工具与方法进行有创意的创作。

分析"创意实践"素养在高中阶段的水平层级划分，可以看出：（1）三个层级水平中都有"能用各种方式搜集资料和信息"，那么"创意实践"素养指向的第一个维度为资料、信息搜集能力；（2）三个层级水平中都有"运用发散性思维，进行联想和想象"，那么"创意实践"素养指向的第二个维度为"发散性思维能力"；（3）三个水平后半句共同指向的是生成创意、选择工具、实现创意的创作过程，所以"创意实践"素养指向的第三个内容维度为"创作"。

（二）链接校本化的课程目标，形成能力层级

经过以上分析确定的"创意实践"素养的三个内容维度为：资料、信息搜集能力；发散性思维能力和创作能力。那么这三个能力在校本化课程目标中的哪里体现呢？以五年级下学期为例说明。

五年级下学期校本化课程目标：

R-3-5 能自由选择借助网络、书籍等渠道查阅资料，进行头脑风暴，较清晰地分析作品内容、美术语言、艺术家背景等与作品主题的关系。

C-1-1-8 通过动作模拟、观察、测量等，分析人物各部分的形态变化，能初步表现人物动态。

C-1-1-33 能利用色彩的明度变化，创作主题鲜明的美术作品。

C-1-1-38 能利用色彩的纯度变化，创作主题鲜明的美术作品。

C-1-1-52 通过教师示范、临摹等，用线描创作静物写生作品，做到观察仔细、特征明显、细节描写精细、线条疏密变化

有序。

C-1-1-53 通过想象和联想，能用线描创作描绘心中想象或回忆的作品。

C-1-3-55 在教师指导下，用彩墨画的形式创作表现人物头像，能抓住人物的脸型、五官、表情特点，墨色浓淡干湿有变化。

C-2-4-14 结合自己的生活，能找到至少一处生活中的物品存在的不合理或有待改进的地方，并制定解决实际需要或或组合创意的解决方案，画出设计图，做到要素齐全、能有效解决问题、实用美观。

C-3-2-15 在教师的指导下，能以小组为单位，通过搜集整理资料、商讨制定美术创作方向，制定相对较全面的创作方案，做到实施步骤详细、清晰。安排与实施步骤相搭配的负责成员和所需的工具材料。

"资料、信息搜集能力"体现在"R-3-5"的"能自由选择借助网络、书籍等渠道查阅资料"和"C-3-2-15"的"搜集整理资料"；"发散性思维能力"体现在"R-3-5"的"头脑风暴"、"C-1-1-53"的"通过想象和联想，能用线描创作描绘心中想象或回忆的作品"和"C-2-4-14"的"制定解决实际需要或组合创意的解决方案"等；"创作能力"体现在以上所有列出的课程目标中，如"能初步表现人物动态""创作主题鲜明的美术作品"等。经过与课程目标的对照，形成的五年级下学期创意思维实践能力水平为：在他人帮助下，借助网络、书籍等渠道搜集资料，通过组合创意发展联想和想象能力；通过制定较全面的创作方案，选择合适的工具材料、方法，展开创作，并能流畅地介绍创作过程和创作意图。根据此思路，可以构建起创意思维实践能力在小学阶段的水平层级体系（表6-5），相同的，健康的图像判断能力和文化尊重认同能力的水平层级体系（表6-6、表6-7）也能构建起来。

表6-5 创意思维实践能力水平层级体系

学期	创意思维实践能力水平层级	编码
一上	尝试使用美术常用工具媒材，愉悦、大胆自由地想象、创作和展示。	T-1
一下	初步掌握常用美术工具的使用方法，选择可利用的废旧材料，通过手工制作、绘画等方法大胆、夸张地进行想象、创作和展示。	T-2
二上	初步掌握美术常用工具的使用方法，通过小组讨论、查询等，大胆地进行有主题的想象、创作，并交流创作内容，简单描述创作后的心理感受。	T-3
二下	学会使用美术工具，用常用美术媒材及搜集到的废旧材料，通过小组讨论、查询等与主题相关的学科内容，大胆地进行有主题的想象、创作，并相互交流创作内容，描述创作后的感受。	T-4
三上	进一步探究工具媒材的使用方法、表现效果，通过查询与主题相关的更多学科内容展开创作，并在教师指导下，用自己的语言介绍创作过程。	T-5
三下	进一步探究工具媒材的使用方法、表现效果，在教师指导下，通过询问、查询、实地查看等方式，搜索与主题相关的内容，综合运用已有经验进行想象与创作，能向同学介绍创作过程和体会。	T-6
四上	进一步探究工具媒材的使用方法、表现效果，在教师指导下，通过询问、查询、实地查看等方式，搜索与主题相关的内容，运用形状联想等方法进行想象与创作，能向同学介绍创作过程及意图。	T-7
四下	初步运用美术工具及创作方法，在教师指导下，针对生活中的问题或现象，展开调查、探究，形成简单的创作方案，按照分工合作完成创作，并能用语言流畅地介绍创作过程和创作意图。	T-8

（续表）

学期	创意思维实践能力水平层级	编码
五上	在他人帮助下，借助网络、书籍等渠道搜集资料，通过组合创意发展联想和想象能力，通过制定全面的创作方案，选择合适的工具材料、方法，展开创作，并能流畅地介绍创作过程和创作意图，解释说明美术创作对优化生活环境、传承民族文化等起的作用。	T-9
五下	在他人帮助下，借助网络、书籍等渠道搜集资料，通过组合创意发展联想和想象能力，通过制定全面的创作方案，选择合适的工具材料、方法，展开创作，并能流畅地介绍创作过程和创作意图。	T-10

表6-6　健康的图像判断能力水平层级体系

学期	健康的图像判断能力水平层级	编码
一上	能获得愉悦的审美感受。	J-1
一下	描述作品内容，用简单语句描述观赏作品后的直观感受，并初步解释原因。	J-2
二上	知道美术有多种艺术表现形式，描述作品内容，总结作品题材，用简单语句描述直观感受，并从作品内容、题材等方面解释原因。	J-3
二下	描述作品的语言特征，总结作品内容。自信地表达直观感受，解释感受产生的原因。	J-4
三上	较全面地描述作品，用简单语句表达描述后的感受。	J-5
三下	在教师帮助下，运用整体的观察方法描述作品，并分步骤地表达描述后的感受。	J-6
四上	初步运用整体的观察方法，语言流畅地描述、分析作品，分步骤地表达对作品的感受与认识，比较前后感受与认识的不同。	J-7

（续表）

学期	创意思维实践能力水平层级	编码
四下	运用整体的观察方法，初步运用描述、分析的方法欣赏作品，结合自身生活实际，表达对作品的感受与认识。	J-8
五上	运用整体的观察方法、描述—分析的欣赏方法欣赏作品，形成对作品初步的个人观点。	J-9
五下	运用整体的观察方法、描述—分析的欣赏方法欣赏艺术家及其作品，表达对艺术家及其作品的个人观点。	J-10

表6-7　文化尊重认同能力水平层级体系

学期	文化尊重认同能力水平层级	编码
一上	初步感受美术作品与用途的关系。	A-1
一下	初步认识美术作品与用途的关系，能给作品寻找合适的地方摆放，美化环境。	A-2
二上	能从作品表达题材的角度观赏美术作品，初步分析作品与用途的关系，初步学习中国民间团花剪纸艺术，感受美好寓意。	A-3
二下	了解生活应用对美术的影响作用，了解美术与其他学科的相关性。	A-4
三上	初步认识中国民间美术（如面塑）表达的美好寓意，初步感受美术与环境的关系。	A-5
三下	尝试中国画的表现方法，初步感受中国画区别于其他表现形式，工具、材料等也不同，知道美术作品能表达想法。	A-6
四上	认识功能是如何影响美术作品的，初步感受中国民间美术的艺术特点。	A-7

（续表）

学期	创意思维实践能力水平层级	编码
四下	认识中国画的工具材料的特点、内容、分类，初步感受中国画的独特魅力。	A-8
五上	能通过与他人交流作品的创作意图、作品亮点等，说明美术对优化生活、环境起的作用。	A-9
五下	能解释说明美术创作对优化生活环境、传承民族文化承担的作用，初步了解艺术家及其作品，感受艺术家的生平经历及社会环境对作品的影响。	A-10

五、校本化课程目标的编码说明

为了便于检索和使用，校本化课程目标采用编码的编排形式，编码由字母加数字的组成方式，第一个字母代表核心能力，如R——图像解读能力，C——图像创造能力，T——创意思维实践能力，J——健康的图像判断能力，A——文化尊重认同能力。由于学科核心能力在与学习领域链接的过程中出现了一对一和一对多的两种链接形式，所以出现了三级和四级两种编码形式。三级编码（字母——数字——数字）以图像解读能力为例，"R-1"代表图像解读能力的第一个子能力"观察能力"，"R-1-1"代表了"观察能力"下的第一条课程目标。四级编码（字母——数字——数字——数字）以图像创造能力为例，"C-1"代表图像创造能力的第一领域能力"造型能力"，"C-1-1"代表造型能力下的第一个子能力"美术语言运用能力"，"C-1-1-1"代表"美术语言运用能力"下的第一条课程目标。跨学科能力采用二级编码（字母——数字）的形式呈现，如"J-1"代表健康的图像判断能力在第一学期的课程目标，"J-2"代表的是该能力在第二个学期的课程目标，依次类推。

六、校本化课程目标的呈现

表6-8

核心素养	校本化课程目标						
	核心能力	领域能力	子能力	编码	课程目标	学期	跨学科能力
图像识读	图像解读能力（R）		观察能力（R-1）	R-1-1	通过游戏，能发现自然界的美好景物。	一上	J-1
				R-1-2	整体观察并交流，能说出作品主要内容。	一下	J-2
				R-1-3	能识别作品中简单的美术语言（如形状、色彩等）。	二上下	J-4
				R-1-4	在教师帮助下，初步学会用整体—局部—整体的方法观察作品。	三上下	
				R-1-5	能运用整体—局部—整体的方法观察作品。	四上	
				R-1-6	能运用整体—局部—整体的方法观察作品，重点观察作品局部内容。	四下	
				R-1-7	能运用整体—局部—整体的方法观察作品，重点观察作品美术语言特征。	五上	
				R-1-8	能运用整体—局部—整体的方法观察作品，并重点观察作品局部、表现方法等与主题的关系。	五下	
			描述能力（R-2）	R-2-1	查阅书籍资料，能描述作品的基本信息。	一上	
				R-2-2	通过观察，能用自己的语言概括描述作品的主要内容。	一下	J-2
				R-2-3	在教师指导下，交流、概括、描述作品题材。	二上	J-3

（续表）

核心素养	校本化课程目标						
	核心能力	领域能力	子能力	编码	课程目标	学期	跨学科能力
图像识读	图像解读能力（R）		描述能力（R-2）	R-2-4	结合所学，在教师引导下，能描述作品中简单美术语言特征（如形状、色彩等）。	二下	J-4
				R-2-5	通过查阅书籍资料，能较全面地描述作品信息。	三上	J-5
				R-2-6	在教师指导下，能分步骤地描述作品整体及局部内容。	三上下	J-6
				R-2-7	能独立按整体–局部–整体的观察顺序，选择喜欢的形式描述作品。	四上	J-7
				R-2-8	头脑风暴，能用简单词语概括总结作品主题。	四下	
				R-2-9	能按整体–局部–整体的观察顺序，语言较流畅地描述作品。	四下	
				R-2-10	结合所学，能有条理地描述作品中相关美术语言的特征。	五上	
				R-2-11	能按整体–局部–整体的观察顺序描述作品，做到细节描述较生动、具体。	五上	J-9
				R-2-12	能按整体–局部–整体的观察顺序描述作品，做到语言流畅、生动，能初步描述作品内容、表现方法、主题等的关系。	五下	J-10
			分析能力（R-3）	R-3-1	结合已有生活经验，能用简单词语解释感受产生的原因。	一下	J-2
				R-3-2	通过观察、描述，能用简短话语从作品内容、美术语言等角度解释感受产生的原因。	二上下	J-3 J-4

（续表）

核心素养	校本化课程目标						
	核心能力	领域能力	子能力	编码	课程目标	学期	跨学科能力
图像识读	图像解读能力（R）		分析能力（R-3）	R-3-3	在教师引导下，能初步分析作品内容、美术语言等与作品主题的关系。	三上下	
				R-3-4	能借助网络、书籍等渠道查阅资料、进行头脑风暴，能较清晰地分析作品内容、美术语言等与作品主题的关系。	四上下	J-8
				R-3-5	能自由选择借助网络、书籍等渠道查阅资料、进行头脑风暴，能较清晰地分析作品内容、美术语言、艺术家背景等与作品主题的关系。	五上下	A-10
			表达感受能力（R-4）	R-4-1	通过对比观赏等，能用简单字词表达直觉。	一上下	
				R-4-2	结合所学，能用简单的美术术语表达直观感受。	二上	
				R-4-3	通过观察，结合作品内容选择喜欢的方式表达感受。	二下	
				R-4-4	结合作品内容、美术语言等，相互交流，表达感受。	三上	J-5
				R-4-5	能根据作品主题，表达对作品的认识。	三下	J-6
				R-4-6	能初步融合学科内外获得的经验，表达对作品的认识。	四上	J-7
				R-4-7	能结合自身生活实际，阐述个人观点。	四下	J-8
				R-4-8	通过角色扮演等，初步融合作品内容、表现形式和背景等因素，表达较独立的个人观点。	五上下	J-9 J-10 A-10

（续表）

核心素养	校本化课程目标						
	核心能力	领域能力	子能力	编码	课程目标	学期	跨学科能力
美术表现	图像创造能力（C）	造型能力（C-1）	美术语言运用能力（C-1-1）	C-1-1-1	能辨认圆形、方形、三角形、半圆形等较规则的形状。	一上	
				C-1-1-2	对比观察，能发现物体的形状特征。	一上	
				C-1-1-3	通过拼贴游戏，能用单个或多个形状组合，概括表现物体。	一下	
				C-1-1-4	知道点、线、面是图形构成的基础，并能从作品或周围环境中找到点、线、面。	二上下	
				C-1-1-5	对比观察，能发现并描述物体的形状特征。	三上	
				C-1-1-6	能抓住物体的外形特征进行巧妙的联想。	三下	
				C-1-1-7	在教师指导下，借助火柴人，能临摹表现动态人物。	四下	
				C-1-1-8	通过动作模拟、观察、测量等，分析人物各部分的形态变化，能初步表现人物动态。	五上下	
				C-1-1-9	能从彩笔盒或自然界中，找到至少8种颜色并说出名称。	一上	
				C-1-1-10	对比观察，能用简单词语表达作品颜色的深浅带给人的不同感受。	一上	
				C-1-1-11	能利用颜色的深浅对比，创作形象突出的作品。	一上	
				C-1-1-12	能选择自己喜欢的颜色搭配装饰物体。	一下	

（续表）

核心素养	校本化课程目标						
	核心能力	领域能力	子能力	编码	课程目标	学期	跨学科能力
美术表现	图像创造能力（C）	造型能力（C-1）	美术语言运用能力（C-1-1）	C-1-1-13	能根据主题选择合适的颜色加以表现。	一下	
				C-1-1-14	能运用色彩的明暗对比表现符合主题的作品。	一下	
				C-1-1-15	能用自己的话阐明原色的含义，并准确说出三原色。	三上	
				C-1-1-16	通过想象、场景体验等，能用自己的语言分别描述红、黄、蓝三种颜色联想到的物体、情景和感受等。	三上	
				C-1-1-17	能创作以三原色为主色调的作品，做到主题鲜明，色调统一且色彩变化丰富。	三上	
				C-1-1-18	通过三原色的调色实验，调出三间色，并用自己的话阐明间色的含义。	三下	
				C-1-1-19	通过想象、场景体验等，能用自己的语言分别描述由橙、绿、紫三种颜色联想到的物体、情景和感受等。	三下	
				C-1-1-20	能创作以三间色为主色调的作品，做到主题鲜明、色调统一且色彩变化丰富。	三下	
				C-1-1-21	通过游戏，能准确区分出以暖色和冷色为主的作品，并用美术术语表达感受。	四上	
				C-1-1-22	能选择恰当的颜色对比，用自己的话解释色彩冷暖的相对性。	四上	

（续表）

核心素养	校本化课程目标						跨学科能力
	核心能力	领域能力	子能力	编码	课程目标	学期	
美术表现	图像创造能力（C）	造型能力（C-1）	美术语言运用能力（C-1-1）	C-1-1-23	能创作以冷色或暖色为主的作品，做到主题鲜明、色调统一且色彩变化丰富。	四上	
				C-1-1-24	在教师指导下，借助色相环找到对比色，并用自己的语言描述含义。	四下	
				C-1-1-25	能准确说出常用对比色的名称。	四下	
				C-1-1-26	能运用对比色创作色彩对比强、主题鲜明的作品。	四下	
				C-1-1-27	在教师指导下，能选择合适的方法描述色彩色相的含义。	五上	
				C-1-1-28	通过作品欣赏、体验感悟，用美术术语描述不同色相的色彩带给人的不同情绪体验。	五上	
				C-1-1-29	选择恰当色相的色彩，创作表现主题鲜明的作品。	五上	
				C-1-1-30	在教师指导下，借助色相环找到色彩明度的变化，并用自己的语言描述明度的含义。	五下	
				C-1-1-31	通过添加黑和白的调色实验，调出有秩序的颜色的明度变化。	五下	
				C-1-1-32	通过作品欣赏，能用美术术语描述明度变化丰富的作品带给人的美感。	五下	
				C-1-1-33	能利用色彩的明度变化，创作主题鲜明的美术作品。	五下	

（续表）

核心素养	校本化课程目标						
	核心能力	领域能力	子能力	编码	课程目标	学期	跨学科能力
美术表现	图像创造能力（C）	造型能力（C-1）	美术语言运用能力（C-1-1）	C-1-1-34	在教师指导下，借助色相环找到色彩纯度的变化，并用自己的语言描述纯度的含义。	五下	
				C-1-1-35	通过不同的调色实验，调出颜色的纯度变化，总结至少两种实验方法。	五下	
				C-1-1-36	通过作品对比欣赏，能用自己的语言及美术术语描述纯度高低不同的作品给人的不同感觉。	五下	
				C-1-1-37	能总结说出色彩的三属性：色相、明度、纯度。	五下	
				C-1-1-38	能利用色彩的纯度变化，创作主题鲜明的美术作品。	五下	
				C-1-1-39	通过看看、赛赛等方式观察，能找到三种以上的线条。	一下	
				C-1-1-40	师生交流，准确说出线条名称。	一下	
				C-1-1-41	比较观察，发现不同种类的线条，并用自己的语言大胆描述不同的感受。	一下	
				C-1-1-42	能用不同的工具画出至少四种不同种类的线条。	二上	
				C-1-1-43	对比观察，能用流畅的语言描述不同的线条排列给人的感觉。	二上	
				C-1-1-44	能选择不同种类的线条按疏密、粗细等变化装饰物体。	二上	

（续表）

核心素养	校本化课程目标						跨学科能力
	核心能力	领域能力	子能力	编码	课程目标	学期	
美术表现	图像创造能力（C）	造型能力（C-1）	美术语言运用能力（C-1-1）	C-1-1-45	用不同种类的线条自由表现记忆或想象场景。	二下	
				C-1-1-46	通过体悟、对比观察，能用简单词语表达曲线给人的感受。	三下	
				C-1-1-47	在教师指导下，能用曲线初步表达富于动感的画面。	三下	
				C-1-1-48	能选择不同弧度的曲线表现富有动感的形象，做到主题鲜明、线条流畅。	四上	
				C-1-1-49	通过仔细观察，初步学习用线描绘物体的局部特征。	四上	
				C-1-1-50	通过仔细观察，用线描创作植物写生作品，做到线条有疏密、长短、曲直、穿插等变化。	四下	
				C-1-1-51	通过教师示范、临摹等，用线描创作正面人像写生，做到特征明显、线条流畅。	五上	
				C-1-1-52	通过教师示范、临摹等，用线描创作静物写生作品，做到观察仔细、特征明显、细节精细、线条疏密变化有序。	五下	
				C-1-1-53	通过想象和联想，能用线描创作想象或回忆的场景。	五下	
				C-1-1-54	通过观察、触摸等，找到生活中不同肌理的物体。	二上	
				C-1-1-55	能巧妙利用不同材料的肌理效果创作作品。	二上	

（续表）

核心素养	校本化课程目标						跨学科能力
	核心能力	领域能力	子能力	编码	课程目标	学期	
美术表现	图像创造能力（C）	造型能力（C-1）	美术语言运用能力（C-1-1）	C-1-1-56	通过看看、摸摸、敲敲等，说出不同材质的名称。	四下	
				C-1-1-57	能从色彩、纹理、光滑度、透明度等方面描述不同材质的特点，以及不同的美感。	四下	
				C-1-1-58	在教师指导下，能发现艺术作品或生活中的透视现象，并用自己的语言描述。	五上	
				C-1-1-59	通过合作探究，能对比总结透视的特点。	五上	
				C-1-1-60	在教师指导下，能初步描绘有透视现象的场景作品。	五上	
				C-1-1-61	通过游戏，能找到并说出变化的规律。	一上	
				C-1-1-62	能选择大小、色彩、形状、方向等规则，创作出有规律的、变化的作品。	二上	
				C-1-1-63	在教师指导下，能找到黄金分割比，并用自己的语言描述感受。	五上	
				C-1-1-64	通过合作探究，能在艺术作品或生活中找到黄金分割比。	五上	
				C-1-1-65	能根据黄金分割比，设计比例关系有美感的作品。	五上	
				C-1-1-66	在教师指导下，能剪出对称形状的物体。	一上	
				C-1-1-67	对比观察，能用自己的语言描述对称图形的美。	二上	

（续表）

核心素养	校本化课程目标						
	核心能力	领域能力	子能力	编码	课程目标	学期	跨学科能力
美术表现	图像创造能力（C）	造型能力（C-1）	美术语言运用能力（C-1-1）	C-1-1-68	能用对称图形装饰物体。	二下	
				C-1-1-69	在教师指导下，对比观察轴对称和中心对称图形，能用自己的语言描述两者的不同。	四上	
				C-1-1-70	能区分轴对称和中心对称图形。	四上	
				C-1-1-71	在教师指导下，设计简单的纹样作品，并利用骨式的不同创作轴对称或中心对称作品。	四上	
				C-1-1-72	能设计并剪出对称图案，应用于生活中，装饰物品。	四下	
				C-1-1-73	在教师指导下，欣赏民族传统纹样作品，能用美术术语描述纹样的含义。	五下	
				C-1-1-74	在教师指导下，运用简化、夸张等手法设计单独纹样图案。	五下	
				C-1-1-75	能按照确定骨式、设计单独纹样的步骤，创作寓意美好的轴对称或中心对称作品。	五下	
			工具媒体的掌握能力（C-1-2）	C-1-2-1	通过动手实践、比较等，能用自己的话说出油画棒、水彩笔等工具材料的不同。	一上	T-1
				C-1-2-2	通过动手实践，能初步掌握太空泥、橡皮泥等工具材料的特性。	一上	
				C-1-2-3	通过观察、触摸、对比等，能说出生活中更多的材料名称，并说明材料特点。	一下	T-2

（续表）

核心素养	校本化课程目标						
	核心能力	领域能力	子能力	编码	课程目标	学期	跨学科能力
美术表现	图像创造能力（C）	造型能力（C-1）	工具媒体的掌握能力（C-1-2）	C-1-2-4	在教师的引导下，能有意识地搜集废旧材料运用于美术创作中。	一下	T-2
				C-1-2-5	通过动手实践，在教师的指导下，能初步掌握陶泥的特性。	二上	T-3
				C-1-2-6	能将废旧材料巧妙地运用于制作中。	二上	T-3
				C-1-2-7	能运用揉、搓、压、捏、堆塑等方法表现较生动的泥塑作品。	二下	T-4
				C-1-2-8	在教师的帮助下，学习使用水粉画的工具材料，探索实践水的含量多少对画面效果的影响。	三上	T-5
				C-1-2-9	能运用写实、夸张、变形等艺术表现手法创作泥塑作品。	三上	T-5
				C-1-2-10	能用泥条成型的方法捏塑泥塑作品。	三下	T-5
				C-1-2-11	能说出中国画的工具材料，并在教师帮助下，初步体验水分多少对墨色的影响。	三下	T-5
				C-1-2-12	能自己制作刮蜡画纸，并创作线条流畅的作品。	四上	
				C-1-2-13	能综合运用概括、夸张等表现手法，创作色彩艳丽的泥玩具作品。	四上	
				C-1-2-14	在教师的帮助下，能说出照相机各部分的名称与功能。	四上	

（续表）

核心素养	校本化课程目标						跨学科能力
	核心能力	领域能力	子能力	编码	课程目标	学期	
美术表现	图像创造能力（C）	造型能力（C-1）	工具媒体的掌握能力（C-1-2）	C-1-2-15	在教师的帮助下，能初步学会照相机的使用方法。	四上	
				C-1-2-16	在教师的帮助下，通过自主尝试、小组交流，能拍摄构图合理、主题人物突出、表情生动自然的人物半身摄影作品。	四上	
				C-1-2-17	在教师指导下，能说出图像处理软件的界面各按钮的作用。	四上	
				C-1-2-18	在教师指导下，能用图像处理软件创作电脑美术作品。	四上	
				C-1-2-19	在教师指导下，能有意识地选择一种构图，拍摄动作、表情自然的人物合影。	五上	
				C-1-2-20	能选择恰当的构图形式，拍摄动作表情自然、有创意的人物合影。	五下	
				C-1-2-21	在教师指导下，能用图像处理软件设计、创作贺卡，做到主题突出、字体美观大方。	五下	
			图像表现能力（C-1-3）	C-1-3-1	通过示范、动手实践等，能初步学习画、撕、剪、粘贴、卷、折、揉、搓、压、捏等方法，制作手工作品。	一上	T-1
				C-1-3-2	通过动手实践，能学会至少两种涂色方法。	一上	
				C-1-3-3	通过示范、动手实践，能将作品粘贴得既整齐又牢固，不翘角、不卷边。	一上	

核心素养	校本化课程目标						
	核心能力	领域能力	子能力	编码	课程目标	学期	跨学科能力
美术表现	图像创造能力（C）	造型能力（C-1）	图像表现能力（C-1-3）	C-1-3-4	在教师指导下，通过对比观察，学会用夸张的表现手法表现物体的局部特征。	一下	
				C-1-3-5	学习运用压、扎、刻、插、组合、装饰等方法设计制作图形。	二上	T-3
				C-1-3-6	在教师指导下，运用遮挡的方法表现有前后关系的作品。	二上	
				C-1-3-7	在教师指导下，运用大小对比表现有主次关系的作品。	二上	
				C-1-3-8	在教师指导下，通过实践探索，初步掌握拓印技巧，创作痕迹清晰的作品。	二下	
				C-1-3-9	通过作品欣赏，能说出至少三种作品的艺术表现形式，如中国画、油画、雕塑、摄影年画等，感受艺术表现形式的丰富。	二下	
				C-1-3-10	能运用大小对比突出表现物体与物体之间、物体与环境之间的关系的作品。	二下	
				C-1-3-11	能抓住物体的外形特征夸张地表现。	二下	
				C-1-3-12	能运用变形的表现手法表现物体。	二下	
				C-1-3-13	能运用物体的虚实关系表现作品。	二下	
				C-1-3-14	在教师指导下，初步学习面塑的基本制作方法，能制作外形特征夸张、色彩对比强的面塑作品。	三上	A-5

（续表）

核心素养	校本化课程目标						
	核心能力	领域能力	子能力	编码	课程目标	学期	跨学科能力
美术表现	图像创造能力（C）	造型能力（C-1）	图像表现能力（C-1-3）	C-1-3-15	能利用身边的材料，组合拓印出痕迹清晰、有趣的拓印画作品。	三上	T-5
				C-1-3-16	通过绘画实验，体验并描述水份的多少对痕迹的影响。	三上	T-5
				C-1-3-17	能创作出印迹清晰、内容丰富的对印版画作品。	三上	T-5
				C-1-3-18	通过实践探索，能利用废旧物品设计、制作平稳、造型有趣的玩具作品。	三上	T-5
				C-1-3-19	通过实验探究，初步掌握油水分离法，创作夸张的、色彩对比强的作品。	三上	T-5
				C-1-3-20	通过作品欣赏，能至少举例说明三种类型民间美术。	三上	A-5
				C-1-3-21	通过对比分析，能用自己的话描述写实、夸张、变形等艺术表现手法之间的不同。	三上	
				C-1-3-22	能用自己的话描述民间美术在材料、色彩、造型、纹样上的特点，并用简单词语阐述表达的吉祥寓意。	三上	A-5
				C-1-3-23	通过示范、实践探索，初步掌握吹塑纸（板）版画的制作方法，创作印迹较清晰的作品。	三下	
				C-1-3-24	通过与版画、油画等作品的对比，能用简单的语言描述对中国画作品的感受。	三下	A-6

（续表）

核心素养	校本化课程目标						
	核心能力	领域能力	子能力	编码	课程目标	学期	跨学科能力
美术表现	图像创造能力（C）	造型能力（C-1）	图像表现能力（C-1-3）	C-1-3-25	能说出中国画使用的工具材料——毛笔、墨、宣纸、国画颜料等。	三下	A-6
				C-1-3-26	通过实验探究，能用自己的话说出水多墨淡、水少墨深的墨色变化规律。	三下	A-6
				C-1-3-27	能创作墨色有浓淡变化的彩墨游戏作品。	三下	A-6
				C-1-3-28	在教师的指导下，能表现墨色有浓淡变化的花卉作品。	三下	A-6
				C-1-3-29	通过对比分析，能总结出概括是一种艺术表现手法，并依据主题选择合适的表现手法创作。	三下	
				C-1-3-30	通过观察、临摹，学会用点染法创作作品。	四上	A-7
				C-1-3-31	在教师帮助下，初步掌握刻印的方法，能刻印出干净整洁、印迹清晰的藏书票或书签作品。	四上	
				C-1-3-32	在教师帮助下，能学会用泥板成型的方法设计制作泥塑作品。	四下	
				C-1-3-33	通过教师示范、实践探索，能初步控制毛笔内水分的含量，表现笔墨的干湿变化。	四下	A-8
				C-1-3-34	通过实践探索，能创作出有焦、浓、重、淡、清变化的动物主题的彩墨画作品。	四下	A-8

（续表）

核心素养	校本化课程目标						
	核心能力	领域能力	子能力	编码	课程目标	学期	跨学科能力
美术表现	图像创造能力（C）	造型能力（C-1）	图像表现能力（C-1-3）	C-1-3-35	能准确说出文房四宝的名称：毛笔、墨、宣纸、砚台。	四下	A-8
				C-1-3-36	通过对比欣赏艺术家作品，能说出中国画分工笔和写意两大类，并能进行区分。	四下	A-8
				C-1-3-37	通过观察，能总结说出中国画包含的四部分：诗书、画、印。	四下	A-8
				C-1-3-38	能用联想、想象和组合的方法设计、创作艺术作品。	四下	
				C-1-3-39	在教师指导下，通过对比感受，用自己的语言描述构图对作品主题的影响。	四下	
				C-1-3-40	能根据题材和主题选择合适的构图，创作作品。	四下	
				C-1-3-41	通过对比观察，能用自己的语言描述抽象画区别于其他作品的无具体形象的特点。	五上	
				C-1-3-42	通过欣赏艺术家作品、实践探索，用甩、吹、洒、点等方法创作抽象画作品。	五上	
				C-1-3-43	通过欣赏中国民间玩具，探究、设计、制作形象生动的玩具作品。	五上	
				C-1-3-44	通过教师示范、实践探索，结合色彩的色相和明度等知识，创作图案清晰、构图饱满的喷雾画作品。	五上	
				C-1-3-45	通过实践探索，能设计、制作立体作品。	五上	

（续表）

核心素养	校本化课程目标						跨学科能力
	核心能力	领域能力	子能力	编码	课程目标	学期	
美术表现	图像创造能力（C）	造型能力（C-1）	图像表现能力（C-1-3）	C-1-3-46	在教师指导下，体会中锋和侧锋的用笔方法画出的不同效果。	五下	
				C-1-3-47	能根据构图均衡的原则，选择合适的位置和内容完成题款。	五下	
				C-1-3-48	在教师指导下，运用恰当的用笔方法，完成以菊花或梅花为主题的花鸟画作品，做到墨色有变化、构图平衡。	五下	
				C-1-3-49	通过示范、临摹等，能抓住鸟的神态特点创作墨色变化丰富的花鸟画作品。	五下	
				C-1-3-50	欣赏艺术家作品，能用自己的语言描述中国花鸟画在表现物象的同时，能够借物抒情、托物言志。	五下	
				C-1-3-51	能找到并说出中国山水画中的近景、中景和远景，并总结在墨色的浓淡、干湿，描绘的繁简上的区别。	五下	
				C-1-3-52	在教师的指导下，学会树、山等的一般画法。	五下	
				C-1-3-53	能创作有近景、中景和远景的山水画作品，做到墨色有浓淡变化、景物有虚实变化。	五下	
				C-1-3-54	通过欣赏艺术家作品，能用自己的语言描述中国山水画在描绘自然风景的同时能抒发个人情感。	五下	
				C-1-3-55	在教师指导下，用彩墨画的形式创作、表现人物头像作品，能抓住人物的脸型、五官、表情特点，墨色浓淡干湿有变化。	五下	

（续表）

核心素养	校本化课程目标						
	核心能力	领域能力	子能力	编码	课程目标	学期	跨学科能力
美术表现	图像创造能力（C）	设计能力（C-2）	美术语言运用能力（C-2-1）		同（C-1-1）		
			工具媒材掌握能力（C-2-2）		同（C-1-2）		
			设计理念感悟能力（C-2-3）	C-2-3-1	结合日常生活用品，能用自己的话描述物品的形状与用途关系的初步感受。	一上	A-1
				C-2-3-2	在教师的引导下，用自己的语言从形状与用途的关系上介绍物品的用途。	一下	A-2
				C-2-3-3	通过实物探究、小组合作用自己的语言描述物品的各个局部外形与功能间的关系。	二上	
				C-2-3-4	能作出外形符合功能需要的简单设计草图作品。	二上	
				C-2-3-5	通过实物探究、小组合作，初步分析作品的外形、色彩、材料与用途的关系，并用自己的语言描述探究结果。	三上	
				C-2-3-6	通过作品局部分析，能用简单的美术术语描述作品外形、色彩、材料等与功能的关系。	三下	
				C-2-3-7	能从外形、色彩、材料等与功能的关系出发设计作品。	四五	A-9
			图像设计能力（C-2-4）	C-2-4-1	能借助形状联想出其他物体。	一下	T-2
				C-2-4-2	在教师指导下，能至少学会团花剪纸的两种折叠方法。	二上	A-3
				C-2-4-3	能设计、剪出纹样对称的团花剪纸。	二上	

（续表）

核心素养	校本化课程目标						
	核心能力	领域能力	子能力	编码	课程目标	学期	跨学科能力
美术表现	图像创造能力（C）	设计能力（C-2）	图像表现能力（C-2-4）	C-2-4-4	通过观察、实践创作，能设计项目齐全、图文并茂的收藏卡。	二下	
				C-2-4-5	能初步设计出造型、色彩、材料等与功能相符的作品。	三上	T-5
				C-2-4-6	能借助物品的外形，通过旋转、组合等方法展开联想和想象，设计物品。	四上	
				C-2-4-7	根据物品各部分的用途，选择合适的材料、造型展开设计，并在教师指导下学会画设计草图。	四上	
				C-2-4-8	通过作品比较，能总结出至少三个标志组成元素：图形、文字、色彩、编排。	四下	
				C-2-4-9	能依据标志的用途，设计要素齐全、简洁醒目、易识别、有含义的标志作品。	四下	
				C-2-4-10	通过作品对比分析，小组探究，用简单的美术术语描述设计作品的造型与功能、使用人群、使用环境等的关系。	五上	A-9
				C-2-4-11	通过小组探究，根据实际需要初步设计出实用美观、与人物环境相吻合的、有特殊功能的设计作品，并画出完整的设计图。	五上	A-9
				C-2-4-12	通过作品对比分析，重点探究设计作品的材料与功能的关系，初步树立环保意识。	五下	A-10

（续表）

核心素养	校本化课程目标						
	核心能力	领域能力	子能力	编码	课程目标	学期	跨学科能力
美术表现	图像创造能力（C）	设计能力（C-2）	图像表现能力（C-1-3）	C-2-4-13	通过作品对比分析，能用简单的美术术语描述设计作品的装饰图案、色彩与功能的关系。	五下	A-10
				C-2-4-14	结合自己的生活，能找到至少一个生活中的物品上存在的不合理或有待改进的地方，并制定解决实际需要或组合创意的解决方案，画出设计图，做到要素齐全、能有效地解决问题、实用美观。	五下	A-10
		综合创作能力（C-3）	综合利用资源的能力（C-3-1）	C-3-1-1	能通过询问、书籍查询、回忆生活经历等方式，搜索与主题相关的内容。	二上	T-3
				C-3-1-2	小组合作，能围绕主题搜集到语文、音乐等学科中的相关内容。	二下	A-4 T-4
				C-3-1-3	在教师指导下，能通过询问、查阅书籍、网络查询、实地查看等方式，搜索与主题相关的内容。	三下	T-6
				C-3-1-4	在教师指导下，以小组为单位，能针对学校、社区或生活中的某些现象展开调查，搜集资料、整理数据，总结调查结果，获取信息资源。	四下	T-8
				C-3-1-5	能以学校、社区或生活中的某些现象为对象，通过搜集整理资料、调查研究、交流讨论等方式获得有价值的信息。	五上	T-9

（续表）

核心素养	校本化课程目标						
	核心能力	领域能力	子能力	编码	课程目标	学期	跨学科能力
美术表现	图像创造能力（C）	综合创作能力（C-3）	策划组织实施能力（C-3-2）	C-3-2-1	在教师的指导下，能运用其他学习领域获取的技能，选择可利用的废旧材料进行无主题的想象和创作。	一上	
				C-3-2-2	在教师的指导下，能运用其他学习领域获取的技能，选择可利用的废旧材料进行想象和创作，并将作品摆到家里或教室，装饰环境。	一下	
				C-3-2-3	在教师指导下，小组合作，围绕主题内容展开交流讨论，确定美术创作内容，并创作主题鲜明的美术作品。	二上	
				C-3-2-4	在教师指导下，能依据主题内容，结合美术学科以及搜集到的语文、音乐等其他学科内容展开想象并创作。	二下	
				C-3-2-5	在教师指导下，依据主题，结合美术学科相关内容进行想象、创作，并以小组为单位举办有主题、有名称的小型展览。	三上	T-5
				C-3-2-6	在教师指导下，向同学介绍创作过程和体会。	三上	
				C-3-2-7	在教师指导下，能根据创作、计划，展开合作探究式学习。	四上	T-7
				C-3-2-8	能运用学科内外相关知识，依据主题，制订简单的探究计划，并按计划完成创作。	四上	T-7

（续表）

核心素养	校本化课程目标						
	核心能力	领域能力	子能力	编码	课程目标	学期	跨学科能力
美术表现	图像创造能力（C）	综合创作能力（C-3）	策划组织实施能力（C-3-2）	C-3-2-9	在教师指导下，能有逻辑地向同学介绍探究计划及创作意图。	四上	T-7
				C-3-2-10	在教师帮助下，能根据问题解决对策，制订简单的小组美术作品创作计划，做到人员分工、材料准备等内容较清晰，并依照计划进行美术创作。	四下	T-8
				C-3-2-11	能以学校、社区或生活中的某些现象为对象，通过搜集整理资料、调查研究、交流讨论等方式获得有关信息，确定美术创作方向。	五上	T-9
				C-3-2-12	能以小组为单位，按创作计划展开创作活动，做到分工明确、合作顺利。	五上	T-9
				C-3-2-13	在教师帮助下，能共同商讨、制定班级美术展览的名称、展区划分、作品选择、作品展示形式等方面的内容。	五上	T-9
				C-3-2-14	各小组成员在组长的带领下，按展览方案完成各自展区任务，举办班级美术作品展。	五上	T-9
				C-3-2-15	在教师的指导下，能以小组为单位，通过搜集整理资料，商讨制定美术创作方向，制定相对较全面的创作方案，做到实施步骤详细、清晰，安排好与实施步骤相搭配的负责成员和所需的工具材料。	五下	T-10

（续表）

核心素养	校本化课程目标						
	核心能力	领域能力	子能力	编码	课程目标	学期	跨学科能力
美术表现	图像创造能力（C）	综合创作能力（C-3）	策划组织实施能力（C-3-2）	C-3-2-16	各小组成员能在组长的带领下按方案共同努力完成任务。	五下	T-10
				C-3-2-17	各小组成员能用流畅的语言从创作过程、作品介绍、设计意图等方面介绍作品。	五下	T-10